Michele Leigh, Lora Mjolsness

·

She Animates

Soviet Female Subjectivity in Russian Animation

Academic Studies Press

Boston

2020

Мишель Ли, Лора Мёльснесс

·

Женское лицо советской и российской анимации

Academic Studies Press

Библиороссика

Бостон / Санкт-Петербург

2023

УДК 778.5
ББК 85.377 (2Рос)
      Л55

Перевод с английского Алены Фоменко

Серийное оформление и оформление обложки Ивана Граве

Ли, Мишель; Мёльснесс, Лора.

Л55   Женское лицо советской и российской анимации ; [пер. с англ. Д. Гальцина]. — СПб.: Academic Studies Press / Библиороссика, 2023. — 276 с. — (Серия «Современная западная русистика» = «Contemporary Western Rusistika»).

ISBN 9798897837250 (Academic Studies Press)
ISBN 978-5-907532-92-2 (Библиороссика)

В книге рассматривается творчество двенадцати советских и российских женщин — режиссеров анимации, долгое время остававшихся вне поля зрения киноведов и историков. Лора Мёльснесс и Мишель Ли изучают работы этих режиссеров сквозь призмы истории, культуры и технологии анимации. Авторы анализируют динамику отношения к женскому вопросу и феминизму, а сама анимация рассматривается в контексте возникновения и эволюции советской женской субъективности, которая и сегодня определяет лицо женского кино в России.

УДК 778.5
ББК 85.377 (2Рос)

ISBN   9798897837250
ISBN 978-5-907532-92-2

Аде, Клэр, Эрику, Ларсу, Робу, Сэйди и Заку

Благодарности

Мы хотели бы поблагодарить за помощь и поддержку следующих людей и организации, без чьей помощи эта книга не была бы написана. Мишель выражает признательность Программе Фулбрайта, чья финансовая поддержка сделала возможным проведение некоторых исследований. Лора хотела бы поблагодарить за финансовую поддержку фонд профессионального развития преподавателей Калифорнийского университета в Ирвине. Мы обе также выражаем нашу благодарность за щедрую финансовую поддержку и помощь в исследованиях со стороны Центра России, Восточной Европы и Евразии в Иллинойсском университете в Урбане-Шампейне и Государственного департамента США в рамках программы Title VIII, отдельно мы хотели бы поблагодарить Стефани Чанг Портер. Мы признательны замечательным сотрудникам библиотеки Иллинойсского университета, в особенности Яну Адамчику и Джозефу Ленкарту, которые с достоинством и юмором принимали участие в нашей игре «озадачь библиотекаря». Книга была бы невозможна без трудолюбивых сотрудников Российского государственного архива литературы и искусства (РГАЛИ), Госфильмофонда и Ленинской библиотеки. Мы высоко ценим проявленные ими терпение и творческий подход к работе с архивами. Наконец, мы выражаем глубочайшую благодарность аниматорам и студиям, предоставившим нам разрешение на использование изображений.

Глава 1
Женское кино и российская и советская анимация

«Женское кино» — это сложная критическая, теоретическая и институциональная конструкция, созданная зрителями, кинематографистами, журналистами, кураторами и исследователями и функционирующая только благодаря их непрестанному интересу. Это гибридная концепция, возникающая из ряда переплетающихся практик и дискурсов...

Элисон Батлер. Women's Cinema: The Contested Screen

Введение

Представьте, если получится, время, когда женщин-режиссеров станет настолько много, что их гендер больше не будет иметь значения. К сожалению, до сих пор почти во всем мире женщин-режиссеров не просто мало — исторически их вклад в кинематограф недооценивался, сводился к минимуму или даже исключался из канонов. Последние 20–30 лет исследователи медиа, кинематографическое сообщество и порой даже руководители компаний пытаются привлечь внимание к нехватке женщин на руководящих постах в киноиндустрии и сделать заметными работы, созданные женщинами. Это призвано привлечь в индустрию больше женщин с целью достижения равенства.

Несмотря на его нехватку, киноведы продемонстрировали, что в течение долгого времени кино являлось сферой, в которой некоторые женщины сумели достичь успехов и внести особенный личный вклад в ее развитие. В числе таких исследований — написанная Карин Кей и Джеральдом Пири книга «Женщины и кино: критическая антология» («Women and the Cinema: A Critical Anthology»), которая определяет кино как одну из областей, где «взошли основы "женской культуры" — обычно незамеченные или снисходительно игнорируемые» [Kay, Peary 1977: xiii]. Кей и Пири отмечают, что даже в профессии, где до такой степени доминируют мужчины, женщины сумели найти себе достойное место. Со времени публикации «Женщин и кино» были предприняты серьезные шаги к тому, чтобы не только выдвинуть незамеченных и игнорируемых женщин на передний план, раскрывая их место в формировании и активном развитии киноиндустрии, но и изучить удивительный вклад женщин в уникальную женскую культуру в этой области. Среди недавних примеров стоит назвать «Women Film Pioneers Project», начавшийся с работы Джейн Гейнс и Шелли Стэмп о Лоис Вебер[1]. «Women Film Pioneers Project» — онлайн-ресурс, объединяющий и публикующий научные исследования, посвященные женщинам, работавшим в различных кинематографических профессиях в эпоху немого кино по всему миру, в том числе в России. Недавнее исследование Стэмп предлагает новаторский взгляд на карьеру Вебер как актрисы, сценаристки и режиссера, подчеркивая, что она сыграла ключевую роль в развитии культуры кино в растущей студийной системе Голливуда.

Для сравнения стоит отметить, что относительно немногие исследователи занимались темой женщин в восточноевропейском кинематографе. Однако эти немногие внесли важный вклад в исследование роли женщин в игровом кино России и Советского Союза. Примечательна работа Джудит Мэйн «Кино и женский вопрос» («Kino and the Woman Question») 1989 года, в которой основное внимание уделяется женской гендерной проблема-

---

[1] URL: https://wfpp.columbia.edu/ (дата обращения: 11.07.2023).

тике в советском монтажном кино [Mayne 1989]. Поскольку в то время женщин-режиссеров практически не было, Мэйн прицельно концентрируется на том, как мужчины-режиссеры в своих фильмах обращались к проблеме женской эмансипации или игнорировали ее. Кроме этого, в оригинальной работе «Red Women on the Silver Screen» («Красные женщины на голубом экране») Линн Эттвуд исследует роль женщин в качестве героинь российского кино и в качестве работниц киноиндустрии, особенно тех, чья работа была направлена на изменение отрасли и репрезентации женщин [Attwood, Turovskaia 1993]. А вышедшая относительно недавно, в 2017 году, книга «Performing Femininity: Woman as Performer in Early Russian Cinema» Рэйчел Морли анализирует концепцию женского перформанса в кинематографе дореволюционной России [Morely 2017]. Подобные работы меняют наше понимание истории кино, которая до недавнего времени была в основном историей великих мужчин[2].

Кроме публикаций о труде женщин в киноиндустрии, за последние 20 лет вышли исследования, посвященные гендерным вопросам в российском и советском кинематографе, особенно об образах женщин в игровом кино. Так, например, Мэйн и Эттвуд исследовали персонажей игрового кино, раскрывая свойственные различным периодам советской и российской истории гендерные двусмысленности и проблемы. Некоторые гендерные вопросы игрового кино актуальны и для анимации, но большинство — нет. Например, Римгайла Салис в своей статье «Life into Art: Laying Bare the Theme in "Bed and Sofa"» на примере фильма 1927 года «Любовь втроем (Третья Мещанская)» Абрама Роома (на английском языке фильм известен как «Bed and Sofa») исследует, как тема господства мужчин и подчинения женщин в 1920-х годах передается непосредственно через историю развития персонажа [Salys 1998: 294]. Салис приходит к выводу, что фильм Роома инсценирует и демонстрирует всю сложность вопроса женской самодостаточности и самоопределения, не предлагая путей к его

---

[2] Это, конечно, ни в коем случае не исчерпывающий список работ, посвященных репрезентации женщин в кино и их работе в киноиндустрии.

решению [там же: 303]. Разбирая сталинистский «Цирк» Григория Александрова (1936), Бет Хольмгрен раскрывает противоречия мифа о советском гендерном равенстве в годы сталинизма [Prokhorov 2007: 4]. По предположению Хольмгрен, искупление падшей героини «Цирка» — Мэрион Диксон — лишает ее эротизма и сексуальности, освобождает в ней подлинного человека, угнетенного лживой капиталистической культурой, а ее очарование обретает приемлемую советскую форму [Holmgren 2007]. Используя современные феминистские теории, такой тип исследований оценивает развитие персонажей игрового кино, пытаясь восстановить процесс борьбы женщин за самореализацию, предлагая более тонкое понимание динамики гендерных аспектов и власти. Анализ персонажей игрового кино нельзя напрямую перенести на дискуссию о советской и российской анимации, которая редко — если вообще когда-либо — фокусируется на межличностных романтических отношениях между мужчинами и женщинами, падших женщинах или сексуальности, поскольку эти предметы считались неподходящими для детей[3]. Однако, хоть взрослые темы и считались табуированными, мы покажем, что в некоторых случаях анимация, созданная женщинами, обращалась к теме женского самоопределения и противоречий советского гендерного равенства.

Фокус исследований советского кинематографа сдвигается с появлением нового поколения советских кинематографистов 1960-х годов и позднее. Представители этого нового поколения пытались переосмыслить мир своих фильмов и противопоставить себя кинематографу эпохи сталинизма, фокусируясь на частной жизни и повседневности советских горожан [Kaganovsky 2012: 482–483]. Также в 1960-е годы среди режиссеров игрового кино появлялось все больше советских женщин, что, по нашему мнению, повлияло на подход исследователей к анализу фильмов этого периода. Например, вместо того чтобы, следуя официальной позиции, игнорировать гендерную проблематику, исследователи стали рассматривать фильмы, снятые женщинами,

---

[3] Далее в этой главе мы перечислим «детские» темы.

выявляя отличительные черты и приписывая их гендерному фактору. В одном из таких случаев Сьюзан Ларсен в главе «Kira Muratova's Brief Encounters» [Larsen 2007: 119–127], опираясь на знаменитое эссе Лоры Малви «Визуальное удовольствие и нарративный кинематограф» («Visual Pleasure and Narrative Cinema») [Mulvey, Rose 2016], предполагает, что кино Муратовой нарушает «способность зрителя отождествлять себя с мужским взглядом (нормативная идентификация, предполагаемая классическим художественным кино) на каждом уровне структуры фильма, неоднократно помещающего происходящее на экране в воспоминания двух женских персонажей». Иными словами, статус Муратовой как женщины-режиссера позволяет ей отказаться от стандартного мужского видения и концепта удовольствия, получаемого зрителями-мужчинами при взгляде на ее героинь. Лиля Кагановски в «Ways of Seeing: On Kira Muratova's "Brief Encounters" and Larisa Shepit'ko's "Wings"» (2012) делает предположение, что женщины-режиссеры, начавшие карьеру во время оттепели, олицетворяли своего рода советское «контркино: такое, которое в качестве основной своей задачи ставило вопрос иного — гендерного — "видения"». По мнению таких исследователей, как Ларсен и Кагановски, равно как и авторов этой книги, женщины-режиссеры часто обращаются к женской зрительской аудитории и вопросам, касающимся исключительно женщин, и поэтому их работы могут быть отнесены к категории женского кино. Самим термином «женское кино», к которому мы еще вернемся, оперирует при этом только Кагановски. Остальные вышеупомянутые исследователи обращаются к эстетическим и сюжетным особенностям, связанным с более широкими вопросами репрезентации женщин, и привносят новые идеи в обсуждение гендера в игровом кино всего советского и постсоветского периода.

Общая проблема указанных исследований — они не затрагивают успехи, достигнутые женщинами в анимации. Советские женщины-режиссеры сделали немало для индустрии анимации, хотя их достижения по большей части игнорируются. В следующих главах мы докажем, что работа женщин в анимации сложными и замысловатыми путями взаимодействует с идеологией, часто изображая женщин и феминность способами, раздвигающими границы идеологических и эстетических норм Советского Союза. На страницах этой книги мы продемонстрируем, как, несмотря на доминирующую советскую идеологию и российскую культурную мизогинию, анимация, созданная женщинами, была и, по сути, является гендерной, и что гендерная проблематика имеет решающее значение для понимания того, как повлияли женщины на историю анимации. Однако для анализа этих фильмов мы не используем типичный западный феминистский подход. Вместо этого мы пытаемся рассматривать женщин-режиссеров и их фильмы в их исторической реальности. Несмотря на возможные наложения теорий, наш подход заключается не в том, чтобы поднять те же гендерные вопросы, которые исследуют женщины-режиссеры игрового кино. Мы считаем, что объединение в одной монографии работ женщин-мультипликаторов является необходимым вкладом как в феминистские исследования, так и в исследования анимации, поскольку эти женщины достойны того, чтобы их работа заняла заслуженное место в истории кино. Мы видим эту книгу не как сравнение мужской и женской анимации, а как рассказ о том, как женщины представляют себе сильных героинь, материнство, женственность, а иногда и аутентичные формы феминизма, отличающиеся от западных.

С целью преодолеть разрыв между исследованиями кино и анимации, славяноведением и гендерными исследованиями, мы объединили в нашем исследовании реконструкцию женского труда и истории мультипликации с анализом, учитывающим специфику области. Исторические рамки нашей работы выбраны так, чтобы мы могли тщательно пересмотреть роль женщин не только в процессе становления советской и российской анимационной индустрии, но и по мере того, как мы пытаемся понять образы женщин и феминности в фильмах, снятых женщинами. Три основные задачи нашей книги: 1) восстановление вклада женщин в российскую и советскую анимацию за последние 100 лет; 2) изучение вопроса, как термин «женское кино» в России и Советском Союзе может быть применим к анимации;

и 3) осложнения и возможные преимущества, связанные с изолированным положением анимации как вида искусства, направленного исключительно на детей. Несмотря на то, что для оценки успеха женщин в области анимации существует множество препятствий и что многие их достижения за последние 100 лет остались незамеченными, наша цель — продемонстрировать, что несколько женщин-аниматоров смогли эти барьеры преодолеть и поспособствовать формированию культуры и традиции мультипликации в России.

Мы считаем, что многие гендерные вопросы, поднятые исследователями игрового кино, применительно к нашей теме очерчивают сложный комплекс проблем, если принять во внимание все особенности индустрии: средства анимации, использование авторской точки зрения, целевая аудитория произведений, российские и советские культурные ограничения в отношении мультипликации, а также женский вопрос. Каждое из этих ограничений мы будем обсуждать по очереди, пытаясь понять особое значение женщин-режиссеров в советской и российской детской анимации. Только так мы сможем выяснить, почему и как женская анимация вносит вклад в понятие женского кино и почему изучение этого вклада имеет решающее значение для понимания истории советской и российской анимации.

Детская анимация и цензура

Анимация зародилась одновременно с кино как преимущественно взрослая форма развлечений[4], но вскоре стала ассоциироваться в первую очередь с детьми. Эта ассоциация с детьми привела многих к выводу, что анимация менее важна и менее серьезна, чем игровое кино, и что, поскольку она адресована детям,

---

[4]   Анимация по-прежнему присутствовала во «взрослой» сфере экспериментального и художественного кино, но в американском контексте снова стала сферой действия взрослых только после выхода в 1972 году «Приключений кота Фрица» («Fritz the Cat») Ральфа Бакши.

она безвредна и невинна. Эти ошибочные предположения способствовали двум значительным результатам в Советском Союзе: 1) поскольку анимация считалась менее престижной, женщинам здесь разрешалось занимать высокие творческие посты, включая позиции режиссеров; и 2) детские передачи и анимация фактически стали площадкой, где художники могли дать отпор господствующей идеологии и создавать альтернативное видение[5].

Из-за того, что мультипликация стойко ассоциируется с детской аудиторией, киноведы часто игнорируют ее как не представляющую интереса для научных исследований. Джейн Пиллинг в своей программной книге «Женщины в анимации» («Women in Animation») [Pilling 1984] допускает, что женщины занимали авторитетные и творческие позиции при создании важнейших детских фильмов. Однако анимацию, созданную для детей, она исключает из своего исследования, не видя в ней ни художественной формы, ни формы самовыражения. По мнению Пиллинг, детская анимация слишком шаблонна и не затрагивает сферу личного, а именно это отличает шелуху от искусства. Такая позиция популярна среди исследователей детских медиа, склонных концентрироваться на внутренней ценности анимации как формы развлечения и/или средства обучения, но зачастую избегать любых дискуссий о ее художественной ценности[6]. Подобное обесценивание детской анимации особенно актуально в российском и советском контексте. Исследовательница российского кинематографа Биргит Боймерс в своей статье «Утешающие создания в детских мультфильмах» («Comforting Creatures in Children's Cartoons») отмечает, что детская анимация в России не вызывает научного интереса исследователей из-за ассоциации с детьми [Beumers 2007: 153]. Еще больше дискредитирует детскую

---

5   В том же американском контексте прекрасным примером является сериал «Улица Сезам» («Sesame Street»): шоу знакомит зрителей с реальным жизненным опытом, включая смерть главного героя, и рядом персонажей, бросающих вызов понятиям «нормальности» и приемлемости: персонаж с синдромом Дауна, кукла с ВИЧ-позитивным статусом, а также кукла с расстройством аутистического спектра.

6   См. [Kort-Butler 2013; Zehnder, Calvert 2004].

анимацию в России то, что это область, в которой женщины-режиссеры и художницы пользовались куда большим творческим и культурным влиянием, чем их коллеги в игровом кино.

Поскольку целевой аудиторией для большинства мультфильмов в советский и постсоветский период были дети, некоторые вопросы гендера или сексуальности и некоторые более широкие проблемы репрезентации женщин, используемые феминистскими исследователями игрового кино, не могут быть без изменений перенесены на исследование анимации. Хотя темы женской самодостаточности и самоопределения действительно появлялись в мультипликационных фильмах в 1920-х годах и позже, вопросы эротики и сексуальности в них встречаются гораздо реже. В 1960-х годах советские женщины-режиссеры привлекали разные способы видения, но психоаналитический подход Малви к интерпретации зрительского взгляда не особенно подходит для обсуждения фильмов, в которых действуют антропоморфные кошки или черепахи. Его, конечно, можно применить все равно, но мы считаем, что это не объяснит должным образом репрезентацию женщин в мультипликационных фильмах, предназначенных для детей. Среди потенциальных научных подходов к исследованию анимации и игрового кино существуют некоторые области совпадения. Например, фокус на сильных женских персонажах, преодолевающих препятствия, или образ женщины как олицетворение матери-земли. Тем не менее анализировать анимационные фильмы и игровое кино одинаковым образом невозможно из-за специфики целевой аудитории и российских и советских культурных ограничений в сфере детской мультипликации.

Однако в последнее время все больше исследователей склонны выходить за рамки суждений о предполагаемой безобидности детской анимации, изучая не только то, как мультипликация влияет на детей, но и то, как она бросает вызов гегемонии и культурным конструктам. Генри Жиру, критик американской культуры, в своей книге «Мышь, которая зарычала: Дисней и конец невинности» («The Mouse That Roared: Disney and the End of Innocence») рассматривает социальные, гендерные и этнические конструкты, поддерживаемые корпорацией Уолта Диснея, и влияние «Диснея» на популярную культуру [Giroux, Pollock 2010: 84–91]. Жиру утверждает, что через фильмы, телевидение, радио, тематические парки и рекламу «Дисней» вторгается в наше общество, чтобы поддержать «диснеевские ценности» (которые по сегодняшним стандартам могли бы считаться расистскими, сексистскими и гомофобными). Он предлагает провести тщательную оценку культурной гегемонии, установленной корпорацией, и рассматривать диснеевские фильмы как нечто большее, чем просто фэнтезийные истории, побег от реальности и форму чистого развлечения. Жиру предупреждает, что найти способ вернуть политическую составляющую в обсуждение этих мультфильмов и понять взаимосвязь между детством и невинностью — это наша ответственность. Аргументы Жиру справедливы и для советской анимации, которая была, возможно, куда более намеренно нравоучительна в своих гегемонистских подтекстах. В то время как мировоззренческие подходы корпорации «Дисней» и Советского Союза заметно разнились, оба они были направлены на воспитание, формирование и идеологическую обработку детей. Взаимосвязь между детством и невинностью и склонность игнорировать послания, зашифрованные в анимационных фильмах, имеют решающее значение для понимания того, как российские женщины-режиссеры влияли не только на технические и эстетические аспекты советской мультипликации, но и на поддерживаемые ими культурные нормы и модели поведения.

Представления о безобидности анимации исследовала специалистка по украинскому фольклору Наталья Кононенко. В своей статье «Политика невинности: советская и постсоветская анимация на фольклорные сюжеты» («The Politics of Innocence: Soviet and Post-Soviet Animation on Folklore Topics») Кононенко утверждает, что, поскольку советская анимация была «замаскирована покровом невинности» и за счет ассоциации с детьми казалась безвредной, в ней скрывались порой весьма противоречивые образы. Например, этнические и гендерные стереотипы, которые были бы цензурированы в игровом кино, продолжали существовать в советской, а теперь и российской анимации, поскольку, будучи нарисованными, они кажутся несколько менее опасными[7]. Советские мультфильмы отнюдь не безобидны и часто выдвигают идеи, противоречащие официальной идеологии. Фокусируясь на украинских примерах и упоминая лишь нескольких женщин-мультипликаторов, статья Кононенко разбирает типы женских персонажей, созданных в советский период: «Хотя коммунистическая партия изначально обещала освободить женщин и сделать их сильными и равноправными партнерами мужчин, к тому времени, когда создавались советские мультфильмы, независимые женщины были уже нежелательны» [Kononenko 2011: 277]. Вместо сильных независимых женщин Кононенко выделяет примеры женских персонажей, которых можно назвать «пассивными, мягкими, жертвенными... и трудолюбивыми» [там же]. Кроме трудолюбия, эти качества в целом идут вразрез с официальными целями коммунистической партии. Исследование Кононенко демонстрирует негативные стереотипы о женщинах в анимации, но тема ее статьи достаточно узкая, чтобы делать выводы о конкретных женщинах-режиссерах. Важно отметить, что Кононенко указывает на специфику цензуры в мультипликации: поскольку считалось, что анимационные фильмы находятся за пределами идеологии, цензура позволяла женщинам-режиссерам пользоваться свободой самовыражения, невозможной в игровом кино [там же: 273].

Многие исследователи пишут, что цензура в советской анимации работала иначе, чем в других областях киноиндустрии [Бородин 2005: 271][8]. Фольклорист Джек Зайпс излагает эту распространенную позицию так:

> Сказочные короткометражки подвергались проверке государственных органов, и они были обязаны соответствовать коммунистической культурной политике и подчеркивать педагогические и моральные аспекты сказочных фильмов. Эта политика постоянно менялась, и аниматоры регулярно сталкивались с произвольными стандартами и цензурой [Zipes 2011: 79].

---

[7] См. обсуждение Василисы Прекрасной у Наталии Кононенко в [Kononenko 2011].

[8] См. также [Бородин 2006].

В целом, описывая цензуру как иррациональную и произвольную, Зайпс не ошибается. Однако он упускает нюансы, благодаря которым система была более благоприятной для режиссеров анимации. Цензура здесь хоть и была критической, поскольку мультфильмы могли повлиять на детей, но не такой строгой, как для игрового кино, — ведь речь шла о безобидной анимации. Майя Кац в своей книге «Рисуя на железном занавесе: евреи и золотой век советской анимации» («Drawing the Iron Curtain: Jews and the Golden Age of Soviet Animation») ставит под сомнение видение Зайпса, утверждая, что 1200 художественных фильмов, выпущенных «Союзмультфильмом» с 1936 по 1991 год, нельзя расценивать только как примеры пропаганды или соцреализма [Katz 2016]. Аниматоры не следовали слепо жестким стандартам культурной политики коммунистического режима[9]. Вместо этого, утверждает Кац, нередко во время производственного процесса режиссеры получали противоречивые отзывы, позволявшие им действовать на основании лишь одного мнения, игнорируя другие, противоречащие их художественному видению. Работа Кац отвергает идею о существовании централизованного, сплоченного органа, который бы принимал обоснованные и окончательные решения исходя из советской идеологии и превращал эти идеи в анимационные фильмы. Хотя цензура, безусловно, существовала и принимались указы, которые препятствовали производству анимации, мы выделяем некоторые пути, дававшие режиссерам анимации большую свободу самовыражения, чем режиссерам игрового кино [Гинзбург 1957: 164]. В частности, женщинам-режиссерам, которые, несмотря на цензуру, умудрялись продвинуть фильмы, содержащие их собственное видение женской самореализации и саморефлексии. Именно благодаря этой относительной свободе и тому факту, что бо́льшая часть мультфильмов, произведенных в советский и постсоветский периоды, предназначалась детям, мы выбираем в качестве объекта исследования анимацию, созданную женщинами.

---

[9] О цензуре в «Союзмультфильме» см. в той же книге [Katz 2016: 19–24].

Вклад женщин в анимацию

На протяжении всей более чем столетней истории российского кинематографа, равно как и кинематографа многих других стран, в нем доминировали и продолжают доминировать мужчины. Несмотря на это, в свое время женщины сделали заметный вклад в формирование индустрии. Так, например, Антонина Ханжонкова до 1918 года руководила производством на киностудии своего мужа «Ханжонков и Ко.» [Leigh 2015]. Это справедливо и для анимации, где российские женщины одними из первых в мире имели возможность строить успешные карьеры и достигать желанной и престижной должности режиссера. Например, Ольга Ходатаева и сестры Валентина и Зинаида Брумберг начали карьеру в анимации в 1924 году в новообразованном советском государстве. К 1928 году они уже снимали собственные фильмы и продолжали заниматься этим до 1970-х годов.

В других частях мира женщины добивались возможности проявить себя в качестве режиссеров анимации с переменным успехом. Немка Лотта Райнигер начала карьеру с фильма Пауля Вегенера «Гамельнский крысолов» («Der Rattenfänger von Hameln») в 1918 году. Райнигер, известную сложной силуэтной техникой, часто называют первой женщиной-аниматором. Свой первый короткометражный фильм «Орнамент влюбленного сердца» («Das Ornament des verliebten Herzens») Райнигер сняла в 1919 году. Ее же «Приключения принца Ахмеда» («Die Abenteuer des Prinzen Achmed»), снятые в 1926 году, нередко называют первым полнометражным анимационным фильмом[10]. В американском контексте вершиной ранней индустрии анимации чаще всего считают студию Уолта Диснея, однако в первые годы своего существования она не нанимала женщин на должности режиссеров, как и на любые позиции, связанные с принятием решений. На самом деле, даже

---

[10] Фильм Райнигер — самый ранний из дошедших до нас полнометражных анимационных фильмов. На самом деле первым фильмом, также выполненным в технике силуэтов, стал ныне утраченный аргентинский фильм «Апостол» («El Apóstol»), снятый Кирино Кристиани в 1917 году.

в 1938 году женщинам все еще отказывали в поступлении на диснеевскую обучающую программу, сообщив одной исполненной надежд соискательнице, что «женщины не выполняют никакой творческой работы при подготовке мультфильмов к выходу на экран, поскольку эту работу полностью выполняют молодые мужчины»[11]. В данном письме от имени «Walt Disney Productions, Ltd.» Мэри Клив сообщила мисс Мэри Форд, что лучшее, на что она может надеяться, — это позиция контуровщицы (в классической анимации контролирует качество — исправляет и обводит тушью контуры рисунка перед раскраской) или заливщицы (сотрудницы цветового отдела, которая покадрово раскрашивает контуры, созданные контуровщиком). Однако автор письма не советовала Форд уезжать из Арканзаса, так как, учитывая количество претендующих на эти должности молодых женщин, данные вакансии были на вес золота [там же]. Одной из первых женщин, работавших в «Диснее» и упомянутых в титрах в качестве аниматора, была Ретта Скотт — за ее работу над «Бэмби» («Bambi») в 1942 году [Peterson 2001: 303–319][12]. Ощущение царящего в популярной культуре сексизма и менталитета мужского клуба усиливает тот факт, что исторически «Дисней» не нанимал женщин в качестве режиссеров полнометражных мультфильмов аж до 2013 года, когда сорежиссером и сценаристкой «Холодного сердца» («Frozen») стала Дженнифер Ли [Flores 2014][13].

[11] Mary Cleave, for Walt Disney Productions Ltd., to Miss Mary V. Ford. June 7, 1938. URL: https://www.openculture.com/2013/04/no_women_need_apply_a_disheartening_1938_rejection_letter_from_disney_animation.html (дата обращения: 18.05.2023).

[12] Скотт также несколько раз упоминается у Дидье Геза в [Ghez 2009]. См. также [Johnson 2017: 155]. Следует отметить, что Скотт, скорее всего, не была первой женщиной-мультипликатором у Диснея, но ее случай показателен для иллюстрации проблем, связанных с попытками восстановить имена женщин в истории кино и анимации, поскольку колоссальное количество женского труда не получило надлежащего упоминания в титрах.

[13] В то время как «Дисней» называет Мериду одной из своих принцесс, фильм Бренды Чепмен «Храбрая сердцем» («Brave») (2012) был спродюсирован студией «Pixar», и студия сняла Чепмен с поста режиссера прямо посреди съемок по ее сценарию.

Поскольку Дисней так неохотно нанимал на ведущие посты женщин, первых женщин-аниматоров и режиссеров в американской мультипликации нужно искать в других крупных студиях. В 1931 году студия «Флейшер» («Fleischer Studios»), прославившаяся в 1930-х годах образом Бетти Буп (Betty Boop), наняла Лилиан Фридман Астор в качестве контуровщицы, заливщицы и прорисовщицы — художника, который прорисовывает промежуточные фазы движений между ключевыми кадрами, созданными старшим аниматором. Затем Астор становится художником-ассистентом, а в 1933 году, наконец, и аниматором, хотя она никогда не снимала собственных фильмов. В интервью с Харви Денероффом Астор отмечает, что ее Бетти Буп показали братьям Флейшерам, «изначально не сказав им, что работа была выполнена девушкой», следовательно, Астор повысили до аниматора исключительно за ее мастерство [Deneroff 2016]. Немногим женщинам так повезло.

Как правило, индустрия анимации привлекает большое количество женщин. Возможно, это наследие раннего кинематографа, когда множество женщин были задействованы для изготовления трафаретов и раскрашивания кадров игрового кино. Несмотря на большое число женщин, занятых в индустрии, многим из них приходилось бороться за свое признание. Анна Белоногова, аниматор и педагог Всероссийского государственного института кинематографии, в своей статье «Гори, сверхновая!» высказывает мысль, что в анимацию привлекали женщин, потому что профессия требовала большого внимания, концентрации и креативности[14]. Далее Белоногова отмечает, что женщины-мультипликаторы всегда оказываются в тени своих коллег-мужчин, оказывая медвежью услугу собственному вкладу и своим фильмам, разнообразным и даже порой хорошо известным во всем мире. Авторы этой книги, как и Белоногова, считают важным не только осветить работу, которую выполняли женщины, но и обратить внимание на важность этой работы.

---

[14] См. статью Белоноговой об истории кинематографа на сайте ВГИКа. В своей статье «Гори, сверхновая!» она рассказывает о женщинах-аниматорах [Белоногова 2016].

Отчасти трудность признания женского вклада в анимацию связана с тем, как снимаются эти фильмы. Как отмечает Эрик Герхут в «Политической анимации и пропаганде» («Political Animation and Propaganda»), труд аниматоров требует критического изучения, особенно из-за способности анимационных фильмов скрывать условия их производства [Herhuth 2018: 177]. За исключением авторского кино, большинство анимационных фильмов создаются большим творческим коллективом, а не одним человеком от начала до конца, потому и творческий вклад в анимацию нельзя легко приписать кому-то одному. В целом при создании фильмов режиссеры полагаются на других специалистов, часто присутствует определенное творческое сотрудничество, так что окончательный результат несет в себе вклад многих людей. Даже когда членам съемочной группы присваиваются звания режиссеров, аниматоров, операторов, художников и монтажеров, точное распределение ролей при создании конкретного фильма может быть в лучшем случае затруднительным, и определить вклад каждого из них в окончательное произведение зачастую непросто. Такая непрозрачность трудовых практик может привести к эксплуатации и дискриминации, особенно в отношении женского труда. В рамках исследования российской анимации, особенно в ранние ее годы, практически невозможно восстановить имена женщин, которые работали прорисовщицами, контуровщицами и заливщицами. Эти должности в Советском Союзе и во всем мире занимали преимущественно женщины, однако их обычно не упоминали в титрах, поэтому идентифицировать женский труд иногда совершенно невозможно. В этом отношении Белоногова права: над мультипликационными фильмами работало множество женщин, они влияли на анимацию, но, к сожалению, по большей части их имена до сих пор неизвестны, потому что их вклад был и остается анонимным.

Иллюстрацию непризнанного, но очевидного женского труда в советской анимации 1940–1950-х годов можно найти в тексте художника-мультипликатора Ивана Иванова-Вано «Рисованный фильм» [Иванов-Вано 1950]. За свою карьеру Иванов-Вано, которого часто называли отцом советской анимации, снял более

60 фильмов. Он работал с сестрами Брумберг и с Александрой Снежко-Блоцкой. «Рисованный фильм» анализирует анимацию как вид искусства, при этом знакомит начинающих аниматоров с некоторыми практическими приемами. Книга состоит из ряда глав, посвященных техническим навыкам, профессиональным требованиям, а также истории анимации. Эта брошюра объемом 85 страниц содержит всего пять фотографий, и на каждой изображены аниматоры в процессе создания мультфильмов. На четырех из пяти фотографий мы видим женщин за работой: женщины, сидящие рядами в мастерской; женщины, занятые контуровкой и заливкой; женщины-художницы и даже женщина-оператор за камерой. Однако нигде в своем тексте Иванов-Вано не комментирует вклад женщин в анимацию, и ни под одной из фотографий нет их имен. Если соотношение мужчин и женщин на этих фотографиях свидетельствует о репрезентации женщин в анимации, можно сделать вывод, что женщины занимали важное и существенное место в этой индустрии. Книга Иванова-Вано напоминает нам о том, что женщины не получали признания за проделанную работу. Несмотря на визуальное присутствие женщин, эта книга также служит тому, чтобы стереть их вклад.

Если мы проанализируем современные исследования о советской и российской анимации, то увидим, что хотя женщины-аниматоры и упоминаются, но их фильмы не рассматривают с точки зрения феминности, женского вопроса или женского кино, что еще больше затушевывает какую-либо связь с гендером. Например, одним из первых исследователей, обратившихся к долго игнорируемой теме советской анимации, стал Дэвид Макфэдьен со своей новаторской книгой 2005 года «Желтые крокодилы и голубые апельсины: российское анимационное кино после Второй мировой войны» («Yellow Crocodiles and Blue Oranges: Russian Animated Film since World War II») [MacFadyen 2005]. В то время как Макфэдьен упоминает несколько женских имен, в том числе сестер Брумберг и Инессу Ковалевскую, его не интересует их работа с точки зрения женского труда; скорее, он пишет о связи советской анимации с феноменологией. В книге того же 2005 года «Юрий Норштейн и "Сказка сказок": путь аниматора» («Yuri Norstein and Tale of Tales: An Animator's Journey») Клэр Китсон рассматривает один из самых широко известных фильмов всех времен и одного из самых известных и заслуженных российских аниматоров — Юрия Норштейна [Kitson 2005]. Китсон отмечает Франческу Ярбусову, жену Норштейна, их сотрудничество с Норштейном, но не исследует вклад Ярбусовой как часть женского труда и не рассматривает, как Ярбусова могла или не могла повлиять на создание фильмов Норштейна. «Советская анимация и оттепель 1960-х: не только для детей» («Soviet Animation and the Thaw of the 1960s: Not Only for Children») Лауры Понтьери фокусируется на ветре перемен, который позволил аниматорам периода оттепели отойти от назидательного характера детских фильмов эпохи соцреализма [Pontieri 2012]. Понтьери анализирует мультфильмы для взрослых, снятые сестрами Брумберг, но, опять же, их работа интересует ее не как работа женщин-режиссеров. Наконец, в книге Кац «Рисуя на железном занавесе: евреи и золотой век советской анимации» («Drawing the Iron Curtain: Jews and the Golden Age of Soviet Animation») сестры Брумберг появляются в качестве еврейских художниц, но опять-таки не в качестве женщин в искусстве [Katz 2016]. Кац, однако, подчеркивает тот факт, что в советской анимационной индустрии открывались беспрецедентные возможности для женщин и представителей уязвимых групп, особенно еврейских художников. Все вышеперечисленные тексты являются основой для формирования области исследования российской и советской анимации, однако ни один из них не затрагивает вклад женщин в эту индустрию. Хотя эти тексты не были нацелены на обсуждение гендерной проблематики, они непреднамеренно поддерживают предполагаемое равенство российских женщин на рынке труда, еще больше обезличивая и обесценивая работу всех тех безымянных женщин, которые работали в советской и российской анимации.

Мы считаем важным и необходимым идентифицировать и делать заметным невидимый труд женщин в анимации. Однако эта книга будет сосредоточена на проявленной более ярко, но все еще относительно игнорируемой группе женщин — женщинах-режиссерах. Фокусируясь на вкладе женщин-режиссеров в российскую и советскую анимацию, эта монография является первой в своем роде. В то время как наши методы могут иногда казаться далекими от традиционной феминистской критики, наш анализ выявляет темы и направления, которые женщины-аниматоры неоднократно включали в свои фильмы. Мы знаем, что наша книга лишь прикасается к тому объему работы, который необходимо проделать в этом направлении. Мы надеемся, что наше исследование о женщинах и их анимационных произведениях откроет дверь для более глубокого и разностороннего анализа и позволит восстановить и утвердить место женщин в истории анимации с тем, чтобы их работы анализировали наравне с работами коллег-мужчин и включали в более широкий контекст мировой анимации.

Мы рассматриваем режиссеров, творчество которых пришлось как на советский, так и на постсоветский периоды российской анимации. Среди них Зинаида и Валентина Брумберг, Ольга Ходатаева, Александра Снежко-Блоцкая, Инесса Ковалевская, Нина Шорина, Наталия Голованова, Идея Гаранина, Анна Белоногова, Мария Муат, Юлия Аронова и Дарина Шмидт. Все они оказали значительное долговременное влияние на российскую анимацию, однако их вклад был в значительной степени проигнорирован историками и киноведами. Эти женщины смогли подняться по служебной лестнице в советской и российской анимационной индустрии, достигнув того, что, по статистике, удалось немногим женщинам в других странах, — они стали режиссерами анимации. Эта должность требует сильных лидерских качеств для управления различными творческими процессами, навыков межличностного взаимодействия для работы с людьми самых разных темпераментов и способностей, а также управленческих навыков для работы с временны́ми ограничениями, бюджетами, бюрократией и, конечно же, цензурой. Именно режиссерское видение формирует общую концепцию и эстетику фильма. Режиссер должен утвердить каждый аспект окончательного производственного процесса. Фильмы, снятые

12 упомянутыми женщинами-режиссерами, стали новаторскими с технологической и эстетической точек зрения и повлияли на целые поколения аниматоров и зрителей. Эти фильмы важны не только потому, что дали 12 женщинам-режиссерам возможность внедрять новшества и участвовать в творческом процессе, но и потому, что дали им важнейшую в Советском Союзе и России платформу: место для выражения своих мыслей на темы, значимые для женщин; другими словами, место для создания женского кинематографа.

Что такое женское кино в России? Почему это важно?

Вместе с недавними попытками исследователей осветить роль женщин в развитии мирового кинематографа, имеет место растущий интерес к концепции женского кино[15]. Как сказано в цитате Батлер, открывающей эту главу, понятие женского кино усложняется множеством факторов, а когда речь идет о советской и российской анимации, оно становится еще более запутанным. Мы продемонстрируем, что в индустрии советской и российской анимации ситуация с концептом женского кино усугубляется статусом мультипликации как детского жанра, рабочими коллективами студий, советскими законами, кризисом распада Советского Союза и различными отраслевыми изменениями.

Пожалуй, самое широкое объяснение концепции дала исследовательница кино Джудит Мейн, которая предложила под женским кино понимать просто кино, созданное женщинами [Mayne 1981]. Хотя Мэйн отмечает, что изучение фильмов, снятых женщинами, может быть полезным, ее гораздо больше интересуют способы, которыми эти фильмы «переосмыслили и бросили вызов некоторым из самых основных и фундаментальных связей между кинематографом и патриархатом», и, возможно, больше всего — то, как они изменили женскую

---

[15] Существует немало отличных изложений эволюции концепции женского кино, см. книги, перечисленные в последующих ссылках.

субъективность [там же: 1–10]. Исследование Марии Лаплас, рассматривающей в качестве женского кинематографа фильмы, созданные и позиционируемые для женской аудитории, полезно для определения тех анимационных фильмов, которые мы будем обсуждать как часть советского и российского женского кино. Лаплас отмечает, что такие фильмы, как правило, фокусируются на традиционных сферах женского опыта: «семья, дом, романтические отношения, — тех областях, где любовь, эмоции и отношения преобладают над действиями и событиями» [LaPlace 1987: 139]. Внимание к тому, как женщины-режиссеры рассматривают эмоциональные аспекты жизни женщин, может быть продуктивным подходом к исследованию женского кино, но, как указывает Патриция Уайт, некоторые женщины-режиссеры, такие как Кэтрин Бигелоу, не вписываются в эти рамки [White 2015: 1–22]. Подход Уайт к женскому кино шире. Она рассматривает не только авторство, тематику или жанр, но также принимает во внимание особенности кинопроизводства в конкретном случае: кто контролировал маркетинг, относился фильм к популярному или авторскому кино и как он функционировал в культурном, региональном и глобальном контексте. Эти тексты предлагают полезные определения, которые помогут нам понять, что же такое женское кино и почему оно важно для российской анимации.

Концепции прав женщин, женских проблем и, что более важно, женского кинематографа (включая феминистское кино) переплетены с вкладом женщин-режиссеров в киноиндустрию. Более того, эти концепции в советской и российской истории кино усложняются коммунистической идеологией и тем, как она действовала в Советской России. В июле 1917 года при Временном правительстве женщины получили право голоса, а чуть позже большевистский режим установил юридическое равенство мужчин и женщин. Большевики понимали, что освобождение женщин от буржуазных оков не может проходить изолированно от освобождения рабочего класса в целом. Но в то же время большевики также понимали, что невозможно достичь полной эмансипации женщин в отстающей стране и в изоляции от остального мира[16]. Эта необходимость «догнать» другие страны в промышленном и экономическом плане, к сожалению, нередко позволяла откладывать рассмотрение вопросов, касающихся женщин, отдавшись решению более срочных проблем. Большевики попытались достичь обещанной эмансипации женщин путем формирования партийного отдела для работы с женскими потребностями, известного как женотдел.

Реального освобождения женщин достичь было не так просто, поскольку проблема подчинения женщин носит системный характер. Лев Троцкий в книге «Преданная революция: Что такое СССР и куда он идет?» предположил:

> Планам и намерениям коммунистической партии не отвечали реальные ресурсы государства. Семью нельзя «отменить»: ее надо заменить. Действительное освобождение женщины неосуществимо на фундаменте «обобщенной нужды». Опыт скоро обнаружил эту суровую истину, которую Маркс формулировал за 80 лет до того [Trotsky 1972: 144–159].

Другими словами, невозможна эмансипация женщины при существовании старой структуры семьи; женщина должна быть полностью освобождена от семейных обязанностей путем создания коммунальных кафе, центров по уходу за детьми и других ресурсов, которые облегчили бы ее бремя. Таким образом, в то время как советское законодательство в эти первые годы давало российским женщинам уровень равенства и свободы, которого некоторые более развитые в экономическом отношении «демократические» капиталистические страны не достигли по сей день, это не привело непосредственно к реальной эмансипации советских женщин. Большинство женщин по-прежнему жили вдали от городских центров, в которых располагалось большинство служб, а правительство не располагало ресурсами, необходимы-

---

[16] Это очень краткое изложение марксистской и большевистской идеологий и их понимания женского вопроса. Для получения дополнительной информации см. [Chatterjee 2002; Engel 1987; Ofer, Vinokur 1992].

ми для полного освобождения женщин от выполнения домашних обязанностей и ухода за детьми.

К 1936 году, несмотря на то что ранние большевики осознавали семью как неотъемлемую преграду на пути достижения подлинного равенства между мужчинами и женщинами, Советы решили временно игнорировать семью как таковую и издали указ, в котором говорилось, что женщинам в Советском Союзе предоставляются равные с мужчинами права во всех сферах экономической, государственной, культурной, социальной и политической жизни. Это *предполагаемое* равенство также якобы привело к устранению различий между мужчинами и женщинами в Советском Союзе [Buckley 1992: 117]. Реальность же заключается в том, что в повседневной жизни женщин равенство никогда не было достигнуто. Советские женщины должны были работать полный рабочий день вне дома и продолжать нести ответственность за воспитание детей и быт — работу по дому и приготовление пищи. Это, в свою очередь, негативно сказывалось на их карьерах. Эта новообретенная свобода означала, что советские женщины несли двойное (то есть от женщин все еще ожидали, что они будут брать на себя все домашние и семейные дела, вдобавок работая вне дома), а то и тройное бремя, если добавить к списку политическую активность.

Несмотря на декреты о равенстве, женщины по всему Советскому Союзу продолжали бороться за признание во многих областях. В сфере кино равенство означало, что женщин допускали и поощряли работать в киноиндустрии, однако паритет с мужчинами так и не был достигнут. Коммунистические декреты, возможно, давали женщинам возможность работать в кино, но коммунистическая идеология маскировала их женский и/или феминистский путь. Другими словами, предполагаемое равенство служило для того, чтобы затушевать значение гендерной проблематики и тем самым полностью скрыть достижения женщин. На самом деле это может быть одной из причин, почему исследователи, особенно внутри Советского Союза, так долго игнорировали советских женщин-режиссеров.

Теоретически женщины имели равные с мужчинами возможности в советской киноиндустрии, но это не означало полной интеграции. Фактически лишь немногие женщины получали равный доступ к престижным творческим позициям, таким как должность режиссера. Интересно, что женщин больше среди режиссеров анимации, чем среди режиссеров игрового кино, хотя подавляющим большинством режиссеров были и остаются мужчины. Среди первых мультипликаторов 1920-х годов, которые смогли получить пользу от декретов, предоставивших женщинам возможность работать, были сестры Брумберг и Ходатаева. Эти женщины выросли из рядов безымянных контуровщиц и ассистенток, став в конечном итоге режиссерами, задающими направление отрасли, в которой с момента ее создания доминировали мужчины. Будучи режиссерами, эти женщины пользовались творческим потенциалом анимации для реализации своего женского взгляда и на протяжении многих лет вносили в нее свои эстетические новшества и влияли на культурные модели.

Этой первой волне женщин-мультипликаторов в 1920-х годах приходилось справляться с меняющейся политической и культурной средой, при этом умудряясь поднимать сложные вопросы, такие как права женщин, и в то же время создавая трогательные рассказы о материнстве, подчеркивая важность семьи, даже несмотря на то, что некоторые партийные чиновники рассматривали семью как требующую решения проблему. С 1930-х по 1950-е годы работы и голоса женщин в анимации все больше маргинализировались, поскольку анимация превращалась в средство советской пропаганды для детей. Внедрение социалистического реализма, рисованной анимации, созданной с помощью целлулоидных пленок, диснеефикация советской анимации и организация «Союзмультфильма» создали дополнительные ограничения и препятствия для самовыражения женщин в индустрии. Несмотря на эти барьеры, женщины-мультипликаторы продолжали отстаивать в своих работах тему отношений между матерью и ребенком и влияли на российскую культуру неожиданным образом. К 1960–1970-м годам женщины в анимационной индустрии смогли воспользоваться либерализацией политической атмосферы, последовавшей за смертью Сталина. В те годы женщины-режиссеры уделяли все больше внимания изучению неравенства в жизни женщин с помощью сатирических и контркультурных фильмов, постепенно отдаляющихся от детской аудитории.

За почти 70 лет работы женщин в советском кино и анимации ни в одном из главных советских киножурналов, таких как «Пролетарское кино» (1931–1932), «Советское кино» (1932–1936) или «Искусство кино» (с 1936 года), не вышло ни единой исследовательской, киноведческой или критической статьи, посвященной женскому кино. Основная причина этого в том, что из-за ранних советских декретов о гендерном равенстве подобные дискуссии представлялись ненужными[17]. И только в 1980-х годах термин «женское кино» впервые появляется в печати — его использует критик театра и кино, а также историк кино и сценаристка Майя Туровская. Статья Туровской «Женский фильм — что это такое?» вышла в 1981 году в журнале «Искусстве кино», где эта тема поднимается в связи с фильмом 1977 года грузинского режиссера Ланы Гогоберидзе «Несколько интервью по личным вопросам» (груз. რამდენიმე ინტერვიუ პირად საკითხებზე) [Туровская 1981: 34–35]. Туровская не только считает женский вклад подходящим объектом для исследования, но и приводит доводы в пользу того, чтобы считать фильм Гогоберидзе первым советским «женским фильмом» своего времени: он снят женщиной, посвящен женским проблемам и адресован женщинам [там же: 35]. В следующий раз термин появляется только в 1983 году, когда в рецензии на немецкий фильм Марианне Розенбаум «Мятный мир» («Peppermint-Frieden», 1983) Туровская отмечает, что ни в одной стране нет такого сильного женского кино, как в Федеративной Республике Германии [Туровская 1983: 155]. Ирина Рубанова вновь использует термин в 1985 году в связи с польским фильмом «Самозащита» («W obronie własnej», 1982)

---

[17] Хотя точный термин «женское кино» и не использовался до революции, сама концепция проявлялась в том, что работавшего до революции Евгения Бауэра называли «женским режиссером». См. [Leigh 2007].

Беаты Тышкевич, который, по словам Рубановой, имеет все признаки «женского фильма», то есть снят женщиной и говорит о проблемах женщин [Рубанова 1985: 130]. Эти краткие обсуждения фильмов, затрагивающих проблемы повседневной жизни женщин, свидетельствуют о том, что советские исследователи начали утверждать, что фильмы, снятые женщинами, отличаются от фильмов, снятых мужчинами. В то же время эти тексты и связанные с ними дискуссии помогли осветить некоторые проблемы, с которыми женщины боролись на протяжении многих лет, и то, как эти проблемы замалчивались или игнорировались советским обществом и, в частности, мужчинами-кинематографистами и критиками.

По мере медленного заката Советского Союза в конце 1980-х — начале 1990-х годов женщины-режиссеры и все глубже вникавшие в значение концепта «женское кино» кинокритики, такие как Туровская, вновь и вновь обращались к женской проблематике. В июне 1991 года, всего за несколько месяцев до распада Советского Союза, журнал «Искусство кино» выпустил специальный номер, содержащий ряд статей, посвященных женщинам, их вкладу в киноиндустрию, а также фильмам, созданным ими и о них[18]. В номер вошли эссе критиков, как мужчин, так и женщин, демонстрирующие принципиальные различия между тем, как термин «женское кино» воспринимали мужчины и женщины. Для своей статьи «Что такое женское кино?» Дана Тыркич Сифер опросила кинематографистов и кинокритиков относительно уместности термина «женское кино» или «феминистское кино» в Советском Союзе. Ответы, которые она получила, были, разумеется, разнообразными [Сифер 1991]. Сама Сифер полагала интерпретацию термина «женское кино», предложенную американской кинематографисткой Патришией Мелленкамп, как просто «кино, сделанное женщинами, о женщинах и для женщин», не совсем уместной для советского контекста. Скорее, Сифер была склонна согласиться с режиссером Алексеем Германом, который считал, что нет такого

---

[18] В правом нижнем углу стандартной черной обложки журнала появляется маленький белый символ зеркала Венеры.

понятия, как женское кино, потому что, если фильм или режиссер хороши, пол не имеет значения [там же: 43]. Это мнение было популярно среди кинематографистов-мужчин, таких как Георгий Данелия, который громко заявлял: «Если женщины не люди, а некоторые утверждают, что это так, то, наверное, [термин] правомерен. А если они люди, то зачем различать женское и мужское?» [там же: 47]. Комментарий Данелии согласуется с преобладающими в Советском Союзе настроениями: нет смысла рассматривать женское кино как отдельный жанр или категорию, фильм — это фильм независимо от того, кто его снял. Другими словами, если вы не признаете, что женщин-режиссеров значительно меньше, чем мужчин, то паритет в киноиндустрии становится проблемой, которую легко скрыть. Вместо этого кинематограф, созданный женщинами, относили к понятиям, не нуждающимся в признании и не заслуживающим изучения. Такой ответ Сифер на собственный опрос о женском кино наглядно демонстрирует сложность термина в советском контексте. Даже женщины, как сама Сифер, должны были прилагать усилия, чтобы в полной мере осознать важность этого термина для женщин, отчасти из-за десятилетий мнимого советского равенства между мужчинами и женщинами. Эта сложность советского контекста является одной из причин тому, что мы рассматриваем как субъективность, так и эстетику фильмов, пытаясь определить, можно ли их отнести к примерам женского кино.

Как и следовало ожидать, позиции некоторых женщин более восприимчивы к концепции женского кино. Женщины-критики отмечали не только важность термина как категории для обсуждения, но и потребность в женском кино как таковом; иными словами, потребность в большем количестве женщин, снимающих фильмы. Известная режиссер-постановщик 1960–1970-х годов Лариса Шепитько в документальном фильме «Лариса» (1980) Элема Климова замечает, что «когда над фильмом работает женщина... то она может заметить, донести до зрителя какие-то особые нюансы, особое восприятие окружающей действительности, человека, людей, природы и так далее, которые отсутствуют в психологическом организме мужчины» [там же: 43]. Шепитько придерживается довольно эссенциалистской позиции, утверждая, что режиссеры-женщины подходят к своему предмету явно по-женски и, следовательно, их произведения отличаются от того, что мог бы создать режиссер-мужчина. Введя термин «женское кино» в обиход в 1981 году, Туровская расширяет свое понимание концепции в статье «Женщина и кино». Она отмечает, что,

> ...как и следовало ожидать, мнения некоторых женщин по этому поводу более восприимчивы к концепции женского кино. Женщины-критики отмечали не только важность термина как категории для обсуждения, но и потребность в женском кино как таковом, иными словами, потребность в большем количестве женщин, снимающих фильмы [Туровская 1991].

Туровская пишет, что советских женщин не то чтобы с распростертыми объятиями пригласили в киноиндустрию посредством декретов о равенстве. Вместо этого женщинам приходилось постоянно проявлять себя такими способами, которых советские мужчины даже представить себе не могли. Женщины должны были доказывать свою ценность не только в качестве режиссеров, редакторов или сценаристов, но и в качестве женщин. Для многих женщин-режиссеров процесс доказывания становится неотъемлемой частью сюжетов их работ. В советском кинематографе эта стойкость отличает женское кино от фильмов, снятых мужчинами. Важно отметить, что никто из критиков не рассматривал роль женщин в анимации. Здесь, как и в игровом кино, женщины-режиссеры не только предлагали оттенки и видение, уникальные для женского восприятия, но и проявляли себя с неизменной упорной решимостью задолго до того, как термин «женское кино» стало возможно использовать для определения их работы.

Эта дискуссия о женском кино в Советском Союзе также поднимает вопрос о том, насколько иначе в советском контексте воспринимались понятия женственности, феминизма и сексизма. Туровская иллюстрирует разницу между сексизмом в России и других странах, пересказывая анекдот, который она услышала во время встречи Международной ассоциации женщин-кинематографисток[19]. По словам Туровской, голландская кинематографистка вспомнила, как накануне вручения премии дирекция фестиваля обратилась к ней с рекомендацией быть на приеме в вечернем платье. И если бы платья у нее не оказалось, они были готовы его предоставить. Рассказчица посчитала это предложение сексистским, ведь режиссеру-мужчине они бы такого не предложили. Туровская, однако, предполагает, что советская женщина могла бы обрадоваться такому предложению — ведь в повседневной жизни советской женщины для такого платья просто не было места и времени. Считалось, что советским женщинам, имевшим мало возможностей для проявления женственности, не пристало наслаждаться роскошными нарядами, украшениями и макияжем. Советские женщины жили под двойным бременем работы и домашнего рабства, поэтому атрибуты женственности были излишеством, которое могли себе позволить лишь немногие. Туровская продолжает:

> Вот почему «наш» сексизм — это не тогда, когда подают пальто или дарят бальное платье (это из «ихней» жизни), а тогда, когда мужчина заходит впереди женской очереди; когда женщины волокут авоськи, а мужчины шествуют с газеткой, когда Он садится смотреть футбол, а Она идет в ванную стирать. Это и есть сексизм по-советски [там же: 134].

Советский сексизм имеет место тогда, когда мужчина считает своим правом всегда быть на первом месте, не брать на себя домашней работы, ни в коем случае не уменьшать бремя окружающих его женщин; другими словами, это происходит постоянно.

Сексизм, который описывает Туровская, является одним из побочных продуктов советского «равенства полов», которое поставило женщин в прочное подчиненное положение в семье и быту. Во многих отношениях это домашнее рабство оставило женщин России далеко позади жительниц западных стран. Семьдесят лет советской идеологии в сочетании с длительной

---

[19] Обсуждение этого анекдота см. [там же: 133–134].

историей женоненавистничества в дореволюционной России способствовали отсутствию элементарного человеческого уважения к женщинам. В результате женщины-режиссеры были вынуждены использовать изощренные формы феминизма и женственности, существенно отличающиеся от западных моделей. Но, несмотря на гендерные ограничения, навязываемые советской идеологией, женщины-режиссеры находили в своей анимации место для женских голосов и вопросов, связанных с правами женщин.

В связи с этим возникает вопрос, как в рамках концепции женского кино в сфере анимации лучше всего рассматривать и обсуждать детские мультфильмы, снятые женщинами в советской и постсоветской России. В частности, дискуссия о мультипликационных фильмах, снятых российскими женщинами, будет строиться на двух понятиях: женской эстетики и женской субъективности. Основой теоретического подхода к пониманию различий между мужской и женской анимацией стали рассуждения Пола Уэллса о женской эстетике в книге «Понимание анимации» («Understanding Animation»). Уэллс отмечает, что область анимации на тот момент уже давно привлекала женщин и что женщины-кинорежиссеры использовали анимацию для создания характерной женской эстетики в противовес мужскому языку, присущему игровому кино[20]. По мнению Уэллса, в западном контексте этот тип кинопроизводства часто оказывается за пределами привычной индустрии и неизбежно становится одновременно личным и политическим высказыванием, поскольку очевидно находится в оппозиции к традиционной анимации, где доминируют мужчины. Женская анимация, доказывает Уэллс, меняет представление о женщине с объектного на субъектное. При этом женская анимация не доверяет языку как агенту маскулинности и вместо этого выражает себя в визуальных терминах [там же]. Она отказывается от консервативных форм и более требовательна к зрителю; наконец, она стремится показать

---

[20] Более полное и подробное описание женской эстетики в анимации см. в [Wells 1998: 198–201].

женское восприятие частных или публичных ролей. Согласно Уэллсу, эта эстетика стала более узнаваемой с 1970-х годов, особенно в Соединенных Штатах, хотя он признает, что пионерок женской анимации следует также принимать во внимание. Предлагаемая Уэллсом оценка достижений женщин в анимации признает их вклад и подчеркивает, какими способами женщины сумели сделать свои работы отличными от мужских.

Концепция Уэллса является одной из причин, по которой мы при изучении женской анимации не используем метод феминистского анализа, обычно применяемый исследователями игрового кино. Однако критерии Уэллса сложно применить для советского и постсоветского контекста. В течение 70 лет создаваемая женщинами российская анимация существовала в границах советской индустрии, чаще всего в рамках детских образовательных и развлекательных программ, поэтому ее изучение требует новых способов контекстуализации того, как эти фильмы работают в системе, где доминируют мужчины. Тогда как Уэллс утверждает, что женский кинематограф часто находится вне стандартной производственной арены, в Советском Союзе это явно не так: практически вся мультипликация была частью плановой государственной экономики и производилась в рамках советской анимационной индустрии. В контексте советской анимации, где женщины были представлены с самого начала и продвигались по служебной лестнице куда быстрее, чем в игровом кинематографе, женщины иначе представлены по обе стороны объектива. Тем не менее мысль Уэллса о том, что женская анимация самоочевидно противостоит той, в которой доминируют мужчины, и стремится раскрыть женское восприятие частной и общественной жизни, особенно полезна при изучении работы женщин в советской мультипликации. Аргументация Уэллса непреднамеренно подтверждает наше утверждение о том, что созданные женщинами анимационные фильмы для детей требуют несколько иных рамок феминистской критики, чем игровое кино, поскольку привычный подход не учитывал бы сдвиг в представленности женщин в анимации. Хотя по гендерным вопросам в советском кинематографе существует множество глубоких и сложных исследований, гендерные аспекты в анимационных фильмах, снятых женщинами, невозможно оценивать исключительно по уже установленным критериям.

Хоть идея Уэллса о женской эстетике и предоставляет нам полезную основу для обсуждения некоторых фильмов, снятых российскими женщинами, ее недостаточно для понимания всего спектра женской анимации, снятой в соответствии со строгими отраслевыми стандартами и государственной цензурой. Для этого мы обращаемся к концепции женской субъективности, которая направлена на раскрытие точки зрения индивидуального «я», а не на взгляд извне, из-за пределов личного опыта [Strazzoni 2015]. В сочетании с феминистской теорией и пониманием того, что бóльшая часть исследований истории, философии, психологии и кинематографа сосредоточена на мужском опыте, изучение женской субъективности — это исследование личностей отдельных женщин и их жизненного опыта, а не только их связи с опытом мужчин [Jagge 1996]. Концепция женской субъективности поднимает опыт женщин как человеческих существ и индивидуальностей на тот же уровень, что и опыт мужчин. В рамках кинематографических исследований женская субъективность исследует эстетическое, теоретическое и идеологическое влияние женщин на кино с целью выявить женскую силу и формирование субъекта в сюжетах и в самих фильмах [Ince 2017]. Хотя вопрос о женской субъективности в кинематографе широко изучался, в том, что касается анимации для детей, исследования вопроса довольно скудные [Feinberg 2015]. Использование этой концепции в нашем исследовании становится сложным (но не невозможным) из-за ограничений, накладываемых на женскую субъективность тоталитарным сталинским государством. Это требует толковать женский труд как возможное выражение этой субъективности.

В этой монографии мы рассмотрим, чем женская субъективность отличается от женской эстетики по определению Уэллса, особенно применительно к женскому вкладу в анимацию во время сталинских репрессий[21]. Тоталитарный сталинский режим

---

[21] Более полное и подробное описание женской эстетики в анимации см. в [Wells 1998: 198–201].

подтолкнул женщин-аниматоров к переходу от простого использования женской эстетики к более широкому понятию женской субъективности. Это переключение фокуса с женской эстетики к субъективности в сталинские годы имеет решающее значение для понимания влияния тоталитарного государства на женщин-режиссеров анимации, особенно в годы, когда последние взяли на себя более влиятельную роль в определении траектории советской мультипликации.

Хотя концепция женской субъективности в значительной степени связана с западным феминизмом второй волны и с лозунгом «личное — это политическое», берущим начало в одноименной статье Кэрол Ханиш 1970 года, признание того, что женская индивидуализация является центральной особенностью позднего модерна, демонстрирует важность исследования функционирования женской субъективности в странах за пределами Запада, включая Россию [Hanicsh 1969][22]. Как мы покажем в этой книге, оценка России по западным феминистским стандартам не вполне плодотворна, учитывая, что понятия женственности, феминизма и сексизма воспринимались в советском и постсоветском контексте иначе. Однако женская субъективность фокусируется на жизненном опыте женщин, и эта концепция фундаментальна для всех обществ, в которых мужчины и женщины все еще неравны.

И, наконец, мы заинтригованы тем, как лозунг «личное — это политическое» поощряет представление о том, что практики, осуществляемые в местах и пространствах, традиционно политическими не считающихся, на самом деле могут способствовать развитию новой женской политической субъективности, что позволит женщинам выступать в качестве политических субъектов [Rogan, Budgeon 2018]. Анимационная индустрия во времена сталинской диктатуры была как раз таким нетрадиционным пространством, которое нельзя было определить как строго политическое, но которое позволяло женщинам через свои фильмы делать самостоятельные личные высказывания. Таким

---

[22] См. также [Beck, Beck-Gernsheim 2002; Budgeon 2003].

образом личное становилось политическим. Поэтому, хотя на экране в сталинскую эпоху появлялись образы материнства и традиционные женские роли, исследователям важно обратить внимание не только на характеристики женских персонажей, но и на то, как женщины меняли саму индустрию и влияли на культурные нормы, как на часть процесса формирования женской субъективности. Чтобы полностью осмыслить фильмы и режиссеров, которых мы рассматриваем в рамках этой монографии, мы сформулируем и выдвинем концепцию советской женской субъективности, учитывающую желания советских женщин и испытания, с которыми им приходилось сталкиваться, чтобы стать мультипликаторами. Эта советская женская субъективность не привязана к конкретным временным рамкам, она порождена противоречиями женских прав, сформированными в советское время, но никуда не исчезнувшими и в постсоветский период, и определившими жизнь целых поколений российских женщин.

Из-за уникальной взаимосвязи между идеологией и цензурой в советской и российской анимации изучение того, как женщины вносили свой вклад и усложняли концепцию женского кино в анимации, является рискованной, но продуктивной идеей. Специфический вид цензуры в советской анимации способствует обнаружению удивительного количества фильмов, затрагивающих вопросы, важные для российских женщин или позволяющие им напрямую оспорить статус-кво. Женщины вплели в анимационные фильмы свои собственные голоса, стили и опыт, а также в процессе способствовали изменению как анимационной индустрии, так и форм культурного самовыражения в России. Изучая эти режиссерские голоса через призму женской эстетики и женской субъективности, эта книга выводит анимацию из детской площадки, куда ее давно поместила российская история кино и критика, и помещает в более широкий глобальный контекст женского кино и истории кинематографа.

Глава 2
В начале: первая волна советских женщин-аниматоров

Первая российская и советская анимация

Собственная история кино в России началась в 1908 году с публичного показа фильма «Стенька Разин» кинокомпании Александра Дранкова. Вскоре после этого на экранах появилась и анимация. Истоки российской анимации до революции 1917 года первоначально основывались на научных изысканиях двух людей с очень разным опытом: балетмейстера Александра Ширяева и Владислава Старевича, чья карьера в анимации стала результатом его интереса к энтомологии. Несмотря на то что фильмы Александра Ширяева никогда не демонстрировались публично на больших экранах, его можно считать первым российским аниматором. Будучи ведущим танцовщиком, хореографом и балетмейстером в Мариинском театре Санкт-Петербурга, Ширяев интересовался изучением и сохранением народных танцев для балета. С 1906 по 1909 год Ширяев снимал разнообразные фильмы, включая документальные и мультипликационные, в дополнение к основному своему увлечению — кукольной анимации, в которой он кропотливо воссоздавал народные и другие танцы из различных балетов. Его интерес к покадровой кукольной анимации возник из тысяч его собственных зарисовок различных характерных танцев, которые Ширяев и превращал в анимацию, обычно используя самодельных кукол, в студии, устроенной прямо в квартире. Когда Ширяев предложил заснять танцы в Мариинском театре, при условии, что театр приобретет камеру и кинопленку, руководство ответило, что фотосъемки, которую использовали в течение последних 50 лет, более чем достаточно. Другими словами, Ширяева назвали «смутьяном» и рекомендовали не тратить время — ни свое, ни танцоров [Beumers et al. 2009: 20, 81]. Несмотря на эту неудачу, Ширяев приобрел камеру сам и продолжил работу над покадровой кукольной анимацией народных танцев как собственное, личное дело. Он показывал свои фильмы только близким друзьям и коллегам, публично они никогда не демонстрировались [Urbanora 2008][1]. Труды Ширяева — выдающееся свидетельство использования анимации в качестве важного инструмента для изучения движения, они также демонстрируют изначальную связь анимации с устремлениями и интересами взрослых.

Если сегодня анимация в первую очередь воспринимается как средство развлечения и обучения детей, на заре своей истории она больше отвечала интересам взрослых, о чем свидетельствуют работы Ширяева и его современника Владислава Старевича[2]. Старевич родился в России в польской семье. Как и Ширяев, он начал снимать анимационные фильмы, исходя из личных интересов, но его работы с самого начала предназначались для общественного просмотра. Старевич начал снимать документальные фильмы, работая в Музее естественной истории в Ковно[3]. При попытке заснять на пленку живых самцов жуков-оленей, сражающихся за самку, он столкнулся с проблемой: каждый раз, когда он включал свет для съемки, обычно активные жуки замирали. Проблему Старевич решил с помощью кукол и покадровой съемки. Используя поддерживаемых проволокой забальзамиро-

---

[1] См. также «Russian Dance Film Selections 2004» на Фестивале танцевальных фильмов в Санкт-Петербурге «КиноТанец» (URL: http://www.kinodance.com/russia/films_russian_selection.html (дата обращения: 23.05.2023)).

[2] Более подробно об этих ранних годах анимации см. в [Асенин 1974: 17–20].

[3] Дореволюционное название Каунаса, второго по величине и значению города Литвы. — *Прим. ред.*

ванных жуков, Старевич смог воссоздать битву жуков-оленей для своего фильма «Lucanus Cervus» (1910)[4].

Первый коммерчески успешный анимационный фильм Старевича «Прекрасная Люканида, или Война усачей с рогачами» (1912) был сказочной историей любви жуков. Впоследствии он сотрудничал со студией Ханжонкова в Москве, где снимал как игровые, так и анимированные фильмы. На сегодняшний день самый известный из пары десятков снятых до революции кукольных анимационных фильмов Старевича — «Месть кинематографического оператора» (1912). Фильм игриво затрагивает взрослые темы супружеской неверности, ревности и возмездия. Он также предлагает изощренный взгляд на возможности движущихся картинок, одновременно привлекая внимание к некоторым популярным приемам раннего кино. Например, метафора, сравнивающая кино с вуайеризмом, передается при помощи прорисовки кадров как бы сквозь замочную скважину и повышенной возгораемости ранней нитратной пленки, которая дает очень яркое, почти засвеченное изображение.

Ширяев бросил анимацию в 1909 году, чтобы сосредоточиться на балете, а Старевич переехал во Францию после революции 1917 года, чтобы там продолжить свою карьеру аниматора и кинорежиссера. После революции развитие анимации в России остановилось на несколько лет по многим причинам, включая эмиграцию Старевича, а также нехватку оборудования и материалов и, конечно, Гражданскую войну. В то время как женщины работали в других областях дореволюционной киноиндустрии, ни одной из них пока не выпала возможность попробовать себя в анимационном кино.

Женщины и рождение советской анимации

1920-е годы были бурным и нестабильным периодом для советской анимации с точки зрения промышленных вызовов, смены целевой аудитории и эстетических стилей, изменяющихся

---

[4]   Подробнее об этом [Bendazzi 2016: 72–73; Tsivian 1995].

технологий и споров об идеологическом контроле. В первое десятилетие после революции анимация изо всех сил пыталась закрепиться в киноиндустрии, истощенной войнами, эмиграцией и нехваткой материалов. Тогда же ранняя советская анимация начала свой переход от анимации, ориентированной на взрослых, к ориентированной на детей развлекательно-образовательной анимации двойного назначения. По большей части ранние дореволюционные аниматоры в действительности были кинематографистами, которые переключились на работу в анимации. Тем не менее в 1920-х годах появились первые режиссеры, которые прошли художественную подготовку, прежде чем прийти на разнообразные позиции в растущую анимационную индустрию. Аниматоры в это время экспериментировали с различными техниками и эстетическими стилями, исследуя возможности новой области искусства. Стили анимации варьировались от авангардной эстетики художников начала 1920-х годов до эстетики, вдохновленной газетными карикатурами и классической живописью, изучаемой в российских художественных школах.

Необходимо было осваивать новые техники, поскольку аниматоры отошли от кукольной анимации Старевича в сторону графической и, в конце концов, рисованной цветной мультипликации. Внедрение звуковых технологий в конце 1920-х годов повлекло за собой новые вызовы, связанные с синхронизацией звука с изображением и необходимостью новых повествовательных подходов. Советские анимационные фильмы первой половины 1920-х годов носили политический характер, знакомили аудиторию с новой коммунистической идеологией и осваивали ее сами. К концу 1920-х годов коммунистическая партия стала активнее контролировать и регулировать медиаиндустрию и в результате приняла решение, что анимационные фильмы должны быть ориентированы именно на детей, чтобы приобщать их к жизни в новом советском государстве. Первые десять лет советской анимации примечательны также появлением женщин в рядах аниматоров, контуровщиков, фазовщиков, художников-постановщиков и режиссеров. Эти женщины участвовали в формировании анимации как растущей отрасли, отдельной от индустрии игрового кино. К первой волне женщин-аниматоров Советского Союза относятся сестры Брумберг, Ходатаева и Мария Бендерская[5]. Каждая из этих женщин не только преодолела технические трудности изображения движения на экране, но и сумела выйти за пределы рядов безымянных фазовщиц, контуровщиц и заливщиц, чтобы снимать собственные фильмы. Что еще важнее, само их присутствие подталкивало анимационную индустрию принимать женщин как равных в новообразованном советском обществе.

Новое советское государство и его руководители рассматривали кинематограф как инструмент пропаганды, агитации, просвещения и, соответственно, как простой способ донести коммунистическую идеологию до неграмотных народных масс по всей стране[6]. Владимир Ленин в беседе с советским министром образования Анатолием Луначарским произнес ныне крылатую фразу «Из всех искусств для нас важнейшим является кино», запустив масштабные изменения в типах снимаемых фильмов[7]. В феврале 1922 года в обязанности Луначарского входило составление плана развития советского кинематографа, который включал и контроль за его осуществлением, и расширение анимации.

Первая советская анимация была задумана в Российском телеграфном агентстве (РОСТА), где технология покадровой съемки была переориентирована на создание движущихся плакатов — инновационный подход к оживлению изначально статичных политических плакатов агентства и донесение идей коммунизма до нерусскоязычного населения [Katz 2016: 32]. Первой сюжетной анимацией новой советской индустрии стали

---

[5] Мы упоминаем Бендерскую, но в данной работе не углубляемся в ее карьеру, так как она сняла только один фильм — «Приключения китайчат» (1928).

[6] Уровень грамотности в России непосредственно перед Первой мировой войной составлял около 40 %, причем в сельских районах он был гораздо ниже и составлял около 25 %, а грамотных девочек было значительно меньше, чем мальчиков. См. [Brooks 1985: 4].

[7] О культурной значимости этого утверждения в 1920-х годах см. [Taylor 1988].

«Советские игрушки» (1924) документалиста Дзиги Вертова. Художниками фильма выступили Иван Бушкин и Юрий Меркулов, а спродюсировало его Госкино. Этот глубоко пропагандистский фильм представляет собой графическую анимацию с использованием плоских марионеток и фокусируется на вредительском поведении нэпмана — члена нового буржуазного класса 1920-х годов, нежелательного результата новой экономической политики (НЭПа) Ленина, — который пожирает все и вся в поле зрения. Фильм также отмечает достижения нового советского государства, когда нэпмана побеждают рабочий и солдат[8]. «Советские игрушки», как и многие анимационные фильмы 1920-х годов, были экспериментальной работой, возникшей под влиянием РОСТА, культурных деятелей русского авангарда, таких как Владимир Татлин, Александр Родченко и Владимир Маяковский, иллюстраторов, таких как Владимир Лебедев, и политических карикатуристов, таких как Виктор Дени[9].

В дополнение к открытой критике НЭПа «Советские игрушки» также непреднамеренно комментируют роль женщин в этот период: в фильме присутствует всего один выраженно женский образ — распущенная танцовщица [Mjolsness 2008: 255–257]. Она возникает из парящего листа, превращающегося в простой линейный рисунок танцовщицы с четко очерченным декольте. То, что ее интерес лежит за пределами танца, становится очевидно благодаря крупному плану ее лица в снимке диафрагмы, когда она соблазнительно подмигивает, качает головой и улыбается. Танец в стиле французского канкана, демонстрирующий нижнее белье танцовщицы, вызывает волнение и возбуждение нэпмана, также показанного крупным планом в снимке диафрагмы. Мно-

---

[8] Подробный разбор «Советских игрушек» см. в [Mjolsness 2008].

[9] Например, Понтьери рассматривает связь между ранней советской анимацией и художником-авангардистом Цехановским. Она считает, что книжные иллюстрации Цехановского демонстрируют прямоту плакатного стиля, включая элементы журнальной графики и рекламы, и утверждает, что он был первым аниматором, использовавшим эти стили в своих работах. См. [Pontieri 2012: 22–29]. О стиле Виктора Дени и других газетных карикатуристов 1920-х годов в «Советских игрушках» см. [Mjolsness 2008].

гие женщины столкнулись с трудностями в связи с провозглашением НЭПа, во время которого вырос уровень безработицы и проституции среди женщин [Hutton 2001: 130–232]. Развязная танцовщица в фильме призвана олицетворять тех женщин, которые дистанцировались от пролетарской культуры, присоединившись к нэпманам, выбрав относительно легкий путь к более роскошному образу жизни. Хотя это и не стереотипный образ кокетки-вертихвостки, обычно ассоциирующийся с распущенными женщинами того времени, танцовщица в фильме оказывает услуги как проститутка, и ей платят предметами роскоши. Для того чтобы вознаградить ее, нэпман поднимает руку к небу, и с него сыплются модные туфли, шляпки и украшения, падая к ногам танцовщицы. В конце концов она охотно ныряет в живот нэпмана, позволяя ему поглотить ее как в буквальном, так и в переносном смысле. Единственная женщина в этом фильме — это прежде всего предмет, купленный и использованный могущественным богачом. Однако танцовщица Вертова — далеко не единственный тип женщин эпохи НЭПа. Как мы увидим, женщины-режиссеры дистанцировались от образа вертовской танцовщицы и вместо этого предпочитали создавать в своих фильмах положительные женские образы, помогая тем самым формировать будущую роль женщины в советском государстве.

В 1924 году, тогда же, когда вышли «Советские игрушки», женщин пригласили принять участие в формировании рабочей группы, которая позже станет первой экспериментальной мастерской мультипликации, организованной в Государственном техникуме кинематографии (ГТК — ныне ВГИК) Николаем Ходатаевым, Юрием Меркуловым и Зеноном Комиссаренко[10]. Созданная ими мастерская представляла собой малобюджетную программу по производству анимации, соответствующей требованиям Луначарского и пролетарским принципам нового государства — использовать искусство, чтобы вдохновлять на революционные действия [Mally 1990: 4–5]. В программе участвовали

---

[10] О формировании первых мастерских ГТК см. [Katz 2016: 32–36]. Также см. [Ходатаев 1936].

как женщины, так и представители уязвимых групп. Из-за недостатка финансирования на обучение аниматоров мастерская в основном привлекала студентов из Высших художественно-технических мастерских (ВХУТЕМАС) и служила местом профессионализации будущих аниматоров. Среди первых участников мастерской были Ольга Ходатаева (сестра Николая Ходатаева), Валентина и Зинаида Брумберг, Людмила Блатова; все, кроме Ходатаевой, получили художественное образование во ВХУТЕМАСе[11]. Позже в том же году студию стали посещать Иван Иванов-Вано и Владимир Сутеев [Ходатаев 1934]. Каждый участник изучал все аспекты анимации, включая написание сценариев, съемку, монтаж и графический дизайн, при этом осваивая техники покадровой анимации с использованием графики и плоских бумажных марионеток[12]. Формат мастерской позволил участницам учиться вместе с одними из самых талантливых художников в этой области, и к концу 1920-х годов некоторые из них смогли стать режиссерами.

Хотя женщины и участвовали в первой советской студии мультипликации, их редко упоминали в титрах этих первых фильмов. «Межпланетная революция» 1924 года — первый фильм, снятый мастерской ГТК, — пример неравенства в организации титров. «Межпланетная революция» рассказывает о красноармейце, который летит на Марс и побеждает там всех капиталистов. Заодно она служит пародией на снятый в то же время фильм Якова Протазанова «Аэлита» (1924). На стиль «Межпланетной революции» заметно повлияли советские авангардные плакаты таких художников, как Маяковский. Одержимость механизацией и индустриализацией, нехватка глубины и объема, четкие линии и зависимость от геометрических форм — таким был обычный стиль ранней советской анимации. Учредители мастерской ГТК перечислены в титрах следующим

---

[11] Блатова участвовала в создании только двух мультфильмов 1925 года: «Китай в огне» (другое название — «Руки прочь от Китая!») и «Старт» (утерян).

[12] В том же году мастерская сняла не сохранившийся до нашего времени мультфильм «Как Авдотья стала грамотной» (1925).

образом: «Сценарий и выполнение: З. П. Комиссаренко, Ю. А. Меркулов и Н. П. Ходатаев». Однако Ольга Ходатаева также работала над фильмом в качестве художника-аниматора, но упоминания в титрах не получила. О ее вкладе мы можем уверенно говорить сегодня лишь потому, что брат включил ее имя в список аниматоров «Межпланетной революции» в статье, которую написал десятью годами позже [Ходатаев 1934].

По словам Ходатаева, после завершения «Межпланетной революции» коллектив привлек в экспериментальную мастерскую сестер Брумберг для работы над гораздо более длинным сюжетным фильмом «Китай в огне» (1925) [там же][13]. «Китай в огне» — анимационный фильм, предупреждающий об опасностях капиталистического разграбления природных ресурсов Китая, выпущенный в 1925 году по заказу движения «Руки прочь от Китая». Эта лента признана одним из первых советских мультфильмов и первым анимационным фильмом такого масштаба. «Китай в огне» изначально представлял собой три десятиминутных ролика, каждый из которых был снят отдельным режиссером, позже объединенные в 32-минутный полнометражный фильм. Творческой группе пришлось справляться со сложной тематикой, слабостью драматургической основы для движения сюжета фильма и отсутствием единого творческого направления. Среди аниматоров были Ходатаева, сестры Брумберг и Блатова, опять не получившие должного упоминания в титрах. И даже несмотря на то, что постфактум эти женщины получили некоторое признание в различных публикациях, отсутствие их имен в экранных титрах по-прежнему подрывает признание их истинного места в истории кино [Ходатаев 1936].

Стилистические отличия «Китая в огне» свидетельствуют о женском творческом вкладе. В фильме очевидно прослеживаются два эстетических направления: популярный стиль авангардного плаката и более классический живописный. Как и многие другие анимационные фильмы этого периода, «Китай в огне» частично

---

[13] Юрий Меркулов рассказывает об истоках советской анимации и в том числе о вкладе Ходатаевой в [Меркулов 1971].

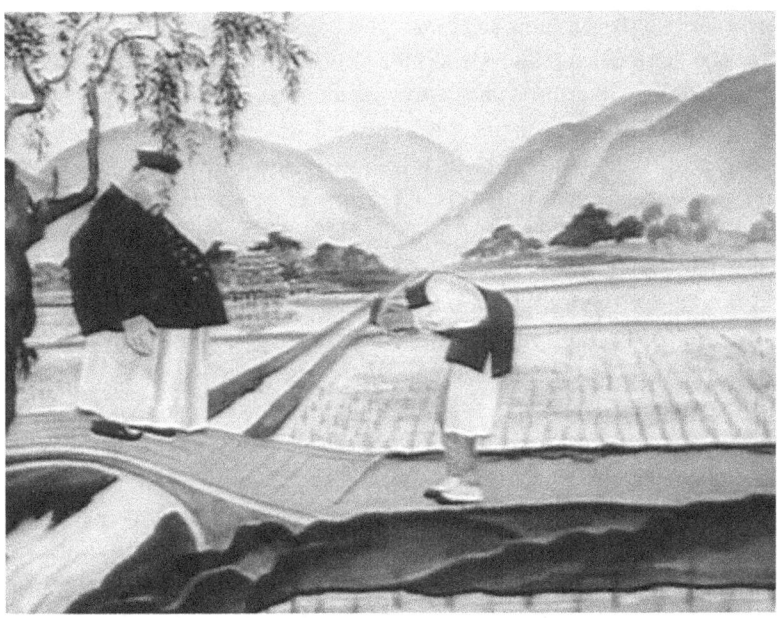

Рис. 1. Кадр из мультфильма «Китай в огне» (1925)

был вдохновлен авангардными революционными плакатами. Фильм даже имеет подзаголовок «Кино-картина», что усиливает его связь с ранними анимированными плакатами РОСТА. Практически весь фильм был создан с использованием покадровой съемки черно-белых бумажных марионеток. Это создает впечатление примитивности, усиленной ограниченностью движений персонажей. Основанный на классических художественных навыках, стиль женщин-аниматоров заметно отличается от плакатного, использованного как в этом фильме, так и в «Межпланетной революции». Вместо суровых геометрических фонов женщины в живописной манере рисуют пейзажи, здания, автомобили и корабли иностранных империалистов и даже несколько портретов. Этот стиль встречается в пейзажах Китая (см. рис. 1), нарисованных с вниманием к деталям — от округлых холмов, затененных, чтобы создать ощущение трехмерности, до градаций на кустарниковых соснах, на которых выделяются отдельные иголочки, и мягких отражений солнца и луны на воде. Все это сестры Брумберг рисовали древесным углем [там же: 41]. Этот же стиль используется при сложной детализации лиц Льва Караханова, Ленина и Сунь Ятсена, что сильно контрастирует с резкими линиями чудовищной карикатурной фигуры капиталиста, стремящегося разграбить и поглотить богатства Китая. Округлость линий и наличие теней, будь то лица или деревья, добавляют не только мягкость образам, но и ощущение реализма, что делает вклад женщин в этот фильм выдающимся для своего времени.

На примере «Китая в огне» и «Межпланетной революции» мы видим, что советская идеология и директивы позволили женщинам принять участие в первой мастерской анимации, и тем не менее их истории и конкретные достижения были почти забыты. Большевистская власть давала женщинам возможности, которых у них не было в дореволюционной России, и все же в самые первые годы их вклад оставался без внимания. Репрезентативное исключение женщин происходило, по крайней мере частично, из-за неспособности нового советского общества полностью освободить женщин от глубоко укоренившейся патриархальной культуры.

Женский вопрос в 1920-е годы

Достигнутый в начале 1920-х годов прогресс в области прав женщин был относительно невелик, несмотря на законы и прокламации, устранявшие все барьеры на пути к равенству полов. Теоретически взять на себя выполнение задач, выводивших женщин из состава рабочей силы и ограничивающих их участие в политической жизни — таких, как, например, уход за детьми, приготовление пищи и уборка, — должны были общественные организации. Основанный в 1918 году комсомол (Всесоюзный ленинский коммунистический союз молодежи), в который входили молодые люди в возрасте от 14 до 23 лет, отражал то же отношение к равенству прав женщин и мужчин, что и Коммунистическая партия. Комсомолец должен был способствовать освобождению женщин от предположительно «угнетенного и порабощенного» положения, в котором они находились при капиталистической системе, и «прилагать особые усилия» для привлечения молодых женщин «к деятельности комсомола и партии» [Fisher 1959: 67]. Независимо от этих благородных идей о равноправии и попыток привлечь молодых женщин в партию, практические вопросы, а именно экономические трудности, превалировали. После окончания Гражданской войны Ленин провозгласил новую экономическую политику (НЭП) с целью предоставить частной промышленности временные стимулы, чтобы дать толчок пострадавшей экономике. Период НЭПа, который длился с 1921 по 1928 год, стал решительным отступлением от курса на эмансипацию, поскольку реалии НЭПа особенно сильно ударили именно по женщинам, и именно они составили непропорционально большую часть безработных. Конечно, нэпманы — предприниматели, разбогатевшие на этом возврате к капиталистической системе, — сопротивлялись, потому что, зарабатывая деньги, они не стремились инвестировать их в общественные организации, в те же столовые и детские сады, которые могли бы позволить женщинам работать наравне с мужчинами. Враждебность рабочих по отношению к нэпманам показана в «Советских игрушках» Вертова.

Таким образом, в то время как официальная советская политика призывала к ликвидации гендерного неравенства, в реальности эту политику подрывал НЭП. Например, Энн Горсач в своей статье «Женщина — не мужчина» («A Woman is Not a Man») утверждает, что бо́льшая часть риторики и реальной практики комсомола служила тому, чтобы подчеркнуть различия между молодыми мужчинами и женщинами, а не провозглашению равенства, особенно в период НЭПа [Gorsuch 1996]. На бумаге женщины достигли равенства с мужчинами, однако бо́льшая часть практик раннего советского государства по-прежнему ставила женщин в невыгодное положение. Это было особенно верно после смерти Ленина в 1924 году, которая, как предполагает Эттвуд, ознаменовала также смерть того, что он считал двумя предпосылками равноправия: растущую долю женщин в рабочей силе и освобождение их от домашнего труда [Attwood, Turovskaia 1993: 53]. Таким образом, в то время как Советский Союз стоял на пути к реализации многих целей по стабилизации страны и экономики, его обещания перед женщинами оставались невыполненными.

С приходом к власти Иосифа Сталина в конце 1920-х годов НЭП прекратил существовать, и была предпринята еще одна попытка обеспечить равенство женщин и мужчин. Организации вроде комсомола отметили гендерное неравенство и пришли к пониманию того, что «несмотря на то, что многое было сказано и решено», ситуация с обеспечением большего количества женщин на руководящих должностях была «все еще очень плохой» [Gorsuch 1996: 654][14]. В 1927 и 1928 годах активизировались общественные кампании против эксплуатации женщин и жестокого обращения с ними. Как объясняет Эрик Найман со ссылкой на связанную с этим кампанию против коррупции:

> Партия начала усиливать свой контроль над потенциально «аполитичными» сферами общественной деятельности [в последние годы НЭПа], «личная жизнь» больше не воспринималась как независимая сфера, а органы комсомола предпринимали согласованные усилия по проникновению в частную жизнь и организацию досуга [Naiman 1990: 7].

Несмотря на вмешательство правительства, эти усилия не смогли изменить повседневную жизнь женщин. В конце 1920-х годов женщинам вновь было рекомендовано «организовывать отдельные [клубные] кружки для девочек для повышения [их] психологического и культурного уровня» и использовать Международный женский день в качестве средства привлечения женщин, не являющихся членами партии [Gorsuch 1996: 649].

---

[14] Подробнее о проблемах продвижения по службе в сельской местности см. [Tirado 1996].

Реальность, справедливо утверждает Горсач, заключалась в том, что успешных попыток обеспечить специальные мероприятия только для молодых женщин было относительно немного, и мало что могло побудить их бороться за равенство [там же: 654]. Однако одной из попыток поощрить женщин к участию в праздновании Международного женского дня и борьбе за равенство стал мультфильм 1928 года «Грозный Вавила и тетка Арина», сорежиссерами которого выступили Ольга и Николай Ходатаевы. Этот мультфильм — пример того, что анимация не была освобождена от призыва поощрять женщин к участию в советской жизни как способу обеспечения эмансипации.

Ольга Ходатаева в 1920-е годы

В 1927 году Ходатаева присоединилась к своему брату и сестрам Брумберг, чтобы создать собственный коллектив аниматоров. Когда период быстрой индустриализации начался с первой сталинской пятилетки, немецко-советская киностудия со смешанным капиталом «Межрабпом-Русь» поглотила ГТК в качестве производственного отдела. Таким образом, аниматоры стали объединяться в творческие коллективы для продолжения работы. В конце 1920-х годов уже знакомый нам коллектив продолжал использовать в основном бумажных марионеток, выполненных в графическом авангардном стиле, частично вдохновленном газетными политическими карикатурами. И хотя такие исследователи, как Джанналберто Бендацци в книге «Всемирная история анимации» («Animation: A World History»), называют руководителем группы Николая Ходатаева, титры фильмов, снятых группой в этот период, демонстрируют, что женщин стали упоминать в качестве сорежиссеров[15].

Мы уже упоминали, что Ходатаева является ярким примером того, как в мужских коллективах исторически игнорировался

---

[15] Бендацци рассматривает становление ранней советской анимации и творчество Николая Ходатаева в [Bendazzi 2016: 79].

женский труд и как он продолжает оставаться незамеченным. В 1918 году Ходатаева окончила Московское училище живописи, ваяния и зодчества и работала художником-графиком. В 1924 году она присоединилась к своему брату Николаю, когда он организовал курс анимации в ГТК, и с 1927 по 1932 год работала вместе с ним и сестрами Брумберг в составе коллектива мультипликаторов. Первые фильмы она снимала в сотрудничестве с братом и Валентиной Брумберг, но к 1930 году начала создавать собственные работы. Позже она работала над многочисленными мультипликационными фильмами на различных студиях, включая «Межрабпом-Рус», «Совкино», «Союзкино», «Мосфильм» и «Союзмультфильм». С 1927 по 1960 год Ходатаева сняла 32 фильма. Хотя не все фильмы Ходатаевой политически ангажированы, многие из ее самых известных работ попадают в категорию пропаганды.

Одним из таких фильмов, а также и профеминистским манифестом, является фильм «Грозный Вавила и тетка Арина», снятый на «Межрабпом-Русь» по заказу Центросоюза (Центральный союз потребительских обществ) — организации, специализирующейся на социальной инфраструктуре преимущественно сельских территорий. Хотя непосредственный вклад Ходатаевой в совместных работах определить затруднительно, ее влияние следует признать, особенно учитывая, что имя Ходатаевой в титрах этого фильма часто указывается первым, подразумевая, что она взяла на себя ведущую роль в режиссуре фильма[16]. Что еще важнее, тема фильма была актуальна для женщин того времени. Фильм освещает значение Международного женского дня и соответствовал принципам Центросоюза, который особенно заботился о положении сельских женщин Советского Союза. «Грозный Вавила и тетка Арина» — мультфильм, снятый с использованием бумажных марионеток и покадровой съемки, — стал первым

---

[16] См. программные заметки к Retrospective at the Deutsche Kinemathek 2012. URL: https://www.deutsche-kinemathek.de/en/retrospective/2012/films (в настоящее время ресурс недоступен); и International Filmfestspiele 2012. URL: https://www.berlinale.de/en/archive/jahresarchive/2012/02_programm_2012/02_programm_2012.html (дата обращения: 24.05.2023).

советским фильмом, поднимающим женский вопрос и затрагивающим непосредственно женские проблемы, призывая поощрить сельских женщин участвовать в политике и реализовать свои права на равенство.

В «Кино и женский вопрос» («Kino and the Woman Question») Мейн блестяще исследует, как обращалось к женскому вопросу советское монтажное кино, но никто внимательно не изучал, как вопросы, связанные с женщинами и новой советской идеологией, интерпретировались в анимации [Mayne 1989]. С учетом этого анализ «Грозного Вавилы и тетки Арины» имеет основополагающее значение для понимания связи между женским вопросом и анимацией. Как отмечает Макфэдьен, несмотря на примитивность и тот факт, что фильм был снят на устаревшем оборудовании, достойном скорее занять место в музейной экспозиции, он стал одним из первых мультфильмов, снискавших и долгое время сохранявших значительную популярность среди зрителей [MacFadyen 2005: 70]. Одной из причин такого успеха, несомненно, стала тематика и тот факт, что ни один другой фильм не затрагивал эту проблему так открыто.

Главную героиню мультфильма «Грозный Вавила и тетка Арина» от тяжелой домашней работы освобождают ожившие орудия ее порабощения: ведра для воды, печные принадлежности, кастрюли, сковородки и прочая кухонная утварь. Эти инструменты угнетения женщин побуждают Арину взять выходной и отправиться на женское собрание в честь Международного женского дня. В начале фильма, когда Арина несет ведра с водой, появляется улыбающееся солнце, которое затем превращается в сияющую эмблему «8 Марта». Один из солнечных лучей тянется к женщине, преграждая ей путь, и снова превращается в слова «8 Марта», заставляя ту остановиться и опустить свои ведра, у которых начинают появляться лица, руки и ноги. Они не хотят, чтобы Арина продолжала работать в Международный женский день, и в знак протеста убегают от хозяйки.

Тетка Арина бежит домой за непослушными ведрами. Она сверяется с календарем, чтобы доказать, что ведра ошиблись, но крупный план показывает, что на дворе в самом деле 8 Марта — Международный день трудящихся женщин. К ведрам присоединяются кастрюли, сковородки и другие кухонные принадлежности, вместе они начинают плясать вокруг Арины в честь Женского дня. Чугунная кочерга и ухват вывешивают транспарант с надписью: «Ты сегодня свободна! Мы тебя отпускаем» (см. рис. 2)[17]. Однако, несмотря на энтузиазм кастрюль и сковородок, тетка Арина не желает оставить работу по дому и уйти на женское собрание. По настоянию ведер соседка тетки Арины уговаривает ее все же пойти на встречу. Фильм свидетельствует о том, что для сельских женщин празднование Международного женского дня — это новая, незнакомая концепция, и чтобы по-настоящему освободиться от трудов повседневной жизни, они могут нуждаться в поощрении и поддержке со стороны других женщин.

Мужчины, с другой стороны, иногда препятствуют женской организации. Чтобы советское общество могло двигаться вперед, мужчин часто приходилось учить принимать эмансипацию женщин. Беспокоясь о том, кто сварит ему щи, муж Арины громко возражает против ее выходного от домашних дел. Он толкает жену на землю, и дело заканчивается тем, что Вавила и женщина, пригласившая Арину на собрание, перетягивают ее подобно канату. Собрание и женщины побеждают, и Арина волочет мужа за собой, предполагая, что женщины должны вести своих отсталых мужей к политическим изменениям и равенству полов. Но Арине с ее кастрюлями и сковородками не удается изменить точку зрения мужа. Он вырывается и бежит обратно в дом, но только для того, чтобы быть атакованным кухонной утварью, которую он привык использовать для запугивания собственной жены. Несмотря на неспособность Арины перевоспитать мужа, настоящая ее сила проявляется во время выступления на собрании. В конце фильма становится очевидной коллективная сила женщин. Женщины устраивают шествие, Арина держит транспарант, провозглашая

---

[17] Обратите внимание, что они обращаются к хозяйке на «ты» и «тебя», что не только свидетельствует о ее ежедневном контакте с ними, но и приравнивает ее к орудиям домашнего труда.

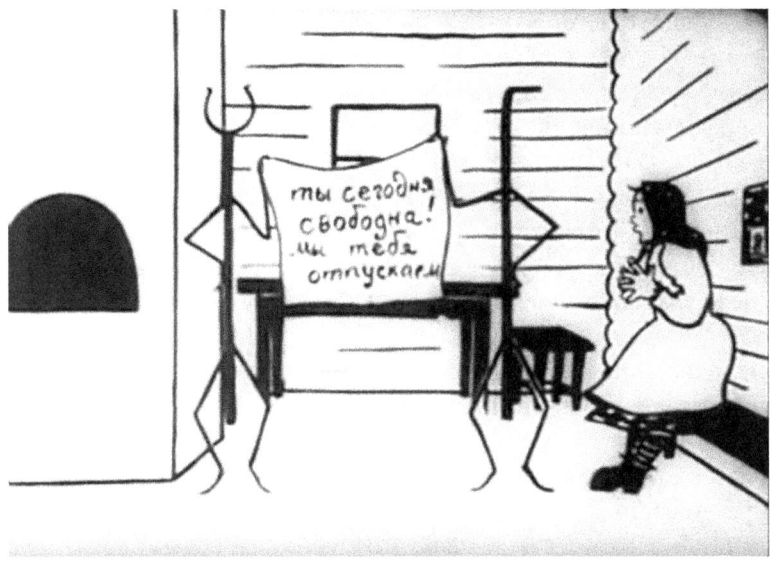

Рис. 2. Кадр из мультфильма «Грозный Вавила и тетка Арина», 1928

строительство нового быта и повторяя, что женское сотрудничество и их участие в политической жизни — единственный верный путь к освобождению от кухонного рабства.

Довольно милые антропоморфные предметы кухонного обихода в этом мультфильме резко контрастируют с эстетикой, вдохновленной стилем авангардного плаката, и той живописной манерой, которую использовали женщины-аниматоры в «Межпланетной революции» и «Китае в огне». И хотя Уэллс отмечает, что метаморфозы — способность анимированных объектов превращаться во что-то совершенно иное —относятся к типичным приемам мультипликации, этот метод мало повлиял на раннюю советскую анимацию, поскольку для советских вкусов был слишком фантастическим [Wells 2002a: 68–69]. Однако если рассматривать антропоморфные превращения как вид метаморфоз, этот фильм является исключением из общего правила.

Фильм повествует об изменении общества, и вполне естественно, что это изменение осуществляется через трансформацию, а именно, через превращение предметов угнетения женщин в антропоморфных помощников, чтобы тетка Арина могла исполнить свой долг хорошей советской женщины. Будучи безусловно агитационным роликом, образцом официальной политической пропаганды, этот фильм, что примечательно, оставался популярным и благодаря своей популярности сумел выполнить одну из целей Международного женского дня — объединить женщин более чем на один день. Как предполагает Горсач, официальных усилий, направленных на то, чтобы побудить женщин объединяться и отстаивать свои интересы, было относительно мало, и, напротив, часто женщин извне отговаривали от этого [Gorsuch 1996: 654]. Этот фильм становится исключением. Далее Горсач цитирует товарища Гольдину: «8 Марта [Международный женский день] — это хорошо, но жаль, что оно бывает [только] раз в год; если бы оно было пять раз в год, это было бы лучше» [там же]. Благодаря многократным просмотрам этот анимационный фильм, снятый женщиной, вдохновил и продвинул зрителей на один маленький шаг к реализации женских прав.

Сегодня этот фильм — один из ярчайших примеров подхода 1920-х годов, когда занимающийся женским вопросом аниматор создавал эталонных женских персонажей, борющихся за право быть услышанными и изменить свой мир. Как показывает фильм, жизнь крестьянок, в отличие от жительниц города, мало изменилась после революции, и для того, чтобы прокламация равенства достигла деревни, потребовалось немало времени. О новообретенном равноправии необходимо было информировать и мужчин, и женщин. Тетка Арина и ее антропоморфные орудия угнетения женщин вступают в визионерский диалог о советском феминизме и роли женщины в советском обществе. Преображение женской домашней утвари, в былые времена связывавшей ее с прошлым и традициями, способствует превращению женщины в политическую активистку, требующую равенства с мужчинами. Этот фильм демонстрирует также метаморфозы в повседневной жизни крестьянок, ибо, хотя он, безусловно, идеалистически изобразил как женщин, так и советское общество, он давал крестьянкам надежду и уверенность в равенстве с мужчинами, до которого им было еще далеко.

Появление детской анимации

В конце 1920-х годов в ответ на изменения в политическом климате советская анимация перенесла свое внимание на детей. После смерти Ленина Советский Союз замкнулся в себе, искал пути укрепления себя как государства, и, по мнению Макфэдьена, к 1925 году доктрина «социализма в отдельно взятой стране» стала официальной политикой [MacFadyen 2005: 71]. Другими словами, произошло отклонение от идеи глобального коммунизма, начали предприниматься усилия по борьбе с негативными последствиями НЭПа и достижению коммунизма внутри страны. С этим политическим поворотом ресурсы были централизованы, разрабатывались новые методы укрепления идеологического воспитания советских граждан, и в результате появились первые советские фильмы, созданные специально для детей.

Вопрос о кинематографе для детей стал одним из центральных постулатов Всесоюзного съезда партии в 1928 году. Его участники отметили, что «детских фильмов практически нет», и посоветовали кинематографистам создавать «последовательные политические и воспитательные художественные, культурологические фильмы и кинохроники для детской аудитории» [Taylor, Christie 1994: 10–211]. Идеологическое воспитание детей стало одним из ключевых компонентов реализации социализма в Советском Союзе, и кино было важнейшим инструментом в этом процессе. Поскольку анимация все еще была маргинализированной формой искусства, советские идеологи говорили преимущественно об игровом кино. Тем не менее то, что кинематографические потребности юных зрителей были признаны, сыграло важную роль в развитии мультипликации как новой формы советского искусства. В том же году государственная фотокинематографическая организация «Совкино» дала разрешение на учреждение в Москве на киностудии «Межрабпом-фильм» отдела анимации — впервые советское правительство разрешило аниматорам получить собственное выделенное студийное пространство [Бородин 2013]. Заручившись идеологической и финансовой поддержкой для детской анимации, советские мультипликаторы начали создавать фильмы, адресованные непосредственно юной аудитории.

Отношения с юным зрителем обратившейся к нему анимационной индустрии определялись тем, как видело ребенка советское государство. Как отмечает Катриона Келли в статье «Формирование "Гонки за будущим"» («Shaping the "Future Race"»), «решимость большевиков... построить радикально иное, новое общество означала, что с самого начала дети выдвигались на передний план идеологических дискуссий» [Kelly 2006: 256]. Обучение детей было самым верным способом реализовать это новое общество, а анимация, опирающаяся на юмор и невербальные сигналы, стала логичным пространством для такого обучения. Сценаристам, режиссерам, актерам и аниматорам было поручено идеологическое воспитание, а не беспорядочное развлечение юношества. Массовое образование через анимацию было одним из первых тематических компонентов и структурных принципов советской мультипликации конца 1920-х годов. Часто превозносимая за эстетические и технические достижения, создаваемая женщинами анимация в этот ранний период советской истории соответствовала этим идеям, но также открывала диалог с советской идеологией и выводила на экран более позитивные женские образы.

Сестры Брумберг в 1920-е годы

Зинаида и Валентина Брумберг, известные как сестры Брумберг, — две женщины, которые раздвигали границы ранней советской анимации. За свою почти 50-летнюю карьеру сестры сняли более 40 фильмов, и сегодня их чаще всего помнят как создательниц поучительных мультфильмов для детей. Согласно рассказам сестер Брумберг об их школьных днях, с раннего возраста они интересовались движущимися изображениями и заполняли поля своих учебников небольшими карандашными рисунками различных сказочных героев, которые оживали при быстром перелистывании страниц [Абольчик 1972: 56]. Увлеченные искусством, сестры поступили в Высшую государственную художественно-техническую мастерскую (ВХУТЕМАС) сразу после окончания средней школы в начале 1920-х годов. Во ВХУТЕМАСе они учились у влиятельных художников начала XX века: Ильи Машкова, Петра Кончаловского, Аристарха Лентулова и Роберта Фалька[18]. Чтобы изучать искусство анимации, сестры Брумберг вызвались присоединиться к студентам в экспериментальной анимационной мастерской ГТК. Благодаря Ходатаеву они приобрели свой первый опыт работы художниками-аниматорами в фильме «Китай в огне».

Художественное образование дало сестрам представление как о традиционных художественных направлениях прошлого, так и о революционных и экспериментальных тенденциях, вдохновленных авангардом, и в их анимации видна эта связь между прошлым и настоящим. Как и их современники, к концу 1920-х годов сестры Брумберг обратились к детской анимации — области, на которой будет сосредоточена бо́льшая часть их карьеры. Приверженность детской тематике не должна означать, что их работы неполноценны или не имеют художественных достоинств — напротив. Сестры Брумберг, работавшие как одна команда, начали свою режиссерскую карьеру с двух фильмов для «Совкино»: «Даешь хороший лавком!» (1927, не сохранился) и «Самоедский мальчик» (1928). Это фильмы, в которых сестры занимались режиссурой, написанием сценария и анимацией в составе творческого коллектива вместе с Ходатаевыми[19].

---

[18] The Brumberg Sisters Against the Background of their Time // Leading Figures in Russian Animation. Film 6. MIR Studios, 2013.

[19] Хотя в некоторых документах Госфильмофонда Николай Ходатаев значится в качестве генерального директора этого фильма, имена сестер Брумберг часто оказываются выше имени Ходатаева при перечислении аниматоров и сценаристов. Это могло зависеть от того, кто заполнял документы. См.: Госфильмофонд, Ф. А., оп. II, д. 6-2, Белые Столбы, Российская Федерация.

«Самоедский мальчик» был одним из первых советских мультфильмов, созданных в качестве современной народной сказки
и предназначенных специально для детей. Это особенно интересно, если учесть, что в 1920-х и начале 1930-х годов советские педагоги и партийные лидеры особенно враждебно относились
к сказкам и вымыслу, чем и объясняется отсутствие фантастики
и чудес в детской анимации этих лет. Как отмечает Марина Бали-
на в предисловии к сборнику «Политизируя волшебство: антология
российских и советских сказок» («Politicizing Magic: An Anthology
of Russian and Soviet Fairytales»), Советы не сразу осознали мощные
педагогические преимущества сказки и рассматривали тягу
к фольклору и волшебным историям как часть буржуазного мышления[20]. Другими словами, сказка ассоциировалась с прошлым,
с тем, чего следовало избегать. Эта идея развивается в коллектив-
ном сборнике «Мы против сказки» (1928), отредактированном
ведущими советскими педагогами Иваном Соколянским и Алек-
сандром Залужным. Соколянский и Залужный стремились создать
правила для детской литературы, пропагандируя классово-ориен-
тированный контент и бичуя тех авторов, которые «загрязняли»
воображение юных читателей сказками [Соколянский, Залужный
1928]. У этой инициативы было несколько могущественных союз-
ников. В их числе оказалась и вдова Ленина Надежда Крупская,
которая из-за своей веры в то, что развитие воображения через
фантазию прямо противоположно прагматичному воспитанию,
необходимому будущим строителям коммунизма, призывала отказаться от сказок [Hellman 2010: 354–362]. Советские критики,
педагоги и идеологи продолжали бояться магии, анимизма и антропоморфизма — всего того, что делает сказку такой привлека-
тельной как для детей, так и для аниматоров.

Сестры Брумберг не были исключением. В сюжете «Самоедского мальчика», который создавался как народная сказка, они
используют несколько сказочных приемов: при помощи магии

[20] Более подробный анализ раннего советского дискурса о сказках и советской
педагогике, включая мнения Надежды Крупской и Максима Горького, см.
в [Balina 2005: 105]. Подробнее об этом периоде в советской анимации см.
в статье [Mjolsness 2019].

и анимизма они иллюстрируют отсталость и опасность лживых шаманов всего мира и устанавливают в качестве наиболее желательных, достойных подражания черт социалистические идеалы. Только мальчики, обладающие реальными практическими знаниями о мире, способны построить будущее для себя и своей страны. «Самоедский мальчик» в эти ранние годы выделяется как один из самых успешных детских мультфильмов благодаря тематике, плавному движению и эстетике художественного оформления. На первый взгляд «Самоедский мальчик» демонстрирует идеологически верное содержание, необходимое для воспитания детей Советского Союза. Однако в рамках просоветской сюжетной линии и технических достижений сестры Брумберг сложным образом взаимодействуют с советской идеологией, создавая искусный фильм, одновременно профеминистский и просемейный.

При работе над этим фильмом у сестер было больше творческой свободы, чем в любой из более ранних работ. Эстетически «Самоедский мальчик» знаменует собой отход от раннесоветской покадровой анимации с живописными фонами и подвижными бумажными марионетками. Вместо этого анимация создается из отдельных рисунков тушью на бумаге, со скудной графикой и минимумом деталей, но с богатым, плавным перемещением персонажей в кадре. Сюжет «Самоедского мальчика» более линеен и, следовательно, более доступен детям. Герой фильма — маленький ненец Чу, который не только спасается от медведя, но и хитростью раскрывает козни шамана в своей деревне. Спасаясь от лживого шамана, Чу находит помощь у советских моряков и отправляется в Ленинград, где поступает на рабфак и становится активным членом советского общества. Этот фильм носит явно политический характер и указывает на стремление Советов использовать сюжеты народных и волшебных сказок в идеологических целях.

Главный герой Чу — мальчик, но в фильме, хоть и эпизодически, показан и сильный женский персонаж — его мать-одиночка, которая берет ружье, чтобы спасти своего ребенка, когда его олень привозит домой пустые сани. Сила материнского образа подчеркивается при помощи флешбэка (ретроспективного кадра) — технического приема, на тот момент давно используемого в игровом кино. Флешбэк позволяет прояснить сюжет и расширяет повествовательные возможности фильма. Ясность повествования была чрезвычайно важна и жизненно необходима для успеха мультфильма. Ведь он был первоначально выпущен как немая анимация, а его целевой аудиторией были дети, которые еще могли не уметь читать. Использование флешбэка здесь особенно замечательно, так как вводится в фильм не для развития сюжета, а для того, чтобы снять напряжение.

Фильм начинается со среднего плана: Чу на санях с оленьей упряжкой, за ним бежит его собака. Далее мы видим Чу на дальнем плане, почти незаметного на фоне огромной замерзшей тундры. Ощущение глубины усиливается отдельно нарисованными фоном и передним планом, который движется вместе с Чу, скользящим по снегу. Следующий кадр — белый медведь, который смотрит на заснеженный пейзаж. Только когда камера следует за медведем, спрыгивающим с его возвышения на холме, зритель понимает, что зверь заметил Чу и собирается атаковать. Чу падает с саней, когда его олени резко сворачивают, чтобы уклониться от белого медведя. Зритель остается с лежащим на земле Чу, возможно, потерявшим сознание, над ним возвышается медведь, но прежде чем зритель узнает, что произойдет, он видит оленей, возвращающихся в деревню Чу с пустыми санями. Сестры Брумберг используют технику кадрирования и монтажа, как в игровом кино, чтобы усилить напряжение этой сцены.

Мать Чу хватает ружье, готовая на все, чтобы спасти сына. По пути ей встречается верная собака Чу, которая, как в фильме «Спасена Ровером» («Rescued by Rover», реж. Левин Фицхэмон, 1905), ведет отчаявшуюся мать к сыну. Когда мать находит Чу, он сидит верхом на убитом белом медведе. В титрах Чу говорит своей матери: «Видишь, мама, я какой! Мной убит медведь большой». Режиссеры используют флешбэк как средство, позволяющее Чу визуально информировать зрителя и его мать о том, как он пришел в себя после падения и убил медведя ножом. Теплые объятия матери Чу демонстрируют не только ее любовь к сыну,

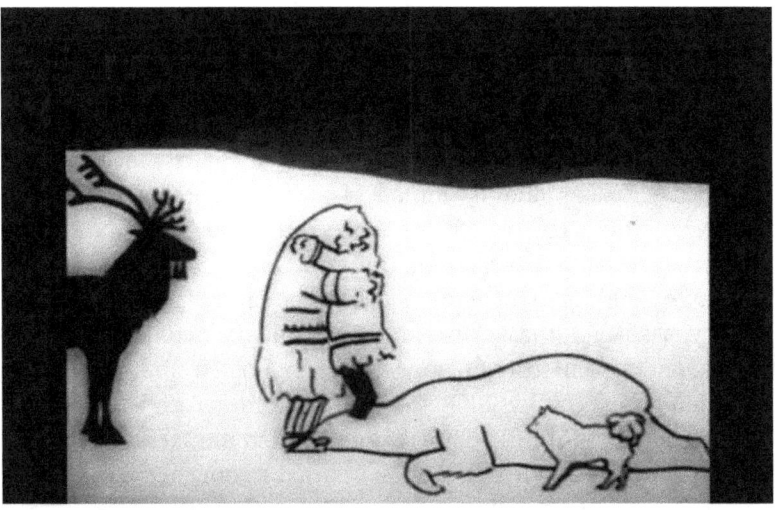

Рис. 3. Кадр из мультфильма «Самоедский мальчик» (1928)

но и гордость за него (см. рис. 3). Хотя матери не пришлось спасать Чу, она была вооружена и готова защитить его. Что еще важнее, она вырастила сына смелым и находчивым. В этом фильме прославляются дети и воспитывающие их матери, поскольку эти отношения являются залогом будущего коммунизма. Момент наполнен противоречивыми эмоциями: Чу показал себя человеком, способным защитить себя, но он все еще хочет, чтобы мать обнимала и любила его.

Материнство и феминизм находятся в сложных отношениях как на Западе, так и в Советской России. Радикальные ответвления феминизма утверждают, что женщины никогда не будут по-настоящему свободны от патриархата, пока не освободятся не только от ответственности за воспитание детей, но и от самого ига деторождения. Придерживающаяся этой точки зрения большевистская феминистка Александра Коллонтай представляла себе общество, в котором нуклеарная семья больше не является социальной необходимостью, а государство берет на себя обязательства по воспитанию детей — только тогда мужчины и женщины могут быть по-настоящему равны [Mally 1990: 174–175]. Представления о материнстве как в кино, так и в литературе 1920-х годов демонстрируют сложность женского вопроса. По словам Лили Кагановски в «Как распался советский человек» («How the Soviet Man was Unmade»), желание полностью исключить женщину из будущей мужской утопии является краеугольным камнем в произведениях писателей-мужчин 1920-х годов. Она отмечает, что в период формирования сталинистской культуры к женщинам в литературе и кино относились с недоверием и описывали их либо похожими на юношей, либо в качестве матерей [Kaganovsky 2008: 73–74]. Женщины не могли быть просто женщинами. В то время как концепция женщины оставалась проблематичной, сталинизм отдавал предпочтение семье и возврату к более традиционным представлениям о материнстве и деторождении, поэтому образы матерей были идеологически желательны и даже необходимы. То, как тема материнства раскрывается в «Самоедском мальчике» — одном из первых мультфильмов для детей, создает пространство для размышления. «Самоедский мальчик» — переходный фильм между авангардными двадцатыми и сталинской эпохой. В фильме сестер Брумберг к матери не относятся с недоверием, она ничуть не похожа на юношу, хотя и вооружена ружьем для защиты своей семьи. Мать Чу любящая и героическая, но она дает ему пространство, необходимое для того, чтобы стать мужчиной. Таким образом, она является сильным и позитивным образом женщины. Прочная связь Чу с матерью отчетливо подчеркивает отсутствие в его жизни хороших мужчин, достойных стать примером для подражания. Но именно уверенность и находчивость, которые мать привила Чу, позволили ему найти собственные идеалы.

Для Чу его находчивость особенно важна, поскольку самой большой проблемой, с которой он сталкивается, становится не медведь, а коварство мужчины-буржуа. Злодей мультфильма — местный шаман, единственный мужчина, изображенный в деревне Чу. Несмотря на гнусный статус, шаман — единственная возможная отцовская фигура в сюжете. Неудивительно, что в мультфильме для изображения шамана неоднократно используется прием преувеличенного сжатия и растяжения, чтобы придать ему нелепый и смешной вид. Эти трансформации призваны сделать его более внушительным и сопровождаются движениями идола, который, как кажется жителям деревни, откликается на действия шамана. Однако зритель видит, как шаман инструктировал Чу, чтобы тот заставлял идола двигаться. Выступление шамана наделяет его силой и усмиряет жителей деревни, которые продолжают томиться под его властью. В данном случае техника сжатия и растяжения используется для усиления политического посыла фильма и дискредитации народных верований и суеверий, показывая все это как бутафорию. Хотя этот мужчина, шаман — единственный персонаж с видимой политической властью, он изображен как сдерживающий и развращающий общество. Разоблачает обман молодой Чу, в отместку за то, что шаман украл его медведя. Чу спасается от гнева шамана, уплыв в море на льдине.

Еще один ретроспективный кадр появляется в конце фильма, когда Чу уже приехал в Ленинград и поступил на рабфак. В этой финальной сцене Чу учится за партой, на стене видны портреты Ленина и Маркса — двух влиятельных людей, призванных сделать из Чу хорошего юного коммуниста. Портрет Ленина исчезает, и на его месте в правом верхнем углу появляются сцены из прошлой жизни Чу на Севере — его воспоминания, призванные также напомнить зрителю о происхождении Чу. Вставка — это повествовательная техника, заимствованная сестрами Брумберг из игрового кино, чтобы подчеркнуть значимость матери Чу и его прошлого. Чу оставил свою деревню, свою мать, чтобы стать частью новой советской семьи. И пока он становится новым советским человеком, он продолжает думать о своем прошлом и родном крае. И хотя можно сказать, что Маркс и Ленин стали для Чу мужскими ролевыми моделями и, возможно, даже отцовскими фигурами, в этом воспоминании Чу думает о детстве, в котором доминировала мать. Советские критики того времени, возможно, интерпретировали этот флешбэк как иллюстрацию того, что Чу не забыл о прошлом, сцена эта идеологически неоднозначна, поскольку изображает Чу, смотрящего в прошлое, на жизнь, которую он оставил, вместо того чтобы представлять себе величие нового советского будущего[21].

С «Самоедского мальчика» сестры Брумберг, как режиссеры, стали укреплять свою приверженность мультипликационным фильмам для детей. Что еще важнее, в этом фильме они рассматривают значение и сложность связи между матерью и ребенком и показывают материнство не просто как возвращение женщин к традиционным ролям. Наоборот, материнство говорит о необходимости воспитания будущих советских граждан и о важности материнских фигур, особенно в случаях, когда отцы отсутствуют[22]. В 1920-х годах женщины в анимационных коллективах работали над тем, чтобы изображать самые разные положительные женские образы — от политической активистки до гордой матери будущего коммуниста. Эти первые годы советской анимации и структура первых мастерских позволили женщинам, таким как сестры Брумберг и Ходатаева, стать режиссерами анимации и в 1930-х годах возглавить собственные творческие коллективы, преодолевая политические потрясения и способствуя технологическим достижениям следующего десятилетия.

[21] Госфильмофонд, Ф. А. оп. II, д. 6-2, Белые Столбы, Российская Федерация.

[22] В этом смысле фильм перекликается с фильмом Абрама Роома 1927 года «Третья Мещанская» («Любовь втроем»), где героиня Люда решает не делать аборт. Вместо этого в финале фильма она садится в поезд и уезжает из Москвы, а в ее чреве растет будущее советского государства.

Глава 3

Женское творчество под влиянием цензуры, централизации и «Диснея»

1930-е годы в Советском Союзе были сложным периодом, который характеризуется укреплением власти Иосифа Сталина и распространением его культа личности. Не существовало сектора политики, труда, культуры или частной жизни, который бы не был затронут политикой Сталина[1]. Культ личности, когда художники, писатели и кинематографисты должны были прославлять вождя, его прошлое, настоящее и будущее, поддерживал власть Сталина над Советским Союзом и советскими людьми. Пиком репрессивной политики Сталина стал «большой террор», во время которого советских граждан — а среди них и писателей, художников и аниматоров — обвиняли в контрреволюционных идеях, объявляли «врагами народа», арестовывали и расстреливали. При тоталитарном режиме, когда все граждане являются государственными служащими и, следовательно, находятся под непосредственным государственным контролем, проявления женских голосов и женской субъективности часто поглощаются системой. В сталинском Советском Союзе, с его усиленной цензурой и общей атмосферой страха, женщинам не были доступны фильмы, открыто отражающие их идентичность, то, как они жили свои жизни

---

[1] Культ личности относится к возвеличиванию Сталина средствами массовой пропаганды, кампаний в медиа и откровенной лжи.

и видели свои роли в обществе. Однако женщины по-прежнему занимались анимацией и режиссурой, и этот их вклад по-прежнему важен для истории анимации. В этот период мы должны рассматривать альтернативные маршруты женского самовыражения, а именно привнесенные ими эстетические изменения, как, например, использование антропоморфизма. В то время как сюжеты фильмов часто возвращались к более традиционным историям о героях-мужчинах, работавшие в этот период женщины-режиссеры, незаметно бросая вызов статус-кво, изменяли эстетические направления советской анимационной индустрии.

1930-е годы принесли значительные изменения во многие отрасли, но в советской анимации эти потрясения были особенно бурными и служили созданию дополнительных ограничений для работников сферы. Эти изменения, повлиявшие на десятилетия анимации, включали внедрение новых технологий, таких как звуковая и рисованная (или традиционная) мультипликации, появление соцреализма, создание «Союзмультфильма» и, наконец, освоение диснеевской эстетики. Каждое из них, в свою очередь, создавало особые проблемы для молодой индустрии и женщин-аниматоров, которые там работали.

Инновации: звук меняет все

В конце 1920-х годов киноиндустрия пережила свою собственную революцию — революцию звука, начатую Элом Джолсоном (Al Jolson), пропевшим «Toot, Toot, Tootsie, goodbye» в фильме Warner Brothers «Певец джаза» («Jazz Singer», реж. Алан Кросланд, 1927), при помощи звукозаписывающей технологии «Вайтафон» (Vitaphone). Популярность звукового кино распространилась по всему земному шару как лесной пожар, и к 1930 году процесс пленочной звукозаписи стал преобладающей, наиболее надежной технологией. В 1929 году «Межрабпомфильм» и «Совкино» начали производить звуковые фильмы, хотя только два кинотеатра в Советском Союзе были оборудованы для воспроизведения звука: один в Ленинграде и один в Москве. Переход к звуковому кинопроизводству в Советском Союзе шел медленно. Немое кино продолжали снимать даже в 1935 году, и только в 1936 году 100 % выпускаемых фильмов стали звуковыми, хотя еще не все советские кинотеатры были оборудованы для воспроизведения звука[2].

Когда в начале 1930-х годов киноиндустрия переходила в звуковую эру, советские аниматоры тоже стали задумываться о роли звука. Звук ставил перед аниматорами серию новых задач. Теперь движения персонажей должны были соответствовать разным ритмам звуковых дорожек; в частности, герои мультфильмов должны были научиться двигать губами синхронно с фонограммой. Это требовало совершенно нового подхода к анимированному изображению. Валентина Брумберг в своей статье 1931 года «Звуковая мультипликация» размышляет о том, что в анимации звук используется уникальным, отличным от игрового кино способом. Она подробно рассказывает о взаимосвязи между анимированным изображением и творческим использованием звука:

> С развитием звукового кино, мультипликации, в которой звуки могут быть очень разнообразны от реальных до самых неестественных, представляются большие возможности применения самых эксцентричных инструментов и звуковых приспособлений. Невероятные приключения рисованных «героев» можно иллюстрировать невероятными звуками и шумами [Брумберг 1931].

Другими словами, в отличие от игрового кино, которое привязано к своего рода реализму, диктующему, что звук, сопровождающий изображение, также должен быть «реалистичным», анимация освобождена от такой связи с реализмом и имеет более широкие возможности для исследования онтологических отношений между нарисованным или анимированным изображени-

---

[2] Для дополнительной информации см. [Beumers 2009: 79–82; Leyda 1983: 277–300].

ем и звуком. Валентина Брумберг и другие советские аниматоры осознавали огромный потенциал звуковых технологий и исследовали возможности, которые открывались в анимации при разобщении звука и изображения; в то же время они видели в звуке средство, позволяющее сделать как персонажей, так и сюжеты более живыми.

Валентина Брумберг отмечает, что первые эксперименты со звуком и анимацией не были по-настоящему звуковым кино. Вместо этого они использовали постсинхронизацию, когда звук накладывался поверх изображения уже после того, как анимация была завершена. Добавляя звук к уже законченным и иногда даже уже вышедшим в прокат лентам, студии смогли быстро и недорого удовлетворить растущий спрос на звуковые мультфильмы. Валентина Брумберг выступала за более технологически сложный метод: сначала записывается звук, и только потом рисуют и снимают изображения для синхронизации с ним [там же]. Этот метод позволяет аниматору добиться лучшей синхронизации звука с анимированным изображением. Несмотря на это, в большинстве случаев советские аниматоры и директора студий изначально отдавали предпочтение методу постсинхронизации. Добавление звука и его синхронизация с изображением в старых фильмах не только создавало новые технические проблемы, но и изменяло то, как проявлялся на экране и считывался внутренний смысл фильмов.

Звук был добавлен к ряду выпущенных в начале 1930-х годов немых фильмов. Например, фильм «Почта» Михаила Цехановского вышел в 1929 году, а в 1930 году был перевыпущен с музыкальным сопровождением Владимира Дешевова. «Почта» стала первым советским звуковым мультфильмом, который был доступен международной аудитории и который пользовался успехом в Советском Союзе спустя долгое время после перевыпуска [Leyda 1983: 281]. «Самоедский мальчик», как мы писали ранее, также вышел в 1928 году как немой фильм, но в 1931 году его перевыпустили с саундтреком, написанным Николаем Бровко. Одной из причин решения озвучить «Самоедского мальчика» было желание сделать этот и без того популярный мультфильм еще более доступным для советских детей. Согласно параметрам, изложенным в ее статье, Валентина Брумберг не считала ни «Самоедского мальчика», ни «Почту» примерами настоящей звуковой анимации[3].

Озвучка «Самоедского мальчика» действительно снимает некоторые очевидные идеологические двусмысленности немой версии, однако поднимает и новые вопросы[4]. Новая версия фильма также ставит под сомнение решение чиновников, не только выпустивших в прокат оригинальную немую версию, но и распорядившихся озвучить и перевыпустить мультфильм. В ходе принятия решения о перевыпуске фильма со звуком, 20 марта 1930 года комиссия пересмотрела немую версию «Самоедского мальчика», подписанную к выпуску Т. Ахмановым. Тем не менее к форме выпуска прикрепили отнюдь не лестный печатный отзыв неизвестного рецензента, в котором сообщалось, что фильм очень устарел: рецензент смотрел его январе 1930 года, и нашел, что с тех пор советские режиссеры продвинулись очень далеко вперед, и новые фильмы значительно превосходят выпущенные весной или осенью предыдущего года. По словам рецензента, старые фильмы нужно вынести на Красную площадь и сжечь, чтобы в конечном итоге методично шаг за шагом удалить их с экранов[5].

Комментарии рецензента указывают на то, что за два года изменилась не только технология, но и политическая риторика. В некотором смысле эта оценка справедлива: технологии анимации развивались очень быстро, и мультфильмы, снятые всего несколько месяцев назад, не говоря уже о без малого двух годах, выглядели устаревшими.

---

[3] См. разбор «Самоедского мальчика» в главе 2.

[4] 1930-е годы принесли в индустрию изменения, которые привели к тому, что из нее ушли многие из ее основателей, включая Меркулова, Комиссаренко и Ходатаева, оставившего анимацию где-то между 1934 и 1936 годами, чтобы заняться скульптурой, когда советским студиям предложили оставить эксперименты и обратиться к диснеевской мультипликации.

[5] Госфильмофонд, Ф. А., оп. II, д. 6-2, Белые Столбы, Российская Федерация.

Несмотря на негативный отзыв рецензента, «Самоедского мальчика» было решено перевыпустить со звуком. Новая звуковая дорожка состояла из озвученных интертитров, вставленного в нужных местах собачьего воя и так называемой «северной музыки», звучащей на протяжении всего фильма. В конце фильма, когда Чу сидит в своей комнате и вспоминает свое прошлое, звуковая дорожка заканчивается голосом диктора радио: «Внимание! Внимание... Говорит Москва. Прослушайте сообщение с Крайнего Севера». Государственная радиостанция информирует всех о зловредности шаманов и провозглашает важность знаний[6]. В отличие от открытого финала немой версии, озвученный мультфильм содержит сильный идеологический посыл о необходимости направить каждого на путь образования, контролируемого государством. Только так можно одолеть зло первобытной религиозности[7]. Финал озвученной версии также стирает ощущение связи между мальчиком и его матерью, поскольку создает четкую границу между его прошлым и настоящим. У зрителей остаются только негативные впечатления о шамане — единственной потенциальной отцовской фигуре в деревне — и идея о спасительной позитивной роли советских знаний. Заложенное сестрами Брумберг послание оригинальной версии мультфильма, в большей степени ориентированное на материнство и женщин, было полностью удалено из звуковой версии. В то время как к 1930-м годам образы матерей, как мы увидим далее, становились одновременно сложными и политически заряженными, финал озвученной версии «Самоедского мальчика» полностью стирает важность материнства, лишая женщин возможности рассказать свои истории.

---

6   Реж. В. Брумберг, З. Брумберг, О. Ходатаева, Н. Ходатаев, «Самоедский мальчик», Третья фабрика Совкино, 1931.

7   Интересно, что с течением времени окончательно определилась ценность этих двух версий «Самоедского мальчика». Немая версия фильма получила английские субтитры и была выпущена студией «Jove» для англоговорящей аудитории. Любой может найти ее на «YouTube» и на ряде других сайтов. А озвученную версию можно посмотреть только в «Госфильмофонде» в Москве.

Женский вопрос в 1930-е годы

Линн Эттвуд в книге «Red Women on the Silver Screen» утверждает, что при Сталине в 1930-х годах положение женщин претерпело нежелательную трансформацию, что стало откатом на пути к равенству [Attwood, Turovskaia 1993: 51–70]. Сталин полностью свернул НЭП и быстро разработал план стремительной индустриализации страны. Эти изменения привели к тому, что в состав промышленной рабочей силы вошли и мужчины, и женщины, а число работающих женщин в период с 1928 по 1932 год удвоилось [там же]. Однако условия, описываемые Лениным, как необходимые для эмансипации женщин (освобождение их от домашней работы, такой как уборка, приготовление пищи и уход за детьми) проигнорировались. Вместо этого все ресурсы были перенаправлены в тяжелую промышленность, что увеличивало двойную нагрузку на женщин. На XVII съезде партии Сталин, несколько опережая действительность, заявил, что «во всех отраслях хозяйства, культуры, науки и искусства — везде рядом с мужчиной стоит эмансипированная женщина, равная ему, выполняющая великие задачи, двигающая вперед социализм. Женщины в нашей стране стали великой силой» [Buckley 1992: 117]. Несмотря на основательно преувеличенный энтузиазм Сталина, ситуация была гораздо сложнее.

Созданный в 1919 году для привлечения женщин в партию женотдел в 1930 году был распущен, так как, по утверждению правительства, женский вопрос был решен, когда закончилась классовая борьба, и функции женотдела были переданы коммунистической партии. В результате в 1930-х годах потребности женщин и необходимость равенства снова игнорировались, а политика и законы, принимаемые в эти годы, затрудняли, а не облегчали жизнь женщин. Поскольку женщины практически отсутствовали на политической арене, в некоторых профессиях были установлены квоты, которые низводили большинство женщин до традиционной женской работы, менее престижной и хуже оплачиваемой [Evans 1981; Goldman 2002]. Карьерный рост для женщин осложнялся также политикой, нацеленной на увеличение рождаемости и рост населения, а также запретом абортов в 1936 году. Эти препятствия на пути к равноправию повлияли и на индустрию анимации: незамужние и бездетные женщины, такие как сестры Брумберг и Ходатаева, значительно проще продвигались по службе и становились руководительницами собственных анимационных коллективов. В то же время женщины, такие как Александра Снежко-Блоцкая, у которой была дочь, по многу лет проводили на ассистентских позициях, прежде чем им наконец разрешали снимать самим. Изменения в политике 1930-х годов не только повлияли на работу и частную жизнь женщин, но и определили типичные женские образы, появлявшиеся на экранах на протяжении еще не одного десятилетия.

Социалистический реализм, «Союзмультфильм» и влияние «Диснея» на советскую анимацию

В 1932 году произошло еще одно крупное изменение, затронувшее не только киноиндустрию и анимацию, но и все советское искусство: принятие социалистического реализма в качестве официального метода художественного производства. Искусство должно было теперь изображать и продвигать идеалы (а не реальность) социализма, что строго ограничивало творческие направления, которым могли следовать аниматоры. Необходимость изображать советское общество в оптимистическом и политически значимом ключе стала для многих художников по меньшей мере вызовом [Mjolsness 2019: 405]. Строгость соцреализма привела режиссеров анимации к серьезным потерям в области художественных решений. Неудивительно, что некоторые художники и режиссеры, такие как Николай Ходатаев, не могли мириться с ограничением их творческой свободы и ушли из мультипликации в другие профессии. И все же в индустрии оставалось немало аниматоров, среди которых были сестры Брумберг и Ходатаева. Чтобы преуспеть в профессии, этим женщинам пришлось адаптироваться к новым требованиям, в том числе к необходимости производить новый политически окрашенный контент, постоянно усиливающемуся партийному контролю и другим бюрократическим новшествам.

Последовало еще два вызова для индустрии анимации: создание «Союзмультфильма» в результате сталинской бюрократической централизации 1930-х годов и последующее решение студии использовать успешный диснеевский стиль. Реорганизация киностудий и создание «Союзмультфильма» объединили аниматоров и изменили динамику их работы. В годы, предшествовавшие образованию «Союзмультфильма», между аниматорами велись бурные дискуссии о будущем индустрии, в ходе которых неоднократно поднимался вопрос о создании крупной анимационной студии или объединения [Бородин 2013]. Несмотря на голоса несогласных, в 1936 году в результате реорганизации студии «Межрабпомфильм», разделившей ее на две части, был создан «Союзмультфильм». Студия «Союздетфильм» должна была сосредоточиться на игровом кино для юных зрителей, а «Союздетмультфильм» (позже переименованный в «Союзмультфильм») — на всех видах анимации. Создание «Союзмультфильма» означало роспуск всех небольших и относительно независимых студий, которые ранее входили в состав «Мосфильма», «Совкино» и «Межрабпомфильма» [Богданова 2008: 210]. По мере того как аниматоры перегруппировывались, в основном присоединяясь к «Союзмультфильму», они ощущали потерю творческого контроля и жесткое ограничение художественной инициативы.

Под руководством «Союзмультфильма» многие оказались привлечены к производству постоянно растущего числа детской анимации в виде обучающих короткометражек и полнометражных фильмов, а экспериментальные настроения первых лет советской анимации были во многом забыты. Женщинам в анимационной индустрии тоже пришлось адаптироваться, и для многих, как для Александры Снежко-Блоцкой, режиссерские посты оказались недосягаемыми. Обучающим феминистским фильмам, таким как «Грозный Вавила и тетка Арина» Ходатаевой, в сталинские 1930-е годы не было места, однако сестры Брумберг и Ходатаева продолжали отстаивать тематику семьи и отношений матери и ребенка, инициировать эстетические изменения в студии и влиять на культурные нормы в Советском Союзе.

«Союзмультфильм» должен был стать ведущей советской анимационной студией, и хотя он поощрял новые технологии и новые эстетические стили, он серьезно ограничивал независимость аниматоров. В то время шли дискуссии о необходимости принятия излюбленной технологии студии «Дисней» в качестве наиболее многообещающего метода производства рисованных фильмов. Относительно того, в какой степени можно заимствовать методы американской студии, мнения разделились. Тем не менее «Союзмультфильм» принял официальное решение взять на вооружение диснеевскую эстетику. Что еще важнее, решение «Союзмультфильма» равняться на успех «Диснея» заставило студию сосредоточиться как на новейших методах рисованной анимации (что привело к стратификации труда), так и на диснеефикации эстетического стиля[8].

В 1920–1930-х годах инновационные методы «Диснея» и выбранный студией эстетический стиль завоевали широкую популярность во всем мире. Не только советские мультипликаторы, но и рядовые граждане Союза были очарованы диснеевскими мультфильмами. Советские люди имели возможность увидеть целый ряд мультфильмов «Диснея», цветных и звуковых. Например, программа кинофестиваля 1935 года готовила зрителей к визуальному удовольствию от просмотра «Глупых симфоний» («Silly Symphonies») «Диснея», одновременно предупреждая их об опасности американской идеологии [Секундов 1935: 2–3]. Согласно плану, советские аниматоры должны были освоить технологии рисования, анимирования, озвучки и в особенности синхронизации студии «Дисней», но оставить в стороне пустые сюжетные линии. «Глупые симфонии» — короткометражные мультфильмы, вдохновленные музыкой, которые не были созда-

---

[8] Иван Иванов-Вано, которого часто называют отцом советской анимации, считает, что советские аниматоры боролись против «дешевой вульгарной диснеефикации». См. [Иванов-Вано 1950: 17].

ны как сюжетные, и в них не было постоянных персонажей. Особый акцент в рекомендациях аниматорам делался на отсутствие в «Глупых симфониях» сложного нарратива, и от советских студий ждали мультфильмов в диснеевском стиле, но на советские сюжеты [Mjolsness: 409–410].

Советские аниматоры чувствовали необходимость подражать стилю мультфильмов «Диснея», если они хотели конкурировать на мировом рынке. Ошеломительный успех «Диснея» в Советском Союзе привел к требованию «Дайте нам советского Микки-Мауса» [Pontieri 2012: 39]. Этот императив, объявленный на Первом Всесоюзном совещании по проблемам комедии 1933 года, призывал советских мультипликаторов ответить «Диснею» и стилистически, и технологически. После того как Виктор Смирнов, директор советского кинематографического представительства «Амкино» в Нью-Йорке, совершил официальную поездку на студию Уолта Диснея, были предприняты решительные шаги к созданию единой анимационной студии и развитию рисованной покадровой анимации[9]. В Москву пригласили Люсиль Крамер — бывшую сотрудницу «Диснея»[10], эмигрировавшую в Россию, — чтобы она описала американскую технологию. В 1936 году съемки на «Союзмультфильме» были приостановлены на два месяца для переподготовки сотрудников. Тогда же была организована студия звукозаписи и закуплены световые столы, новые камеры и оборудование для цветной пленки.

После знакомства с плавно движущимися, красочными диснеевскими персонажами с по-детски преувеличенными чертами, будь то люди или животные, «взрослый» авангардный стиль советских аниматоров, равно как и вырезанные из бумаги плоские марионетки 1920-х годов, стали казаться устаревшими. Пластич-

---

[9] Компания «Амкино» была создана в 1922 году совместно с ассоциацией «Motion Pictures Producers and Distributors» для содействия обмену фильмами между США и Советским Союзом. См. [Иванян 2001: 48; Азарх 2010: 137]. Азарх работала художником-аниматором под руководством сестер Брумберг до 1970-х годов; она подробно описала, как проходило освоение технологий «Диснея» на «Союзмультфильме».

[10] По другим источникам, она работала в компании Fleisher.

ность движений персонажей достигалась благодаря технике рисованной анимации, которая, помимо создания более реалистичного и убедительного визуального эффекта, также была более эффективной и экономичной. Изобретенная Эрлом Хёрдом и Джоном Брэем еще в 1915 году, технология была оптимизирована Уолтом Диснеем, организовавшим конвейерное производство мультфильмов. В этом революционном процессе использовались прозрачные гибкие листы целлулоида[11], которые можно было передавать по конвейеру, где над рисунками, контурами и раскрашиванием тысяч изображений работало сразу много художников, а затем эти листы собирали по слоям и снимали покадрово. «Союзмультфильм» рассчитывал, что разделение труда «как у Диснея» позволит создавать более длинные и сложные анимационные фильмы в более короткие сроки. К разочарованию советских аниматоров, которые познакомились с этой технологией в 1933–1934 годах, результат их работы не шел в сравнение с американскими мультфильмами. Отчасти виной тому было низкое качество советских целлулоидных пленок, которые были толще и теряли прозрачность после повторного использования [Иванов-Вано 1936: 170]. Аниматорам теперь приходилось рисовать по-новому, а также осваивать приемы, обеспечивающие их персонажам лучшую синхронизацию звуков и движений — ходьбы, бега, прыжков — в более изощренной диснеевской манере [Mjolsness 2019: 405]. Этот метод, несомненно, способствовал повышению производительности, но из-за той же самой конвейерной эффективности он также влиял на индивидуальный творческий стиль аниматоров, увеличивал возможность централизованного контроля и, как правило, мешал продвижению женщин по служебной лестнице.

Среди исследователей ведутся споры о том, как «Союзмультфильм» заимствовал эстетику «Диснея». В исторической справке на сайте «Союзмультфильма» говорится, что Сталин лично сделал выбор в пользу принятия на студии диснеевско-

---

[11] Именно с этим связано возникновение англоязычного термина "cel animation". — *Прим. пер. и ред.*

го стиля [Бородин 2013]. Однако аниматор Анатолий Волков утверждает, что Сталин не имел прямого отношения к этому событию, хотя и общеизвестно, что Сталину нравились диснеевские мультфильмы. А апроприация «Союзмультфильмом» диснеевского реализма выражала скорее попытку конкурировать с Западом [Волков 1974: 71]. Под реализмом «Диснея» мы подразумеваем не правдоподобие, а в первую очередь плавность движений, усовершенствованную Диснеем с помощью ротоскопирования (или фотоперекладки) — техники, разработанной Максом Флейшером, при которой аниматоры кадр за кадром обводили отснятый с живыми актерами материал для достижения реалистичности движений персонажей, независимо от их антропоморфности.

В конце 1930-х — 1940-х годах эстетический стиль советской анимации продолжал тяготеть к натурализму диснеевских движений, все больше удаляясь от внутрироссийских художественных экспериментов 1920-х годов в угоду аудитории[12]. Тем не менее, по словам Ходатаева, даже в 1930-х существовало сопротивление слепому подражанию «Диснею» [Ходатаев 1935]. Позже за любовь к «Диснею» пришлось заплатить: Виктор Смирнов, директор «Амкино», помогавший открыть в советской анимации эпоху «Диснея», был осужден как американский шпион за работу по внедрению этой новой технологии [Малянтович 2001].

Сказка в анимации

В то время как советских аниматоров «поощряли» работать в диснеевском стиле, они не преминули найти утешение в жанре, который часто использовался американской студией, — сказке. Несмотря на враждебное отношение к сказке ранних Советов, в 1930-х годах жанр этот пользовался особой популярностью

---

[12] Диснеевский стиль можно увидеть во многих советских мультфильмах 1930-х, 1940-х и 1950-х годов, в том числе у Иванова-Вано, Льва Атаманова, Леонида Амальрика, Владимира Полковникова и даже Михаила Цехановского.

благодаря доступности для детской аудитории и открывающимся возможностям для идеологической и классовой обработки и другой пропаганды [Beumers 2007: 160–164]. Указ ЦК партии от 9 сентября 1933 года провозглашал сказку необходимой для воспитания советских детей[13]. Год спустя Максим Горький полностью реабилитировал сказку на Первом съезде советских писателей: отдельно подчеркнув способность фольклора и сказки влиять на социальные изменения, он настаивал на важности знакомства с ними советских читателей.

Признание сказки с ее волшебством, анимизмом и антропоморфизмом пришлось как раз вовремя, чтобы вдохнуть новую жизнь в анимацию, в то время как другие области творческой свободы были закрыты. Хотя сказку можно было использовать как мощное идеологическое оружие, она могла служить и фоном для более тонких художественных устремлений. Опираясь на относительно безопасную сказочную тематику, мультипликаторы могли избегать явного соцреализма, вместо чего сосредоточившись на нравственных наставлениях универсального вневременного типа, продвигая такие ценности, как верность, храбрость и честь. В годы разгара сталинского террора советские мультипликаторы, в том числе сестры Брумберг, Иванов-Вано и Цехановский, работали над анимированными адаптациями сказок, обходя явно идеологические вопросы [Mjolsness 2019: 406]. Как средство, приглашающее юных зрителей полностью погрузиться в нравственно ценную историю, сказки-мультфильмы имели шанс на выживание и даже процветание в рамках советских идеологических ориентиров. Выбирая сказки и лежащие в их основе сюжеты, женщины-аниматоры сумели раздвинуть границы доктрины социалистического реализма и использовать моральные коды, не предписанные непосредственно правительством. Они освоили жанр сказки и использовали его, чтобы показывать сильных героинь во времена, не особо благоприятствующие равенству мужчин и женщин.

---

[13] Постановление ЦК ВКП(б) от 9 сентября 1933 года «Об издательстве детской литературы» // Решения партии о печати. М.: Политиздат, 1941. С. 158–159.

Сестры Брумберг в 1930-е годы

Несмотря на многочисленные препятствия раннего сталинского периода, сестры Брумберг в 1930-х годах продолжали развивать собственный стиль, отличающийся реалистичным изображением людей и наличием положительных женских персонажей. До перехода в «Союзмультфильм» сестры работали над несколькими сказками и баснями для детей, включая два мультфильма, снятых совместно с Ивановым-Вано: «Царь Дурандай» (1934) и «Стрекоза и муравей» (1935). 7 июля 1936 года сестры Брумберг единым приказом были оформлены на работу в «Союзмультфильме», и — редкий пример женской силы в анимации — им разрешили создать собственную режиссерскую группу [Katz 2016: 83]. Зинаида Брумберг утверждала, что своим успехом в эти годы она обязана сформированному ею сильному коллективу.

> В начале нашей карьеры мы много делали сами. Мы были одновременно сценаристами, художниками и режиссерами... Я думаю, что, когда вы собираете группу людей, которые думают таким же образом и которые талантливы и воодушевлены, только тогда можно достичь настоящего успеха [Брумберг 1979: 20].

С этим коллективом сестры сняли «Зайца-портного» (1937), «Красную Шапочку» (1937), «Ивашку и Бабу-Ягу» (1938) и «Кота в сапогах» (1938). Сестры Брумберг продолжали создавать ярких и активных персонажей, особенно женских, подчеркивая при этом качества, не противоречащие политике социалистического реализма.

Их версия «Красной Шапочки» является особенно показательным примером подхода сестер Брумберг к развитию персонажей, технологиям и эстетике в анимации. В фильме использовалась технология покадровой рисованной мультипликации, что позволило увеличить скорость производства и повысить качество с точки зрения пластики движения персонажей и синхронизации изображения и звука. За счет плавности движений сестрам Брумберг удалось создать более реалистичное ощущение глубины, напоминающее многоплановую съемку «Диснея». Для сравнения, в «Самоедском мальчике» сестры Брумберг уже снимали сцены, демонстрирующие способность анимации создавать ощущение глубины: например, когда мальчик путешествует по замерзшей тундре, в кадре присутствует передний, средний и задний план, что подчеркивает необъятность пейзажа. Однако графические изображения на бумаге оставляют ощущение плоских декораций, так как мальчик никогда не взаимодействует с пейзажем, а просто движется по нему. Новая технология рисованной анимации и возможность наслоения нескольких целлулоидных пленок позволили сестрам Брумберг создать в «Красной Шапочке» более реалистичное ощущение глубины, особенно в сцене, когда Кошка бежит через лес, чтобы доставить Красной Шапочке письмо от Бабушки. Кошка кружит между деревьями, появляясь то на переднем, то на среднем плане, часто оказываясь в тени, — такого эффекта невозможно добиться, рисуя на бумаге.

Сестры Брумберг предлагают собственную интерпретацию «Красной Шапочки» — простой сказки, хорошо поддающейся феминистскому переосмыслению [Zipes 1993: 17–89]. Сказка о Красной Шапочке прошла длинный путь, появившись как устный сюжет примерно в X веке, она была впервые записана в XVII веке Шарлем Перро, а затем еще раз в XIX веке братьями Гримм. Все разнообразные версии сказки имеют общий предостерегающий характер. Зайпс отмечает, что Красная Шапочка — это «вымышленный персонаж, который призван предупредить детей, особенно девочек, о том, что может произойти, если они будут непослушны и беспечны» [там же: 17]. По мнению Зайпса, в основе этого сюжета, способствовавшего регулированию сексуальности в Европе Нового времени и укреплению стереотипных гендерных ролей, лежат насилие и жестокость [там же: 34]. Тем не менее различные его вариации отличаются концовками и степенью соответствия гендерным стереотипам. В версии Перро — одной из самых популярных — Волк съедает Красную Шапочку и Бабушку из-за легковерности последней и склонности ее внучки к общению с незнакомцами. В версии братьев Гримм

Бабушка и Красная Шапочка съедены, но спасены охотником, который вспорол Волку живот. В других изданиях сказок братьев Гримм Бабушка и Внучка учатся на своих ошибках и обманывают второго волка, который пытается их съесть, и так начинают сами управлять своими жизнями [Grimm 1987: 104–105].

У сестер Брумберг была возможность сформировать персонажей таким образом, чтобы они одновременно соответствовали оригинальной модели и идеям советской России 1930-х годов, и таким образом предложить новый вариант классической сказки. В этой новой версии Бабушка и Красная Шапочка не съедены Волком и не спасены Охотником. Вместо этого они спрятались от Волка и сумели поймать его с помощью бабушкиной кошки и некоторых предметов домашнего обихода. Именно финал фильма не устроил советского критика В. Гарина в 1939 году. По его мнению, хотя качество художественного стиля сестер Брумберг не вызывает сомнений, они «приделали концовку дурного кинематографического пошиба», которая является не чем иным, как дракой кошки с волком [Гарин 1939]. Тем не менее такой финал позволяет сестрам Брумберг вооружить предметы быта, как в «Грозном Вавиле и тетке Арине» Ходатаевой, и в конечном итоге предоставить власть и контроль над сказкой женским персонажам.

Безусловно, версия сестер Брумберг усиливает некоторые стандартные гендерные роли. Например, хотя в их сказке нет матери, Красная Шапочка носит фартук, что предполагает ее участие в традиционных женских занятиях: уборке, приготовлении пищи, уходе за домочадцами и притом сохранении привлекательного внешнего вида. Когда нам показывают Бабушку, она занята домашними делами: достает из погреба молоко и садится за вязанье. И хотя они живут не вместе, Бабушка берет на себя традиционную материнскую роль и предостерегает Красную Шапочку, чтобы та не ходила в лес из-за таящихся там опасностей. Позже Волк, забравшись в дом, подкрадывается к Бабушке, но не ест ее, предпочитая съесть молодую и нежную Красную Шапочку. Обращение Волка с Бабушкой свидетельствует о том, что общество, в котором доминируют мужчины, не ценит пожилых женщин. Это лишь несколько из стереотипных гендерных представлений, содержащихся в основе сюжета измененной сказки. Изображенная в мультфильме универсальная мораль, связанная с женским порабощением, не противоречила непосредственно доктрине социалистического реализма, поэтому не привлекла бы внимания цензоров. Однако, отдельные элементы переработанной сказки можно считать реакционными: ненадежность могущественного мужчины, конфискация и чтение частной почты и даже перевоплощение предметов домашнего обихода в оружие.

Тем не менее анимированная версия сказки предоставляет женским персонажам больше свободы действий. Хотя обе женщины изначально прячутся от Волка, они, действуя совместно с Кошкой, в итоге одерживают победу, что заставляет задуматься, не спланировали ли они всю авантюру заранее. Волк узнает, что Красная Шапочка пойдет в дом Бабушки, перехватив оброненное Кошкой письмо[14]. На следующий день, когда Красная Шапочка направляется к бабушкиному дому, она дважды встречает Волка. Оба раза он переодевается — сначала в Серенького Козлика, а затем в Бабушку. Красная Шапочка, похоже, доверяет Серенькому Козлику — Волку, единственному мужчине, который впоследствии оказался ее врагом, и позволяет ему подвезти ее через лес, несмотря на предупреждение Бабушки.

В версии сестер Брумберг женские персонажи занимают более сильные позиции, чем в большинстве вариаций сюжета. Зайпс предполагает, что неслучайно с 1983 года феминистки писали новые версии Красной Шапочки в попытке очистить историю от сексистского прошлого[15]. Создавая персонажей, которые бросают вызов гендерным стереотипам и противостоят им, сестры Брумберг на десятилетия опережали свое время. Важно, что Волк был

---

[14] Этот элемент сказки сестер Брумберг имеет очень специфическое значение для сталинской России, возможно, непреднамеренно намекая на то, что почта рядовых граждан в годы «большого террора» в 1930-х годах проверялась НКВД. См.: Central Intelligence Agency. Soviet Postal Intelligence. May 1962, 78–02646R, Box 005, Folder 009, 1–64. URL: https://www.cia.gov/readingroom/document/cia-rdp78–02646r000600090001–2 (дата обращения: 29.05.2023).

[15] Джек Зайпс приводит многочисленные примеры, см. [Zipes 2014: 227–260].

побежден внутри дома. Домашнее пространство больше не является пространством, которое держит женщин взаперти и под контролем; вместо этого женские персонажи используют дом, чтобы победить вторгшегося к ним злодея.

Бабушка и Красная Шапочка могут спастись при помощи двух помощников, наделенных человеческими чертами: Кошки и, в меньшей степени, Часов[16], — сюжетный ход, позаимствованный у «Диснея», и еще одно отличие этой версии от оригинальной сказки. Если пробирающийся по лесу в поисках добычи Волк — это всего лишь волк, то на протяжении большей части фильма он антропоморфен, хотя никогда не теряет своей хищнической природы. Часы и Кошка становятся антропоморфными исключительно в сценах, где помогают Бабушке и Красной Шапочке. Это соскальзывание в антропоморфное поведение и обратно происходит иначе, чем в более ранних фильмах сестер Брумберг. В «Самоедском мальчике» оно возвращает героя к реальности, в то время как в «Красной Шапочке» помогает сестрам Брумберг создавать на экране менее прямолинейное противопоставление реального и фантастического. Появление антропоморфных помощников в «Красной Шапочке» демонстрирует, что сестры Брумберг предпочитают предоставить своим персонажам больше контроля над собственной судьбой вместо того, чтобы рассказывать очередную сказку о том, как мужчина спасает женщин. На самом деле, именно надев шапочку и сапоги, Кошка оказывается способна победить Волка. Одежда Красной Шапочки превращает Кошку в самостоятельную героиню, заменившую Красную Шапочку и ставшую антропоморфным талисманом ее женской силы. Таким образом, сила Красной Шапочки помогает спасти ее и Бабушку от Волка. После того как Бабушка, Кошка и Красная Шапочка сталкивают с холма в озеро бочку с пойманным Волком, Кошка возвращает Красной Ша-

---

[16] В русском языке эти часы не называются "grandfather clock" (в английской традиции для высоких напольных часов распространено название «дедушкины часы». А были еще «бабушкины» и «внучкины». — *Прим. пер.*). Их называют высокими стоячими часами или иногда напольными часами.

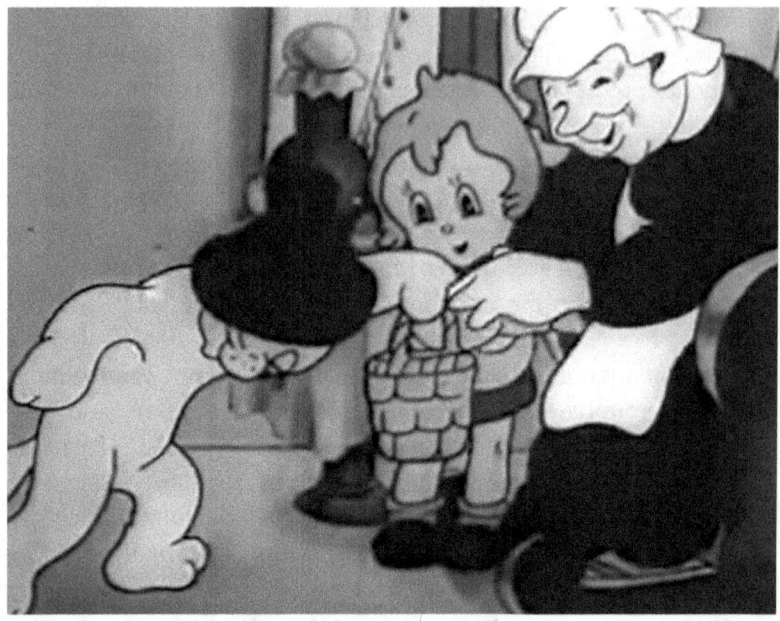

Рис. 4. Кадр из мультфильма «Красная Шапочка» (1937), предоставлен киностудией «Союзмультфильм»

почке ее берет и корзину с бантом в качестве формальной благодарности за помощь (см. рис. 4), а затем вновь становится обычной кошкой, на четырех лапах, и трется о ноги Красной Шапочки в надежде получить немного молока. Волк побежден, и домашняя гармония восстановлена.

Сестры Брумберг перенимают еще один популярный в американской анимации повествовательный прием — визуальные шутки (англ. gag), которые «Дисней» и другие американские студии использовали очень успешно. В интерпретации сестер Брумберг визуальные шутки строятся вокруг женщин и домашнего пространства. В фильме используется серия таких комических эпизодов: клубок пряжи сбивает Волка с ног, Часы бьют Волка гирями как кулаками, Кошка сыпет перец на морду Волку,

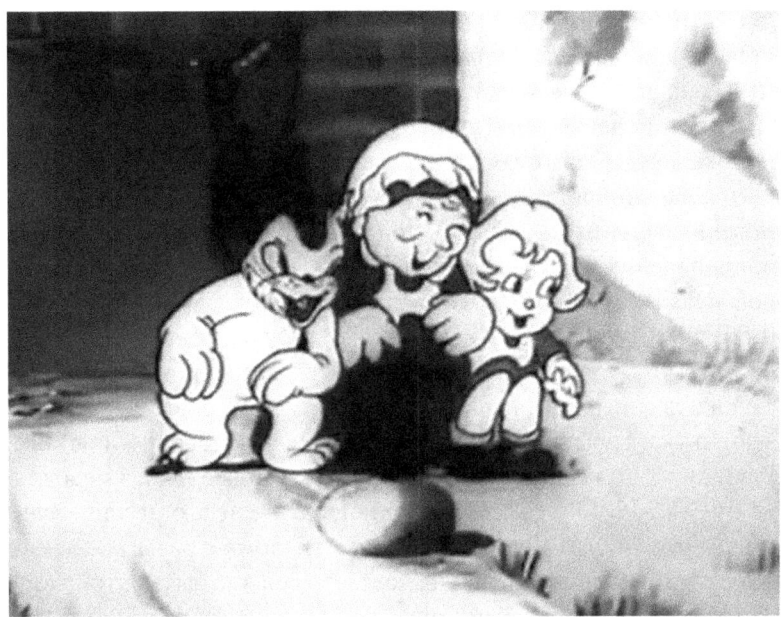

Рис. 5. Кадр из мультфильма «Красная Шапочка» (1937), предоставлен киностудией «Союзмультфильм»

посуда вылетает из-под лап бегущей Кошки и врезается в Волка, и, наконец, Волк падает в удачно поставленную бочку с томатным соусом. Эти эпизоды служат для создания юмористического эффекта, который помогает сделать фильм не слишком страшным, но, что более важно, визуальные шутки фокусируются на женском домашнем пространстве и его способности противостоять вторгшемуся мужчине-злоумышленнику. Финальная шутка связана с эпизодом, когда Красная Шапочка, Бабушка и Кошка толкают бочку с Волком в озеро. Обломки бочки затем всплывают, но уже без Волка. Мультфильм заканчивается кадром, на котором Кошка, Бабушка и Красная Шапочка смеются, радуясь своей изобретательности (см. рис. 5). Чтобы одолеть злодея, потребовались женская сила и домашнее пространство.

Сестры Брумберг также включают в свою версию сказки два приема, крайне популярных в анимации 1930-х годов: добавление музыкальных номеров и использование звука для повествования. Именно диснеевские «Глупые симфонии» и в частности «Три поросенка» помогли советским аниматорам осознать важность не только синхронизации движения и звука, но и музыкальных номеров. Студия «Дисней» подготовила для «Трех поросят» оригинальную музыку, добившись ошеломляющего успеха с песней «Нам не страшен Серый Волк» (в оригинале «Who's Afraid of the Big Bad Wolf?»). А в «Красной Шапочке» сестры Брумберг демонстрируют свою способность осмысленно использовать звуки и песни, оживляющие персонажей и историю. Они используют звук, чтобы буквально дать голос женской силе и знаниям. Главная героиня не просто напевает запоминающуюся мелодию по пути к Бабушке. Слова ее песенки важны, ведь они свидетельствуют о том, что Красная Шапочка знакома с разыгрываемой в мультфильме историей. Она поет, что должна быть осторожна: «Чтобы страшный Серый Волк... в лес меня не уволок, как бывает в сказках». Эта саморефлексия говорит о том, что она знает об опасностях, таящихся в лесу. Красная Шапочка также, кажется, знает законы сказочных сюжетов и что сама она является частью сказки. И если так, то, возможно, ее прогулка к Бабушке не так уж невинна. Другими словами, можно даже представить, что не Волк ловил Красную Шапочку, а Красная Шапочка готовила ловушку для Волка.

Звук в этом мультфильме используется не только для повествования, но и для создания комического эффекта и демонстрации развития персонажа. Например, Волк несколько раз меняет свой голос, пытаясь обмануть Красную Шапочку и Бабушку, выдавая себя за каждую из них, а также за Серенького Козлика (всякий раз он говорит более высоким голосом, чем его собственный баритон). Попытки Волка говорить мягким нежным голосом означают, что безопасные «женские» голоса должны были заманить обеих женщин в его сильную мужскую хватку. Ему не всегда удается подражание, что позволяет сестрам Брумберг создать ряд комических моментов. Например, когда Волк притворяется Красной Шапочкой, ему приходится сначала откашляться, потому что он не может сделать свой голос достаточно высоким. Кроме того, когда он притворяется Сереньким Козликом и поет последний рефрен: «Вот как! Вот как! Серенький Козлик!» — его голос становится все глубже и глубже, чтобы напомнить зрителям о злом умысле Волка, эффект усиливается, когда Волк поворачивается к камере с коварной улыбкой на козлиной мордочке. Как и другие аниматоры того времени, сестры Брумберг используют звук, чтобы объяснить характер своих персонажей. Появлению Волка сопутствуют низкие звуки гобоя, которые намекают на его зловещую природу, а вот Красную Шапочку сопровождают легкие воздушные переливы флейты, символизирующие ее молодость и невинность. Музыка и анимация работают вместе, рассказывая зрителю задорную и трогательную сказку, которая обыгрывает традиции.

Прогресс в кинотехнологиях позволил сестрам Брумберг обогатить свои произведения звуковыми эффектами и продемонстрировать растущую техническую компетентность по мере развития искусства анимации. Не позволив ограничениям соцреализма и требованиям «Союзмультфильма» стать помехой для их творческого потенциала, сестры сумели преуспеть внутри системы и переосмыслить сказку, сделав женских персонажей более активными. Сестры Брумберг использовали анимацию, чтобы совместить реальное и воображаемое, создавая новую реальность, и, таким образом, переработав сказку, они смогли наполнить домашнее пространство и женщин внутри него способностью постоять за себя в то время, когда в действительности у женщин было меньше власти.

Ольга Ходатаева в 1930-е годы

Не все женщины-аниматоры, работавшие в 1930-е годы, были способны включать в свои сказки активных женских персонажей — некоторые предпочитали снимать фильмы с сильным идеологическим уклоном. Ходатаева, например, часто работала в рамках того, что можно определить как пропаганду. К сожалению, многие из ее ранних фильмов, такие как «Веселая жизнь» (1932) — фильм о поддержании чистоты в коммунальных квартирах, снятый ею в «Союзкино» совместно с Валентиной Брумберг, — не сохранились. К 1930-м годам она упрочила свое положение в качестве руководительницы собственного коллектива. Ходатаева смогла снять на Москинокомбинате собственный фильм «Веселая Москва» (1934). В 1936 году она начала снимать на киностудии «Союзмультфильм», и ее первой картиной стало «Возвращенное солнце» (1936), основанное на легендах чукчей и ненцев.

Ее второй работой на «Союзмультфильме» стал «Дед Мороз и серый волк» (1937) — новогодняя сказка для детей, образ Деда Мороза из которой стал культурной иконой в Восточной Европе. После длительного запрета советских властей на религиозные рождественские праздники фильм Ходатаевой затрагивает противоречивую тему Нового года. По словам Георгия Бородина в статье «Образ Деда Мороза в российской анимации», фильм Ходатаевой стал первой советской попыткой воображения человеческого образа для этого волшебного персонажа [Бородин 2001]. Бородин пишет, что Дед Мороз Ходатаевой выглядит неказисто, но именно ее мультфильм подарил советским детям первый классический образ Деда Мороза и запустил традицию новогодних фильмов в Советском Союзе. Анимация у Ходатаевой далеко не такая гладкая и плавная, как у сестер Брумберг. Звук используется ограниченно и не так креативно, как в «Красной Шапочке», но в мультфильме есть маленькая запоминающаяся песенка о Новом годе, которой хочется подпевать не меньше, чем песенке «Нам не страшен Серый Волк». Безотносительно своих художественных достоинств ходатаевский Дед Мороз с его отороченными мехом шубой в пол и шапкой, рукавицами и холодным носом стал образцом, на который опирались другие версии персонажа на протяжении поколений.

Фильм Ходатаевой закладывает основу образа Деда Мороза как волшебника, повелителя зимы, друга детей и животных [там же]. Сюжет мультфильма вольно обращается со сказкой «Волк и семеро козлят» братьев Гримм, добавляя к опоре на него Деда Мороза и новогодней атмосферы. Все начинается с песенки Деда Мороза о том, что скоро он принесет детям игрушки и украсит новогоднюю елку, задавая ожидания этому новому советскому празднику, объединившему в себе новогодние и рождественские традиции. Взмахами рук Дед Мороз покрывает деревья белым снегом, а ближе к концу фильма он также волшебным образом дует на избу Серого Волка, замораживая ее. Очевидно, что он повелевает зимой.

Действие разворачивается в волшебном лесу, куда Дед Мороз приезжает, чтобы устроить маленьким лесным зверушкам новогодние празднества. Дед Мороз Ходатаевой, возможно, не так реалистично нарисован, как персонажи диснеевских мультфильмов, и движения его не такие плавные, но там и тут зритель на разных планах видит множество реалистичных деталей, призванных подарить детям новую версию праздника. Как и сестры Брумберг, Ходатаева использует многоплановость, чтобы создать ощущение глубины, когда в сцене погони ее персонажи петляют между лесными деревьями. Еще один пример ее внимания к деталям — новогодняя елка и праздник в конце фильма (см. рис. 6). На столе полно всяких угощений. Каждый ребенок получает от Деда Мороза игрушку. Тени на новогодней елке подчеркивают обилие веток, украшенных свечами, гирляндами, изысканными куклами, звездами и шарами. Каждый из этих элементов стал неотъемлемой частью советского Нового года.

Дед Мороз — единственный человек в фильме. Кроме него и одноногого Серого Волка, все остальные персонажи — антропоморфные зверята-детеныши, из которых в центре повествования оказывается Заинька и два ее брата-зайчонка. Антропоморфизм здесь работает иначе, чем в фильмах Ходатаевой 1920-х годов. Чтобы заменить старые рождественские сказки, Ходатаева не просто оживляет несколько предметов домашнего обихода, как в «Грозном Вавиле и тетке Арине», а создает при помощи антропоморфизма целый заколдованный волшебный мир. Антропоморфные зайчата действуют сообща с мифическим, но визуально больше похожим на человека Дедом Морозом. Дете-

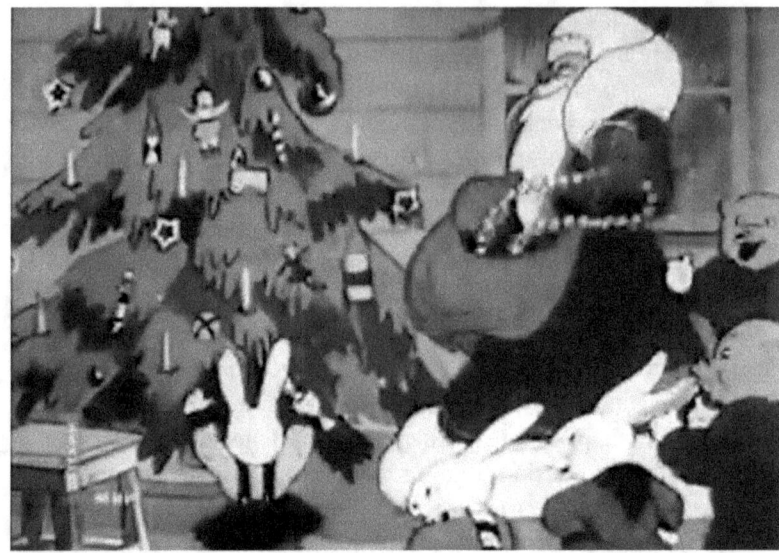

Рис. 6. Кадр из мультфильма «Дед Мороз и серый волк» (1937), предоставлен «Союзмультфильмом»

ныши зверей принимают гендерные черты советских мальчиков и девочек. Когда приезжает Дед Мороз, все зверята работают или играют. Увидев Деда Мороза, братья-зайчата просят у него елку и игрушки. Дед Мороз соглашается принести им красивую новогоднюю елку, и зайчата вызываются помочь ему. Заиньку-сестричку оставляют следить за домом, и братья предупреждают ее, чтобы она никого не впускала.

Интересно, как Ходатаева смогла ввести в повествование сильный женский образ. Изначально братья лишают сестру приключений, оставив ее дома хозяйничать и организовывать праздник. Однако вскоре она демонстрирует, что она очень сообразительная Заинька. Когда в двери стучится Волк и говорит, что он Дед Мороз, она смотрит в окно, видит, что это Волк, и не позволяет ему войти. Только когда Волк возвращается, переодевшись Дедом Морозом, ему удается обмануть Заиньку. Она быстро замечает, что у него деревянная нога, но уже поздно: Волк кладет ее в мешок вместе с праздничными угощениями. Крики Заиньки о помощи доносятся до Деда Мороза и братьев-зайчат.

На первый взгляд кажется, что мультфильм подкрепляет идею о том, что женские персонажи выступают только в качестве жертв, но Заинька далеко не беспомощна. Она находит дыру в мешке и выбрасывает новогодние угощения, указывая путь Деду Морозу и братьям-зайчатам. Ей также удается самой сбежать от Волка, пока ее неуклюжие братья связывают настоящего Деда Мороза. Заинька героически приводит всех к Волку, которого Дед Мороз заставляет помогать рубить и нести новогоднюю елку. В конце мультфильма Заинька выражает сочувствие Волку и готова впустить его на празднование Нового года. Невзирая на ее милосердие, Волк хватает ее, пинающуюся и кричащую, и пытается убежать. Выходит Дед Мороз и замораживает Волка, упавшего в реку.

С точки зрения расширения прав и возможностей женщин, эта новая сказка, безусловно, не так сильна, как сказка братьев Гримм, где в оригинальной версии мать вспарывает волку брюхо, чтобы спасти своих детей. В версии Ходатаевой в последний момент должен вмешаться Дед Мороз, чтобы одолеть Волка. Тем не менее Заинька вновь и вновь демонстрирует, что она находчива и по большей части не нуждается в спасении. Можно предположить, что она смогла бы и вновь сбежать из волчьих лап. Что еще важнее, она представляет советских девочек, таких же умных, находчивых и смелых, как мальчики, позволяя им видеть себя героинями. Несмотря на то что новогоднюю сказку Ходатаевой вспоминают сегодня благодаря не сильному женскому образу, а культурному вкладу в создание канонического советского Деда Мороза, этот мультфильм через находчивость героини формирует советскую женскую субъективность и влияет на культурные нормы Советского Союза 1930-х годов и позже.

Глава 4

Военные годы, массовые политические репрессии и женщины в анимационной индустрии

В 1940–1950-х годах советская анимация и женщины-мультипликаторы изо всех сил пытались найти свою нишу в образовательной и развлекательной индустрии, а также и в советской культуре. Хотя у большего числа женщин была возможность занять творческие должности, когда Вторая мировая война вынудила большинство мужчин отправиться на фронт, на самом деле женский вклад в анимацию оказался еще более маргинализированным, чем в 1920-х и 1930-х годах. К 1940-м годам анимация радикально трансформировалась в средство пропаганды для советских детей. Из-за внешнего давления, включающего замалчивание женского вопроса, Вторую мировую войну и политические репрессии, женщинам стало труднее отстаивать в своих произведениях женскую субъективность.

Сестры Брумберг и Ходатаева продолжали снимать мультфильмы и продвигать новые эстетические направления, способствуя созданию активных женских образов в советской анимации. В этот период женщины-режиссеры, такие как Снежко-Блоцкая, наконец смогли снимать собственные картины. В отличие от Ходатаевой и сестер Брумберг, которые получили эту возможность еще в начале своей карьеры, Снежко-Блоцкая почти 20 лет выступала в качестве ассистента режиссера и сорежиссера, прежде чем в конце 1950-х годов получить возможность снять первый фильм самостоятельно. Снежко-Блоцкая является примером того, как много приходилось работать второму поколению женщин-аниматоров в 1940-х и 1950-х годах (особенно если они имели детей), чтобы достичь высших творческих позиций в анимационной индустрии.

Вторая мировая война и эволюция «Союзмультфильма»

В 1940-х — начале 1950-х годов доминирующим фактором была Великая Отечественная война и ее последствия. В 1941 году Германия вторглась в Советский Союз, и цена этой войны для Советского Союза была неисчислима. По утверждению некоторых исследователей, 15 миллионов человек погибли на войне, но непрямые потери насчитывают еще десять миллионов [Lutz et al. 2002]. Многие сотрудники «Союзмультфильма» воевали на фронтах Великой Отечественной войны или были задействованы в съемках патриотических фильмов. Из-за нехватки средств во время войны было снято мало анимационных фильмов [Бородин 2013]. Вместо картин для детей аниматоры сконцентрировались на сатирических и агитационных фильмах. Например, в 1941 году сестры Брумберг, Ходатаева, Иванов-Вано и Александр Иванов совместно выпустили «Журнал политсатиры № 2», посвященный неизбежному уничтожению фашизма. Этот мощный пропагандистский фильм содержал, к примеру, такие разделы: «Чего Гитлер хочет», «Бей фашистских пиратов» и «Бей врага на фронте и в тылу»[1]. Ходатаева выступила сорежиссером нескольких агитационных антивоенных мультипликационных фильмов, в их числе «Киноцирк» (1942) в сотрудничестве с Леонидом Амальриком и «Песня о Чапаеве» (1944) совместно с Петром Носовым.

В октябре 1941 года для защиты отрасли часть студии «Союзмультфильм» была вместе со стратегически важной тяжелой

---

[1] «Журнал политсатиры № 2». 1941.

промышленностью эвакуирована в Среднюю Азию, а другая часть осталась в Москве[2]. В Самарканд из Москвы отправились 60 сотрудников «Союзмультфильма». В начале 1942 года началось кинопроизводство в Самарканде, и были предприняты попытки закончить фильмы, начатые до войны. Однако строительство самаркандской студии было полностью завершено только в 1943 году, незадолго до возвращения в Москву. Из-за нехватки ресурсов, плохих условий труда, голода и того факта, что студия занималась производством товаров народного потребления — расчесок и пуговиц — для помощи фронту, фильмов было снято мало. Самыми заметными среди них были не агитационные военные фильмы для взрослых, а сказки для детей. Сестры Брумберг сняли в Самарканде два из пяти наиболее значимых фильмов этого периода — «Сказка о царе Салтане» (1943) и «Синдбад-мореход» (1944)[3]. В московской студии Ходатаева завершила свои фильмы «Лиса, Заяц и Петух» (1942) и «Теремок» (1945). Несмотря на то что продуктивность и творческий потенциал во время войны серьезно сократились, сестры Брумберг и Ходатаева смогли продолжить активную работу.

После возвращения из Самарканда в 1943 году «Союзмультфильм» получил обратно свое московское помещение, и начался активный набор новых кадров. В 1944 году студия организовала первые послевоенные курсы для подготовки новых аниматоров. С 1945 по 1949 год было подготовлено четыре группы молодых специалистов, многие из которых, в том числе Роман Качанов и Вячеслав Котёночкин, прославились в последующие годы. Женщины также принимали участие в этих курсах, однако только одну из них — Ренату Миренкову — «Союзмультфильм» включил в свой список известных сотрудников [Бородин 2013].

---

[2] Бородин более подробно описывает жизнь «Союзмультфильма» во время войны, см. [Бородин 2013].

[3] Этот фильм снят в соавторстве с Татьяной Басмановой, для которой это была единственная режиссерская работа. Басманова работала аниматором и сценаристом в других мультфильмах, включая «Красную Шапочку» (1937) и «Кота в сапогах» (1938) сестер Брумберг.

Миренкова училась на курсе 1945–1946 годов и работала в «Союзмультфильме» с 1946 по 1982 год. Она участвовала в создании более ста фильмов, однако режиссером-мультипликатором так и не стала. Также «Союзмультфильм» регулярно организовывал курсы, в том числе и вечерние, для фазовщиков и колористов, а также курсы повышения квалификации. Эти должности не были престижными; следовательно, на них работало много женщин[4]. Хотя эти курсы позволили привлечь в анимационную индустрию больше женщин, достичь творческих высот смогли лишь немногие учащиеся.

Несмотря на то что во время войны основное внимание уделялось агитационным фильмам для взрослых, после возвращения студии из эвакуации анимация, ориентированная на взрослых зрителей, по-прежнему встречалась редко. Студия вернулась к производству исключительно детских фильмов. Кроме того, поступил запрос на объединение искусства, анимации и идеологического контента. В 1948 году Министерство кинематографии СССР выпустило постановление об ускорении этого объединения, что свидетельствует о важной роли анимации. Кроме того, в конце 1940-х годов партия сформулировала две важные цели развития индустрии: добиться международного признания и стать связующим звеном между искусством, вдохновленным западными прототипами, и русским национальным наследием[5]. Мультипликация обратилась к русской литературе, фольклору и изобразительному искусству в поисках способа осмысления русского культурного наследия и перевода его на язык советской идеологии и культуры.

Детские мультипликационные фильмы 1940-х и 1950-х годов часто фокусировались на более национальном подходе, включая и идеологические, и гуманистические ценности. В своей статье «Comforting Creatures in Soviet Cartoons» Биргит Боймерс пишет,

---

[4] В настоящее время отследить работу этих женщин в рамках текущего проекта — слишком сложная и грандиозная задача.

[5] Иванов-Вано пишет об этом в своей монографии. См. [Иванов-Вано 1962: 44–47].

что детская анимация и особенно анимированные сказки оказались идеологически подрывными, поскольку они восстанавливали систему моральных ценностей, которую ранее советское государство заменило маловразумительными пропагандистскими лозунгами [Beumers 2007: 161]. Мы считаем, продолжает Боймерс, что сказки, снятые женщинами-мультипликаторами, безусловно, стоит изучать, и не только из-за их системы нравственных ценностей, но и из-за того, как эти сказки позволяли женщинам выражать собственную субъективность и продвигать женскую эстетику.

Худсовет и цензура

Помимо навязанного акцента на национальное наследие и русскую литературу, советские мультипликаторы испытали на себе после войны новые виды цензуры. В 1940-х годах Министерство кинематографии начало регламентировать съемку мультфильмов, усилив контроль за утверждением сценариев и кинопроизводством [Бородин 2013]. Следовательно, аниматоры меньше контролировали как продолжительность, так и содержание своих фильмов. В 1946 году под руководством Министерства кинематографии был основан Худсовет, который и был уполномочен осуществлять цензуру. Изначально художественный совет состоял из десяти выдающихся деятелей анимации, кинематографии и театра, а также избранных композиторов, художников, учителей, журналистов и представителей ЦК ВЛКСМ[6]. Председателем выступал директор «Союзмультфильма», а его заместителем (с 1960-х годов) — главный редактор. Первым председателем худсовета стал известный кукольный аниматор Александр Птушко. Худсовет укрепил связь между искусством и цензурой и непосредственно влиял на творчество художников всех направлений на «Союзмультфильме».

---

[6] К началу 1960-х годов он вырос до 30 членов и оставался таковым в 1970-х и 1980-х годах.

Очень хорошо были знакомы с цензурой худсовета сестры Брумберг, следующие установке связать анимацию с национальным контентом. Среди их наиболее заметных произведений этого периода — «Пропавшая грамота» (1945) и «Ночь перед Рождеством» (1951) по мотивам повестей Н. В. Гоголя. Сестры Брумберг оживляют тексты Гоголя, применяя один из важнейших атрибутов мультипликации — переплетение реального мира с фантастическим, что становится визитной карточкой их работ. «Пропавшая грамота» сестер Брумберг стала первым полнометражным фильмом киностудии. По словам Зинаиды Брумберг, как съемки полнометражного фильма, так и выбор автора материала были риском, но «именно в гоголевском переплетении бытового с фантастическим, юмора с поэзией мы почувствовали черты, близкие нашему искусству» [Марголина, Ляховецкий 1996]. «Пропавшая грамота», безусловно, соответствовала требованию опираться на национальное наследие, но при этом повесть изображает спуск в ад и не является обычной детской сказкой. Используя антропоморфизм и метаморфозы, сестры Брумберг показывают преисподнюю и ее лживых обитателей. Фильм был принят не очень хорошо; возможно, изображения ада и божественной силы были слишком реалистичны и далеки от запретительной советской идеологии. После этого худсовет решил, что советским аниматорам следует воздержаться от создания полнометражных фильмов и сосредоточиться на коротких лентах, ограничив аниматоров однобарабанными фильмами продолжительностью около 20 минут.

Нужен ли нам советский «Дисней»?

В эти годы многие аниматоры под руководством «Союзмультфильма» обратились к созданию постоянно растущего числа короткометражек и полнометражных фильмов в диснеевском стиле[7].

---

[7] Хотя худсовет ограничил аниматоров одним барабаном, были и исключения. В эти годы было снято несколько полнометражных произведений, например, «Конек-Горбунок» Иванова-Вано (1947) длительностью 57 минут.

Однако после войны влияние «Диснея» начало ослабевать, и стала зарождаться новая борьба с диснеевским реализмом и прямым заимствованием диснеевских приемов. Например, в 1947 году Сергей Эйзенштейн написал: «Наши мультипликаторы стилизуются под Дисней. Между тем, и в образах зверей и в стилистике начертаний у нас свой собственный русский фольклор и эпос» [Эйзенштейн 1964: 500]. Предлагая советским аниматорам посвятить себя русской культуре, Эйзенштейн признал существенную черту советской анимации — стремление сделать русские сказки как литературным, так и визуальным ядром мультипликационных фильмов [Mjolsness 2019: 109]. Он также подчеркнул необходимость того, чтобы советские аниматоры дистанцировались от привлекательного диснеевского стиля, несмотря на общий интерес к сказке как жанру. По мнению Эйзенштейна, они были обязаны найти свой собственный художественный язык для перевода русских сказок и литературы на экран.

Аниматоры откликнулись на этот националистичный призыв, сосредоточившись на традиционных ценностях, присущих русскому культурному наследию, и подчеркнув растущий национальный патриотизм, который был заметен еще в 1930-х годах и только усилился после войны. Тенденция использовать в анимации сказочные сюжеты совпала с решением советского правительства увеличить экспорт анимационных фильмов [там же: 407–408]. Послевоенное присутствие в восточноевропейских странах и бомбардировка советской пропагандой социалистического блока, а также растущая культурная конкуренция с Западом на мировой арене холодной войны стали критическими факторами для переориентации на более широкую международную аудиторию. Конкуренция мирового масштаба ставила перед советскими аниматорами задачу усовершенствовать свои технические навыки и затмить удивительные волшебные сказки американских и европейских студий.

Еще одна причина, по которой большинство мультипликаторов 1940-х и начала 1950-х годов отдавали предпочтение фантастическим сказочным мирам, заключалась в том, что сказки попросту позволяли им отстраниться от реальности трудных сталин-

ских лет и соцреализма. Понтьери предполагает, что, как и произведения «Диснея», предназначенные как для детей, так и для
взрослых, советские сказки также служили развлечением для
взрослых, которые в те годы хотели убежать от реальности в ка-
кую-нибудь другую историю [Pontieri 2012: 49]. Мультфильмы,
снятые по классике русской литературы, тоже давали такую
возможность. Связь с эскапизмом отмечает и Макфэдьен в своей
феноменологической идее о том, что вся советская анимация
с 1930-х до 1990-х годов является в основе своей «эмоциональ-
ной», а не пропагандистской, как можно было бы ожидать
[MacFadyen 2005: 8–27]. Кроме того, природа сказки предлагала
женщинам-мультипликаторам передышку от реалий повседневной жизни и домашней рутины.

Женский вопрос в 1940-е и 1950-е годы

С 1930-х по 1950-е годы женский вопрос обсуждался редко,
поскольку считалось, что женщины были эмансипированы еще
в 1920-х годах. В 1956 году исследовательница Вера Бильшай
пишет, что решение женского вопроса является одним из важнейших достижений социалистического строительства, что
должно было свидетельствовать о том, что вопрос к этому времени был уже решен [Бильшай 1956: 3]. Тем не менее многие из
ранних достижений в области прав женщин были к тому времени потеряны из-за фокуса на нуклеарной семье, последовавшего
запрета абортов и ужесточения законов о разводе. В сталинскую
эпоху жизнь женщин усложнилась.

Историк Мэри Бакли утверждает, что по мере осуществления
сталинской политики ужесточения контроля над советским обществом и ускорения индустриализации положение женщин еще
больше усугублялось введением внутренних паспортов, трудовых
книжек и трудовой дисциплины [Buckley 1985: 38–40]. Хотя Советский Союз получил наибольший прирост женской занятости
в период ускоренной индустриализации в 1930-х годах, а Вторая
мировая война привела в состав рабочей силы более трех мил-

лионов женщин, ранее не получавших заработную плату, эти достижения не обеспечивали советским женщинам таких же возможностей, какие были у женщин в некоторых других странах, где женская занятость была низкой [Fitzpatrick 1989]. Вместо этого, утверждает славистка Ольга Воронина, в эти годы женщин вынуждали работать вне дома, и, следовательно, они поневоле устраивались на малопрестижные и плохо оплачиваемые работы, невостребованные мужчинами. Поскольку культурной политики по борьбе с сексизмом или дискриминацией в отношении женщин не существовало как таковой, в обществе сохранялась патриархальная идеология, согласно которой женщины считались гражданами второго сорта [Voronina 1994: 46–47]. В результате женщин задвигали на задний план, держали на черных работах и лишали возможности существенно влиять на собственную жизнь. В мультипликации 1940-е и 1950-е годы также не были благоприятными для женщин. Вместо того чтобы нанять женщин на вакантные должности, оставленные мужчинами во время войны, анимационная индустрия сократила количество кадров и производство фильмов. Женщины-мультипликаторы, которые работали во время и после войны, совместно расширяли эстетические и тематические рамки советской анимации, тем самым оставив свой след в развитии индустрии, выйдя за рамки «Диснея». Они активно использовали антропоморфизм и чувство «русскости» в качестве способа выражать свою уникальную советскую женскую точку зрения.

Творчество сестер Брумберг в военные годы

Из всех женщин-мультипликаторов, обсуждаемых в этой книге, сестры Брумберг были наиболее успешны в плане карьеры. Их обширная фильмография позволяет исследователям рассматривать многообразие созданных сестрами картин мира. Например, Кац делает предположение, что часто появляющиеся в творчестве сестер Брумберг этнические персонажи представляют еврейскую субъективность. Обращаясь к темам эксплуатации, переселения и культурной адаптации евреев, сестры воссоздают в своих фильмах мистический «старый мир» и еврейское представление о «старых временах»[8]. Эта догадка, безусловно, проницательна, но она отражает лишь один из типов субъективности, присутствующих в фильмах сестер Брумберг. Во всем их творчестве очевидна манифестация советской женской субъективности. Кац обращает внимание на аспект, характерный и для изучения женской занятости, и для еврейских исследований: сестры Брумберг формировали свою съемочную группу вне привычных каналов «Союзмультфильма». Таким образом сестры Брумберг обеспечивали работой многих еврейских актеров и сценаристов в то время, когда найти работу для них было крайне проблематично [там же: 88–89]. Правда, сестры Брумберг не использовали свое влияние, чтобы найти возможность нанимать женщин так же, как они нанимали еврейских художников. Сам факт, что в сталинскую эпоху эти женщины смогли совершить такой подвиг, свидетельствует об их сильных лидерских качествах и высокой востребованности в качестве аниматоров.

Во время Второй мировой войны, находясь в эвакуации в Самарканде, сестры работали над «Сказкой о царе Салтане» Александра Пушкина (1943). Следуя тенденции на создание в анимации реалистичных движений в духе «Диснея», сестры Брумберг использовали так называемую технологию «эклер», сначала снимая актеров, а потом используя эту пленку в качестве основы для отрисовки плавных, живых движений персонажей мультфильма [Капков 2006]. Применяя эту технологию в «Сказке о царе Салтане», сестры Брумберг следовали сразу двум рекомендациям Управления пропаганды и агитации ЦК: использовать в мультипликации национальный контент и обеспечить международное признание, ориентируясь на западную анимацию.

Пушкинская «Сказка о царе Салтане, о сыне его славном и могучем богатыре князе Гвидоне Салтановиче и о прекрасной

---

[8] О сестрах Брумберг и других еврейских мультипликаторах см. [Katz 2016: 75–95].

царевне Лебеди», впервые опубликованная в 1832 году, казалась очевидным выбором для мультфильма военного времени: классика русской литературы, не затрагивающая реалий советской действительности и потенциально привлекательная для международной аудитории. Сама сказка была написана после провала декабристского восстания в 1825 году. Николай I отправил Пушкина в ссылку за его провокационные стихи, но в конце концов позволил поэту вернуться, чувствуя, что тот пересмотрел свою революционную позицию. Однако если рассматривать политический контекст того времени, то написанные после ссылки произведения свидетельствуют лишь о том, что Пушкин научился быть более сдержанным в своих взглядах.

В «Сказке о царе Салтане» царь женится на младшей из трех сестер, что вызывает ревность среди членов ее семьи. Царь уезжает на войну, а молодая царица рожает царевича Гвидона. Родня царицы вынашивает зловещий заговор, который заканчивается тем, что царица и младенец запечатаны в бочку и брошены в море на погибель. Благодаря нескольким магическим вмешательствам царица и царевич остаются в живых. Повзрослевший Гвидон начинает править чудесно возникшим городом, воссоединяет родителей и влюбляется в прекрасную Царевну Лебедь[9].

Как отмечалось ранее, в фильмах 1920-х годов, таких как «Самоедский мальчик», сестры Брумберг часто придают особое значение отношениям между матерью и ребенком. Этот акцент присутствует и в «Сказке о царе Салтане». В фильме показаны два типа таких отношений: одни, основанные на жадности и ревности (родня царицы), противопоставляются другим, чистосердечным и заботливым (царица и князь Гвидон). Негативную связь между матерью и ребенком в сказке демонстрирует баба Бабариха, которую в своем переводе сказки на английский язык Луис Зеликов метко называет «mother, sly deceiver» (мать, хитрая врунья)[10]. Она заполняет собою кадр, она холодна, властна,

---

[9] Одно из возможных прочтений этой сказки — политическая сатира на неэффективного и излишне доверчивого царя.

[10] См. [Пушкин 1968: 223; Pushkin 1978].

темна и мужеподобна. Она стоит за попыткой уничтожить цари-
цу с царевичем и убеждает ее сестер лгать, чтобы сохранить
контроль над настроениями царя. Молодая царица — ее противоположность. Нарисованная легкой, миниатюрной и женственной, она предана своему служению стране (желанию произвести
на свет наследника-богатыря), мужу и ребенку, которого готова
защищать ценой собственной жизни. В нескольких особо трога-
тельных моментах, намеренно затянутых, фильм дает четкую
положительную оценку отношениям между царицей и ее сыном.
Например, когда бояре заходят в светлицу, царевич ищет защиты
на коленях у матери, а услышав смертный приговор, царица об-
нимает сына, защищает его и держится за него изо всех сил (см.
рис. 7). Магия любящих материнских объятий в сочетании
с магией сказки спасает Гвидона, и чудесным образом за время
странствия в бочке он превращается во взрослого юношу.

В сказке есть еще и заколдованная Царевна Лебедь, которая
творит поразительные чудеса [Mikolchak 2004]. Ее чары создают
величественный город, белочку, грызущую драгоценные орехи,
и целую дружину морских богатырей. Царевна Лебедь также
обращает Гвидона в комара, муху и шмеля, чтобы совершить
повседневное чудо — воссоединение разлученной семьи и создание новой. Сюжет Пушкина легко вписывался в сталинскую
повестку, направленную на усиление зависимого положения
женщин. Особое внимание уделялось как раз семье и подчерки-
валось, что целью любой женщины является материнство и за-
мужество. Однако визуальные компоненты сказки сестер
Брумберг бросают вызов этой установке.

Женщины в мультфильме играют центральную роль в исполь-
зовании антропоморфизма и метаморфоз, визуально уводя сюжет
от знаменитой сказки Пушкина. Сестры Брумберг не используют
антропоморфизм в сценах, связанных с жизнью до того, как
Гвидон и его мать были приговорены к смерти. Эти сцены по-своему реалистичны, в них нет ничего фантастического и магиче-
ского. Первое чудесное преображение происходит в бочке, когда
Гвидон, защищенный любовью своей матери, превращается из
малыша во взрослого мужчину. Позже, благодаря чарам Царевны

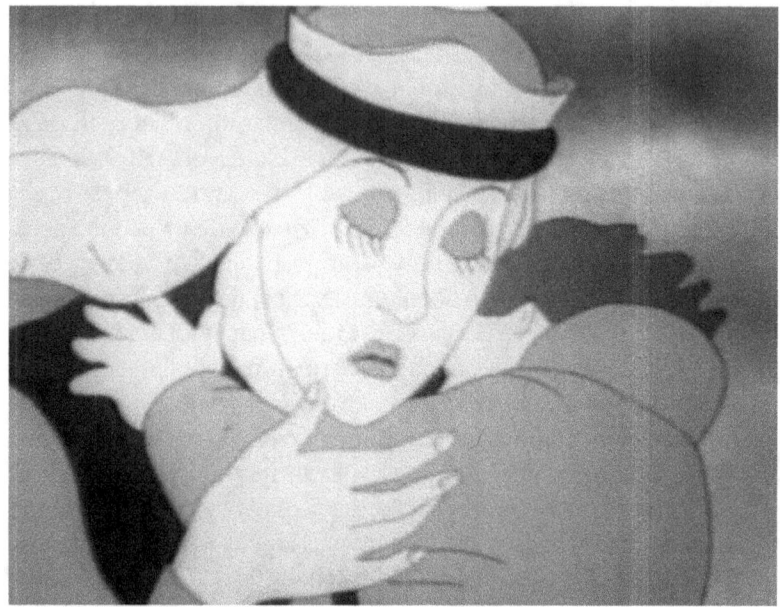

Рис. 7. Кадр из мультфильма «Сказка о царе Салтане» (1943), предоставлен «Союзмультфильмом»

Лебеди, Гвидон, чтобы повидать отца, превращается в различных насекомых, а затем обратно в человека. Антропоморфизм в мультфильме связан с магией и используется для обозначения сил Царевны Лебеди. Царевна обладает признаками как животного, так и человека: она выглядит как лебедь, но она мудра, говорит, моргает своими длинными ресницами и действует как человек. Ее превращение из лебедя в принцессу длится целых 20 секунд; это самая зрелищная метаморфоза в фильме, и ее сопровождают фейерверки, звезды и мерцающие огни. В итоге зритель видит Царевну, всю в белом, в платье, напоминающем о ее лебедином обличии, как бы танцующую с грациозно с раскинутыми руками, а потом и крупным планом. Все в ней свидетельствует о могуществе, позволяющем организовать изменения в собственной жизни и жизни других, и говорит о превращении юной девушки

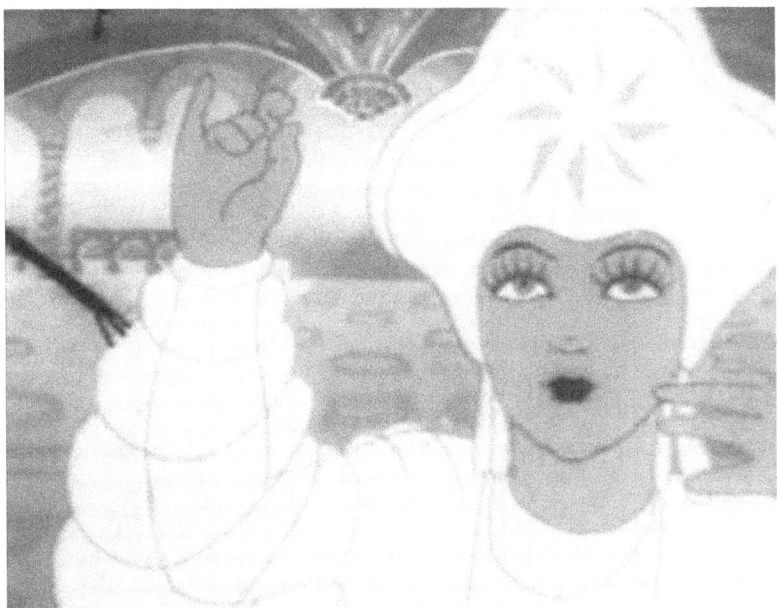

Рис. 8. Кадр из мультфильма «Сказка о царе Салтане» (1943), предоставлен «Союзмультфильмом»

в женщину и в конце концов в мать (см. рис. 8). Антропоморфизм в этом фильме присущ самой могущественной женщине, а ее собственная финальная метаморфоза — самое ошеломительное зрелище. Эта сила трансформации — сила, которой обладают все женщины. Это также признание той силы, которую удалось накопить сестрам Брумберг в качестве режиссеров студии «Союзмультфильм», и их способности менять жизни молодых аниматоров и художников[11].

---

[11] Кац утверждает, что фильмы сестер Брумберг и, в частности, «Федя Зайцев» были в некоторой степени проектами по реабилитации угасающего московского театра и исчезающих с экранов еврейских актеров и актрис. Сестры обеспечивали работой попавшую в непростое положение интеллигенцию МХАТА (Московский Художественный академический театр СССР имени М. Горького). См. [Katz 2016: 75–95].

Сестры Брумберг после войны

Несмотря на усилившееся после Второй мировой войны давление со стороны коммунистической партии, требующей, чтобы мультфильмы в первую очередь четко иллюстрировали коммунистическую идеологию, советская анимация в эти годы начала осваивать новые стилистические направления и сюжеты. Сестры Брумберг решительно откликнулись на новые требования и расширили свое режиссерское видение фильмом «Федя Зайцев» (1948). Отойдя от безопасных русских сказок и литературных адаптаций, сестры Брумберг обратились к современной жизни Советского Союза — той самой теме, которую аниматоры избегали из-за мрачных реалий жизни при сталинизме и ограничений социалистического реализма. «Федя Зайцев» отличается одним из важнейших качеств анимации — способностью переплетать реальный мир с фантастическим, тем самым качеством, которое привлекало внимание сестер Брумберг к повестям Гоголя, сказкам Пушкина и других авторов.

Нарисованный Человечек из «Феди Зайцева» — это противоположность диснеевскому реализму и вершина эстетического стиля сестер Брумберг (см. рис. 9). Человечек не просто вдохновил других аниматоров на отход от диснеевской эстетики, он стал символом «Союзмультфильма» и долго использовался в качестве логотипа в других картинах студии[12]. Мультфильм «Федя Зайцев» также стал ярким примером борьбы за творческий контроль над съемками, развернувшейся между худсоветом и режиссерами. Сюжет, запланированный изначально, был еще более спорным и антизападным и выходил за рамки вызова лишь эстетике «Диснея». Оригинальный сценарий Николая Эрдмана и Михаила Вольпина рассказывает о путешествии Феди в Царство Лжи — сказочную «западную» капиталистиче-

---

[12] Этот логотип был восьмым для студии «Союзмультфильм» и использовался в 1967–1974 годах. Soiuzmultfilm—Russia CLG Wild, The Motion Graphics Museum. URL: http://www.closinglogos.com/page/Soyuzmultfilm+(Russia) (дата обращения: 12.08.2018).

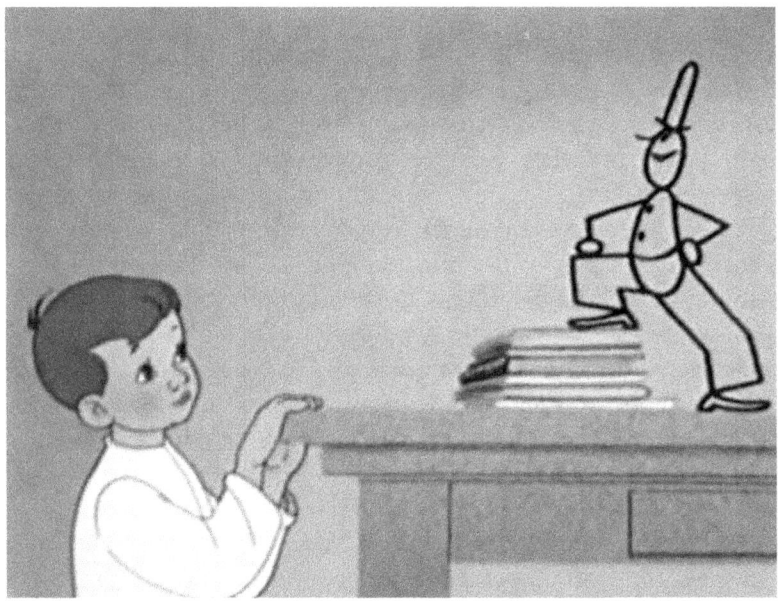

Рис. 9. Кадр из мультфильма «Федя Зайцев» (1948), предоставлен «Союзмультфильмом»

скую страну, откуда его и должен был спасти Нарисованный Человечек[13]. «Царство Лжи» — явно воображаемый мир, резко контрастирующий с реалистическим миром Москвы, показанной в первой части сценария.

Работая над фильмом, сестры Брумберг неоднократно пытались обойти цензуру худсовета. Например, в ответ на разнарядку поддерживать только короткометражные мультфильмы оригинальный сценарий был разделен на две части[14]. Кроме того,

---

[13] Более подробный анализ оригинального сценария приводит Георгий Бородин в статье «Николай Эрдман и анимация» [Бородин 2002].

[14] Однако на практике эти ограничения на продолжительность фильмов не применялись. В то время «Союзмультфильм» пользуется довольно широким диапазоном возможных форматов — от одной до четырех катушек кинопленки, с периодическим выпуском полнометражных картин (пять и более катушек, с продолжительностью более 50 минут).

сестры Брумберг получили разрешение на работу над сценарием непосредственно от Министерства кинематографии [Бородин 2002]. Однако, несмотря на это, в разрешении снять вторую часть мультфильма им в итоге было отказано на основании того, что для перевоспитания Феди якобы вполне достаточно обычных методов. Главное Управление по производству художественных фильмов Министерства кинематографии отклонило вторую часть также из-за того, что она была посвящена не отвечающему советской идеологии описанию капиталистического Царства Лжи, располагающегося рядом с современной Москвой, и его жителей. В конце концов после цензуры Управления была снята только первая часть мультфильма [там же]. Этот закадровый процесс высвечивает некоторые проблемы, с которыми сталкивались аниматоры при попытке отойти от сказочных сюжетов и обратиться к повседневности[15].

Окончательная версия «Феди Зайцева» не содержит никакого профеминистского посыла, но иллюстрирует, как сестры Брумберг, будучи влиятельными женщинами-режиссерами, постоянно раздвигали границы дозволенных тем, политических посланий и эстетических стилей и испытывали пределы возможностей анимации и воображения. Сняв этот фильм, они кардинально переориентировали мультипликацию и заложили основу для повседневного воплощения советской феминистской субъективности, которая бросала вызов структурам индустрии, управляемой мужчинами, и изменяла траекторию советской анимации.

Какими были сестры Брумберг как женщины и как профессионалки, можно увидеть в одном из немногих личных описаний сестер, где подчеркивается, как в режиссуре отражались их физические характеристики. Благодаря комментариям Ланы Азарх, работавшей с сестрами Брумберг в 1950–1970-х годах в качестве аниматора, мы получаем представление о том, какими сестры видели себя личностями и режиссерами-мультипликаторами, и можем установить связь между их жизненным опытом и жен-

---

[15] В данной статье также объясняется связь «Феди Зайцева» с более поздним фильмом «Человечка нарисовал я» (1960). См. [Бородин 2002].

ской субъективностью. Азарх впервые увидела сестер Брумберг, уже в преклонном, как ей тогда показалось, возрасте, на студии «Союзмультфильм» в 1950-х годах. Имея почти 20-летний опыт работы в индустрии, сестры Брумберг были к тому времени известными и уважаемыми режиссерами. Вот как Азарх описывает старшую из сестер — Валентину: «Небольшого роста, живая, легко возбудимая, с прекрасными голубыми глазами. Цвет ее крашеных волос поражал иногда своей экзотичностью». Зинаида, младшая сестра, была выше ростом, никогда не красила волосы и носила незамысловатую челку. Азарх пишет, что сложены сестры были одинаково: высокая талия, покатые плечи, массивная нижняя часть тела и полные ноги. Хотя эти комментарии Азарх в основном касаются внешности, она упоминает и то, как сильные характеры сестер влияли на их режиссерские позиции на студии. Ее воспоминания важны для понимания одного из любимых выражений Валентины Брумберг, связанных с ее внешностью: «Женщина с тонкими ногами не имеет права на существование» [Азарх 2010]. Этот тезис Брумберг, хорошо известный на студии, создает впечатление, что ее крепкое телосложение было не только частью ее сильной личности и индивидуальности; оно также способствовало ее уверенности и успехам [там же].

Несмотря на то что сестры Брумберг часто работали вместе, как если бы они были нерушимым рабочим союзом, Азарх в своих мемуарах напоминает нам, что Валентина и Зинаида Брумберг были двумя самостоятельными режиссерами, мнения которых не всегда совпадали. Нередко Азарх была свидетельницей их разногласий, которые выливались в неприятные ссоры, и тогда у сестер, как любили говорить на студии, был «рот полон дикции» [там же]. Между сестрами не было безоговорочного совпадения во мнениях, и они вместе работали над решением своих творческих разногласий. По словам Азарх, Зинаида была более упрямой, а Валентине приходилось прикладывать большие усилия, чтобы убедить сестру изменить мнение. Когда они договаривались, их союз становился силой, с которой в советской мультипликации приходилось считаться. Как женщина и коллега-аниматор, Азарх пишет мемуары, которые демонстрируют помимо прочего и то, как сами женщины в анимационной индустрии относились друг к другу. Комментарии Азарх, как правило, касаются внешности и характеров сестер Брумберг, а не их вклада в анимацию. Трудно представить ситуацию, в которой мужчин описывали бы аналогичным образом. Это желание обесценить работу, проделанную женщинами, фокусируясь на их внешности и личностных особенностях, подтверждает сложную природу женской субъективности в советской анимации.

Ольга Ходатаева в 1950-е годы

В последние годы репрессивного сталинского режима Ходатаева предстает еще одной влиятельной женщиной, выступавшей в качестве поборницы редкой анимации, сфокусированной на женщинах. В начале 1940-х годов творчество Ходатаевой было больше сконцентрировано на военной тематике, но после войны, когда кинопроизводство вновь набрало обороты, она посвятила себя фильмам с яркими женскими персонажами. Хотя ее фильмы 1950-х годов не отличаются такой яркой политической повесткой в защиту прав женщин, как ее более ранние работы, Ходатаева продолжает изображать женщин в различных амплуа, от матерей до искательниц приключений. В ее фильмах сохраняется некоторое сходство с диснеевским реализмом, но она также привносит в советскую анимацию новые тематические и стилистические направления.

«Сармико» (1952) и «В яранге горит огонь» (1956) — два нежных фильма о детях российского Севера, в которых главные героини проявляют непослушание, но изменяют свои жизни. Работая в рамках общепринятых условностей 1950-х годов, Ходатаева, как и сестры Брумберг, снимала мультфильмы для детей, вдохновляясь сказками, но часто перенося их действие в современный мир[16]. Ее фильм «В яранге горит огонь» получил две

---

[16] На фильмы Ходатаевой действовала разнарядка 1950-х годов, согласно которой продолжительность анимационных фильмов ограничивалась примерно 20 минутами.

международные премии, выполнив установку на охват более широкой зрительской аудитории. В 1956 году фильм получил первую премию на VIII Международном фестивале фильмов для детей и юношества в Венеции, а в 1957 году завоевал золотую медаль на Международном кинофестивале в рамках VI Всемирного фестиваля молодежи и студентов в Москве[17].

Сценарий к картине написала Жанна Витензон, взяв за основу народные сказки народов Севера. Еще в бытность студенткой Московского государственного университета Витензон была очарована Севером, куда часто ездила в фольклорные экспедиции. «В яранге горит огонь» стал ее первым сценарием, но Витензон продолжала работать сценаристкой на студии «Союзмультфильм» вплоть до 1990 года. Писала она и детские книги. Фильм «В яранге горит огонь» посвящен отношениям между матерью и детьми — между овдовевшей женщиной и ее сыном Ятто и дочерью Тэюне. В начале фильма ее дети эгоистичны, ленивы и непослушны: Ятто отказывается помочь матери собирать хворост, а Тэюне больше заботят ее руки и длинные красивые косы. Поскольку мать не смогла сама набрать достаточно хвороста, огонь слабеет, а отскочившая от него искорка прожигает дыру в снежном плаще старухи Пурги — злобного олицетворения зимы. Как только огонь гаснет, разозлившаяся Пурга врывается в ярангу, превращает мать в птицу и уносит ее. Дети вынуждены забыть о лени и отправиться на поиски своей матери. Благодаря проявленным храбрости, настойчивости и самопожертвованию дети находят мать. Ятто использует в пути лук и стрелы, а Тэюне отрезает свои прекрасные косы, чтобы удлинить веревку при подъеме к ледяному замку Пурги. Основанный на сюжете северной сказки, сценарий про воспитание детей ответственными членами семьи тем не менее соответствует общей модели социалистического реализма.

Жизнь советского Крайнего Севера очень отличалась от жизни других регионов Советского Союза, среднестатистический житель которых очень мало знал о характере северных

---

[17] В яранге горит огонь. URL: https://animator.ru/db/?p=show_film&fid=3071 (дата обращения 31.05.2023).

людей, их обычаях и аутентичном образе жизни. Однако, когда фольклористы в 1950-х годах начали собирать и публиковать фольклор и музыку удаленных регионов, на основе этих сборников было написано много сценариев. Художник-постановщик фильма «В яранге горит огонь» Леонид Аристов ориентировался на материалы библиотеки имени Ленина о чукотских оленеводах — коренных народах, населяющих Чукотский полуостров [Капков, Аристов 2004]. В этом фильме Ходатаевой жизнь и верования народов Севера изображены намного позитивнее, чем в «Самоедском мальчике», вышедшем на экраны двадцатью восемью годами ранее.

На первый взгляд «В яранге горит огонь» повторяет многие черты диснеевского реализма. Например, в начальной сцене тени весело прыгают, копируя каждое движение играющих перед огнем детей, что напоминает натуралистические детали, характерные для «Диснея». Кроме того, форма тела и пластика олененка, воссоединяющегося со своей матерью, изображены в манере, поразительно напоминающей диснеевского «Бэмби» (1942), хотя и в более сдержанной цветовой палитре[18]. Однако фильм, опирающийся на архивные материалы, использует реалистичные аспекты жизни чукчей, такие как яранга — конусообразное или округлое жилище, покрытое оленьими шкурами. Персонажи фильма одеты в традиционную чукотскую одежду: штаны из оленьей шкуры и отороченные мехом платья-рубахи, великолепно украшенные полосками декоративной вышивки (см. рис. 10) [Vate 2005: 45–68].

Использование антропоморфизма и превращений в мультфильме Ходатаевой тоже перекликается с традициями чукчей, их верой в шаманов и в то, что все животные, растения, реки, леса и другие явления природы имеют своих духов [Vukvukai 2007]. Белая колдунья Пурга — олицетворение зимы. Она нарисована в голубых и белых тонах, появляется и исчезает, когда ветер несет над тундрой снег, путешествуя на белых лыжах

---

[18] Частично это может быть связано с послевоенным дефицитом, но стилистически это помогает усилить ощущение неведомого холодного края.

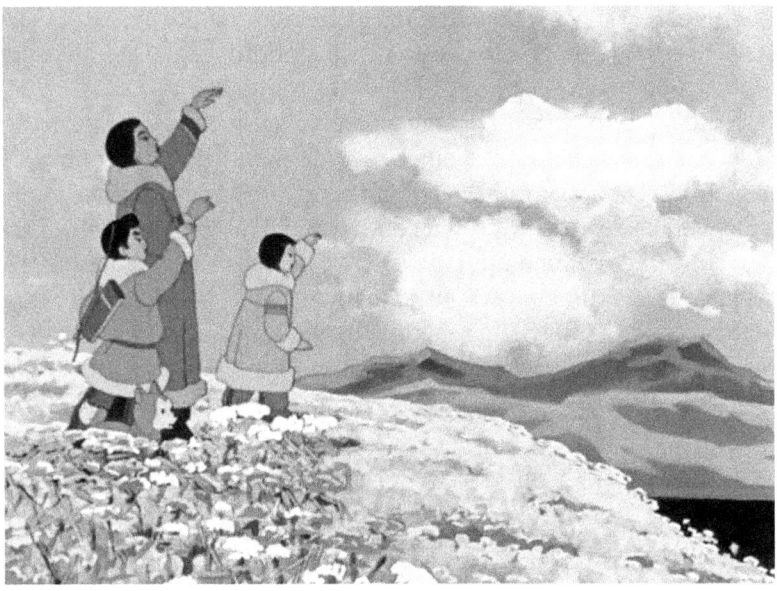

Рис. 10. Кадр из мультфильма «В яранге горит огонь» (1956), предоставлен «Союзмультфильмом»

в сопровождении трех белых волков. В виде человека появляется и день. В красной одежде он проезжает по небу в санях, запряженных блистательным белым оленем, и везет за собой огромное сияющее солнце. Хотя само солнце не превращается в человека, оно дарит детям волшебные стрелы, которые помогают им победить Пургу и спасти мать. Однако самая интересная метаморфоза происходит, когда Пурга обращает мать, пытающуюся защитить своих детей, в большую полярную чайку, немало которых обитает в районе Берингова моря. Став чайкой, мать продолжает оберегать своих детей, но в конце концов Пурга забирает ее с собой: чайку уносит снежная буря. Эта трансформация женщины в птицу и обратно не только обращается к чукотской вере в то, что во всех природных явлениях скрыты духи, но и демонстрирует способность матери защищать своих детей. Изображая женщин и девочек в достаточно традиционных ролях, Ходатаева тем не менее делает акцент на их храбрости и подчеркивает ее при помощи метаморфоз.

У Ходатаевой были трудности с художественным советом по поводу изображения женщин в этом фильме. У худсовета не было вопросов к Пурге — женщине-злодейке, разлучающей семьи, как звериные, так и человеческие. Вопросы вызвал образ матери и ее отношения с детьми. Худсовету не понравились написанные Михаилом Светловым слова песни, которую мать поет своим детям в начале фильма, пока занимается домашними делами и будит детей. Песня повторяется, когда дети оказываются в опасности, пытаясь спасти свою мать. Когда мать слышит, что Пурга посылает Дрему — своего приспешника, способного наслать сон, — чтобы усыпить ее детей во время снежной бури, она обращается к пролетавшей мимо птице и учит ее особой песне, способной разбудить ее детей. Побывав в облике чайки, мать способна говорить с птицами, а с песней она передает птице силу материнской любви. Птица поет детям: «Пусть юная кровь никогда не остывает, и в грозной опасности час. Пусть мужество вас никогда не покинет и сердце не дрогнет у вас». По мнению худсовета, песня была уж больно похожа на гимн [Капков, Аристов 2004]. Михаил Светлов защищал свою песню, и в итоге художественный совет ее разрешил, но неохотно [там же]. Песня помогает показать, что связь между матерью и детьми сильнее сна, ночной тьмы и зимнего холода. Как следует из слов песни, женщины в этом фильме смелые и предприимчивые, но они ставят на первое место семью и любовь. Центральная тема этого мультфильма — традиционное материнство, но сочетание чукотских верований, преобразующей силы материнской любви с приключенческим сюжетом, включающим в себя героическую жертву дочери, формирует мощный профеминистский посыл.

Режиссерское присутствие Ходатаевой и то, как она изображала женское начало в своих фильмах, по сути сильно отличается от метода сестер Брумберг и дает зрителям дополнительные представления о советской женской субъективности. Хотя все три женщины были сильными, влиятельными режиссерами, по словам Азарх, Ходатаева привносила дух самобытности и приключений не только в свои фильмы, но и в то, как она одевалась и управляла своим коллективом на «Союзмультфильме» [Азарх 2010: 138]. Азарх пишет, что фигура Ходатаевой, облаченная в самодельный балахон, увешанный ожерельями из ракушек, была монументальной. Она добавляет, что группа Ходатаевой была «особая страна», что подчеркивает и отличие стиля Ходатаевой от стиля сестер Брумберг, и тот необычный и авантюрный колорит, который привносили в студию ее фильмы и само ее присутствие. Склонность Ходатаевой к экзотике, будь то повседневная жизнь или мультипликация, отличала ее работу не только от популярной диснеевской эстетики, но и от работ других женщин-мультипликаторов «Союзмультфильма».

Александра Снежко-Блоцкая в 1950-е годы

Еще одна известная женщина-мультипликатор, Снежко-Блоцкая начала свою карьеру на «Мосфильме» в 1934 году, работая вместе с сестрами Брумберг и другими аниматорами. Как и сестры Брумберг, Снежко-Блоцкая прошла путь от художника-мультипликатора до режиссера, сняв за свою карьеру на «Союзмультфильме» более 20 фильмов. Однако, в отличие от сестер Брумберг, которые смогли начать снимать собственные фильмы еще в начале карьеры, Снежко-Блоцкая два десятилетия работала под руководством Иванова-Вано и является примером того, как репрессивный сталинский режим препятствовал успеху и достижениям женщин в анимационной индустрии.

Дочь Снежко-Блоцкой Сюзанна Богданова отмечает, что во время обучения в школе ее мать параллельно работала в библиотеке и именно тогда полюбила сказки [Богданова 2008: 207–212]. Снежко-Блоцкая пришла в анимацию после учебы в студии живописи Ивана Рерберга при Архитектурно-строительном институте. Она начала работать в «Межрабпомфильме» как художник-мультипликатор у Владимира Сутеева и Дмитрия Бабиченко, затем в 1936 году перешла в «Союзмультфильм», где работала под руководством Иванова-Вано и позже стала его ассистентом. Богданова утверждает, что все эти годы ее мать устраивало работать с Ивановым-Вано и видеть свое имя в титрах после него [там же: 211–212]. Однако Азарх предполагает другой сценарий. Азарх вспоминает Снежко-Блоцкую как сильного способного режиссера, не получавшего заслуженного признания [Азарх 2010: 139]. Она пишет, что Иванов-Вано, занимавший по совокупности заслуг должность профессора ВГИКа, мог себе позволить делить время между двумя работами, потому что второй режиссер Снежко-Блоцкая контролировала все фильмы. Замечание Азарх о том, что Снежко-Блоцкая была интеллигентной, талантливой и беспартийной (очень важное замечание, учитывая снятую Снежко-Блоцкой адаптацию политической детской сказки «Военная тайна» (1935)[19] Аркадия Гайдара, ставшую мультфильмом «Сказка о Мальчише-Кибальчише» (1958)). Одно из самых показательных замечаний Азарх о Снежко-Блоцкой — слова о том, что той требовалось немало мужества, чтобы отстоять свое право работать самостоятельно и оторваться от коллег-мужчин [там же]. Этот комментарий, завуалированный под описание личности Снежко-Блоцкой, также подтверждает трудности продвижения, с которыми сталкивалось большинство женщин в анимационной индустрии.

В 1956 году Снежко-Блоцкая стала самостоятельным режиссером, сформировав собственный коллектив. Многие мультфильмы Снежко-Блоцкой, по замыслу интернациональные, создавались по мотивам сказок народов мира: русских, литовских, бирманских, чукотских, казахских. Фильмы Снежко-Блоцкой, как и фильмы ее предшественников и предшественниц, всё так же имели некоторое сходство с диснеевским стилем, но они предлагают и новые тематические и стилистические направления, что было характерно для творчества женщин-режиссеров

---

[19] Впервые сказка опубликована в 1933 году под названием «Сказка о Военной тайне, о Мальчише-Кибальчише и его твердом слове». «Военная тайна» — часть сказки, вышедшая в 1935 году как самостоятельная повесть. — *Прим. пер.*

тех лет. По большей части Снежко-Блоцкая интересовалась историями, которые лишь с натяжкой соответствовали требованиям социалистического реализма.

Тем не менее одним из самых успешных ее фильмов и одним из самых соцреалистических по своей сути стала «Сказка о Мальчише-Кибальчише». Гайдар написал повесть, чтобы подготовить юных читателей-коммунистов к предстоящим серьезным испытаниям в борьбе с буржуазией. Снежко-Блоцкая работала над сценарием к фильму со вдовой Гайдара Лией Соломянской [там же]. В этой истории мирная советская родина подвергается внезапному нападению со стороны «буржуинов», советские отцы и старшие братья ранены и убиты, и дети хотят вступить в бой, чтобы спасти Страну Советов. Снежко-Блоцкая была буквально измотана натиском Лии Соломянской, которая пыталась уместить в сценарий каждое слово из текста Гайдара, но Снежко-Блоцкая оставалась верна собственным эстетическим целям [там же].

В «Сказке о Мальчише-Кибальчише» Снежко-Блоцкая воскресила авангардный стиль агитплакатов, который еще несколькими годами ранее считался слишком экспериментальным[20]. Главный герой, одетый в красную рубашку и белую шапку-буденовку с красной звездой — форменный головной убор времен Гражданской войны в России (1917–1922) — визуально напоминает агитационный плакат Дмитрия Моора 1920 года «Ты записался добровольцем?». Главный Буржуин, как назван самый отвратительный злодей сказки, напоминает об «Окнах РОСТа» Маяковского (1921): его увенчанная цилиндром голова представляет собой плоский круг, на котором выделяется зубастый рот и большие круглые глаза (см. рис. 11). Художники фильма также вдохновлялись контрастными цветами, линейной графикой и отказом от перспективы — приемами, используемыми русскими художниками-авангардистами (см. рис. 12).

---

[20] Обращение Снежко-Блоцкой к авангардному стилю отчасти связано со смертью Сталина в 1953 году и началом эпохи оттепели. Подробнее о смерти Сталина и реакции на нее в киноиндустрии и анимации см. в главе 5.

Заимствуя эстетику авангардного плаката 1920-х годов, Снежко-Блоцкая установила связь между своим фильмом, снятым после Второй мировой войны, и повестью Гайдара, опубликованной после Гражданской войны. И повесть, и мультфильм подчеркивают важность продолжающейся борьбы с буржуазным менталитетом. В мультфильме война ведется по приказу вышеописанного Главного Буржуина, напоминающего также вертовского нэпмана из «Советских игрушек». Он сидит на троне капитализма в окружении мешков с деньгами, которые он пожинает во время войны, а на побегушках у него три генерала, представляющие Германию, Италию и Японию. Фильм довольно открыто обвиняет в войне капиталистическую жадность, но предупреждает, что жадность и буржуазное пренебрежение общественными интересами могут найтись и дома, воплощая предупреждение в образе толстого Мальчиша-Плохиша, внешне и поведением напоминающего Главного Буржуина. Толстячок представлен как противоположность Мальчишу-Кибальчишу и его друзьям. В то время как Мальчиш-Кибальчиш и другие дети играют в защитников родины, Мальчиш-Плохиш ворует у них яблоки, разоряет сады, чтобы у него было больше фруктов, чем у других, и забавы ради сбивает палкой беспомощных птиц[21]. Демонстрируя правильное поведение хорошего советского ребенка, Мальчиш-Кибальчиш делится своим яблоком с малышом, чье яблоко украл Плохиш. Мальчиш-Кибальчиш с маленькой девочкой также помогают подбитой птичке и пытаются починить сломанную ветку. Отправляясь в бой, хорошие дети поют зажигательную песню, которая застревает у зрителя в голове[22]. Что важнее всего, Мальчиш-Кибальчиш и его друзья подготовлены и идут сражаться, когда их зовет долг, даже если это означает смерть — высшую жертву, которую и приносит Мальчиш-Кибальчиш во имя спасения Страны Советов.

---

[21] Эта сцена с яблоками отсылает к эпизоду другой знаменитой повести Гайдара «Тимур и его команда» (1940).

[22] Песня напоминает диснеевскую «Нам не страшен Серый Волк» из «Трех поросят» (1933), продолжающую звучать у зрителя в голове спустя еще долгое время после окончания фильма.

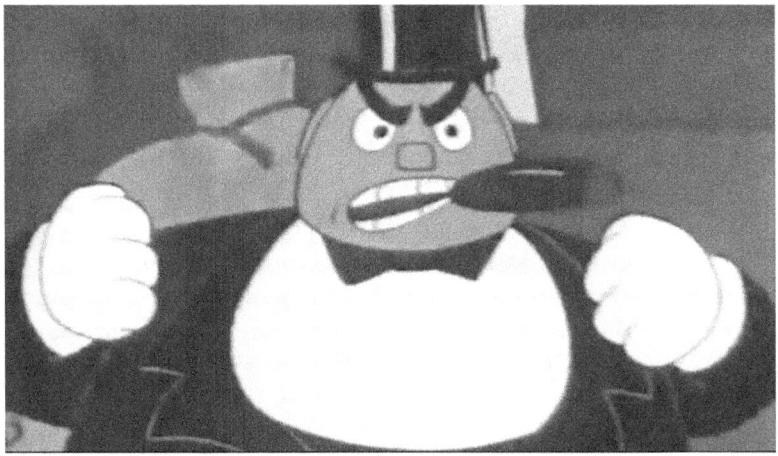

Рис. 11. Кадр из мультфильма «Сказка о Мальчише-Кибальчише» (1958), предоставлен «Союзмультфильмом»

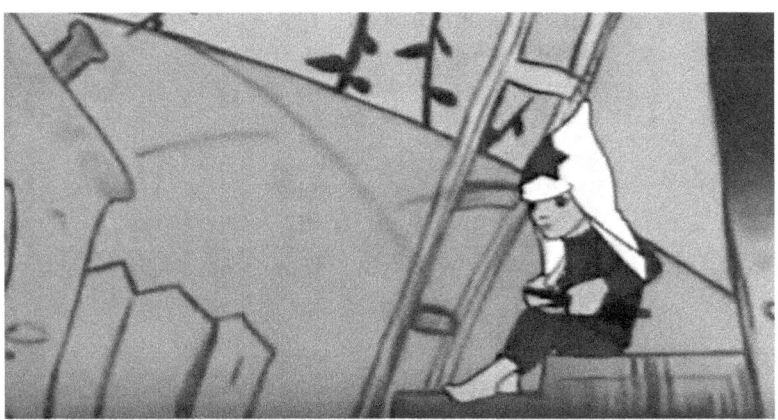

Рис. 12. Кадр из мультфильма «Сказка о Мальчише-Кибальчише» (1958), предоставлен «Союзмультфильмом»

Снежко-Блоцкая, таким образом, использует сугубо соцреалистический сюжет и переосмысливает его в художественном стиле, с 1930-х годов запрещенном на «Союзмультфильме». В то время как в фильме отсутствует какая-либо материнская фигура и представлены в основном мужские персонажи, среди них есть девочка, которая помогает заботиться о раненой птице. Позднее, когда детей призывают на войну, она хватает свой медицинский набор и марширует вместе с Мальчишем-Кибальчишем. Фильм не был новаторским с точки зрения репрезентации женщин, но он является примером смелого стилистического новаторства, сделанного женщиной вскоре после смерти Сталина в середине 1950-х годов. Этот фильм также подтверждает идею о том, что, когда общество в целом подчеркивало более традиционные роли женщин, женщины-режиссеры часто использовали другие пути самовыражения, включая стилистические нововведения. Мультфильм «Сказка о Мальчише-Кибальчише» иллюстрирует, что рассматривать советскую женскую субъективность следует не только с точки зрения женской репрезентации и феминной эстетики, но и с точки зрения всего вклада женщин в анимационную индустрию, и того, как этот вклад открывал двери для женщин-аниматоров в последующие годы.

Глава 5

Изменение роли женщины на экране и за его пределами. Анимация при Хрущеве и Брежневе

За смертью Сталина в 1953 году последовала хрущевская оттепель, которая для искусств, включая анимацию, знаменовала собой медленную и неравномерную либерализацию. В кино эта либерализация и последующее ослабление цензуры проявилась не так быстро, как в литературе, из-за времени, необходимого для создания фильма [Prokhorov 2013: 14]. По этой же причине инновации в анимации стали заметнее лишь в 1960-х и 1970-х годах, и эта глава не ограничивается хрущевским периодом, а захватывает еще и эпоху застоя при Леониде Брежневе.

Спустя некоторое время после смерти Сталина Никита Хрущев начал процесс десталинизации, характеризовавшийся смягчением законодательства и развенчанием культа личности Сталина. Что это могло означать для художников, писателей и кинематографистов, было не совсем ясно, и в результате поведение властей было нередко противоречивым, когда чиновники колебались между расширением свобод и ужесточением контроля[1]. Хрущев, довольно консервативный в вопросах культуры, не предоставил кинематографу полной свободы от господствующей идеологии, так что за кино и анимацией частично сохранялись традиционные роли, соответствующие официальной политике и общественным императивам. Тем не менее результатом хрущевских реформ стал не только беспрецедентный рост кинопроизводства, но и развитие советской «новой волны», представленной такими режиссерами, как Андрей Тарковский, Лариса Шепитько, Андрей Кончаловский и Кира Муратова. По словам Прохорова, их фильмы «возродили дух авангарда 1920-х годов и произвели революцию в визуальных и повествовательных аспектах киноискусства». Прохоров также отмечает, что эти художественные фильмы «подрывали миф о гармоничном советском сообществе... и [таким образом] давали лицо и голос индивидуальным высказываниям, этничности и женственности» [Prokhorov 2001: 7–10, 27]. Иными словами, новые фильмы свидетельствовали о трещине на фасаде соцреализма и знаменовали открытость к альтернативным идеологиям. Как и для режиссеров игрового кино, для женщин в анимационной индустрии в этот период женственность и особый тип русско-советского феминизма приобрели дополнительное значение.

После отставки Хрущева в 1964 году и прихода к власти Брежнева некоторые реформы, инициированные Хрущевым, были отменены. В первые годы брежневской эпохи в сфере искусства еще действовали послабления, но они шли на убыль по мере того, как страна входила в период экономического и социального застоя. Поскольку экономика не справлялась с обеспечением людей товарами народного потребления, советские граждане все больше разочаровывались в обещаниях коммунизма. Разочарование и цинизм перебрались в кинематограф и мультипликацию, не утратившие до конца всех либеральных завоеваний хрущевской эпохи. В эти годы анимация преобразилась как в тематическом, так и в эстетическом плане, и ключевую роль в ускорении этих изменений играли женщины-режиссеры.

---

[1] Понтьери дает подробное описание различных периодов оттепели и то, как они сказывались на индустрии анимации [Pontieri 2012: 51–82].

«Союзмультфильм» в 1960-е и 1970-е годы

В 1960-х и 1970-х годах советская анимация пережила значительные изменения. Первым потрясением стала потеря четырех великих аниматоров. После выхода «Золотого перышка» (1960) — красивой сказки в стиле «Диснея», поставленной вместе с Леонидом Аристовым, из анимации ушла Ходатаева. В 1974 году выпустили свои последние фильмы еще три женщины-мультипликатора: сестры Брумберг завершили карьеру мультфильмом «С бору по сосенке», а Снежко-Блоцкая «Прометеем». Их фильмы 1960-х и 1970-х годов внесли большой вклад в формирование советской женской субъективности, но также повлияли на то, как изображали в своих мультфильмах женщин и женскую эстетику новые женщины-режиссеры. Значение их голосов, эстетического видения и влияния на развитие советской анимации невозможно переоценить.

Также в описываемый период вспыхнула острая дискуссия о том, в каком направлении должна двигаться советская анимационная индустрия. Худсовет «Союзмультфильма» обсуждал, стоит ли исследовать новые направления, обратившись и к взрослой аудитории и острым социальным вопросам, или продолжать снимать сказки для детей — вариант гораздо более безопасный, но и менее привлекательный[2]. В конечном счете были выбраны оба варианта: фильмы для детей начали представлять современный мир, пытаясь подчеркнуть коммунистическое будущее, а анимация для взрослых сосредоточилась на сатире и попытках показать взрослым юмор повседневной

---

[2] Худсовет отвечал за обсуждение сценариев, раскадровок и завершенных фильмов, в том числе в рамках цензуры. Также худсовет работал с Главком (с 1953 по 1963 год — главное управление министерства культуры, с 23 марта 1963 года — Государственный комитет Совета министров СССР по кинематографии, переименованный потом еще несколько раз, но как правило называемый Госкино. — *Прим. пер.*) — местным структурным подразделением министерства. Более подробно о дискуссии вокруг сказок в этот период см.: РГАЛИ, Сценарный отдел. Переписка с авторами о предлагаемых заявках и литературных сценариях (1958), 21, Москва, Российская Федерация.

жизни[3]. В то время как снимать фильмы о современных социальных недугах по-прежнему было риском для карьеры, это уже не было опасным для жизни, как во время правления Сталина.

Понтьери считает, что анимация того времени знакомила зрителей — и взрослых, и детей — с реалиями настоящего, иной раз суровыми, и перспективами будущего, часто безрадостными [там же]. В игровом кино все больше внимания уделялось психологии персонажей и женскому двойному бремени — сочетанию их профессиональных и домашних обязанностей, на чем строился психологический конфликт во многих фильмах[4]. В результате анимация также обратилась ко внутреннему миру человека и стала более интроспективной. В противовес миру коллективному, столь популярному в соцреализме, больше внимания уделялось миру индивидуальному. Как лаконично констатирует Боймерс, «в 1960–1970-х годах произошел коллапс коллективного» [Beumers 2009: 154]. Этот отход от коллективной идентичности позволил режиссерам расширить диапазон типов персонажей и ситуаций, которые можно было воссоздать на экране. Понтьери также считает, что анимация того времени имела склонность к поэтике, которая начала преобладать над критикой общества, и что к концу 1960-х анимация развила лирический жанр как выражение видения художника[5].

Акцент на человека, социальная критика и самоанализ сделали 1960-е и 1970-е годы идеальным временем для выражения проблем, связанных с женским вопросом. Женская агентность и свобода действия как стилистический прием в анимации встречается не

---

[3] Понтьери подробно рассматривает введение в анимацию современных реалий и использование сатиры. См. [Pontieri 2012: 55–57].

[4] Эттвуд пишет об известных в 1960–1970-е годы женщинах-кинорежиссерах, таких как Лариса Шепитько и Кира Муратова. Хотя этих режиссеров часто описывают как выходящих в своих фильмах за пределы гендера, Эттвуд утверждает, что их фильмы являются классическими исследованиями женской ситуации. См. [Attwood, Turovskaia 1993: 82–84]. См. также [Kaganovsky 2012].

[5] Понтьери приводит этот аргумент о поэтике в анимации для конца 1960-х годов. При обсуждении женщин-аниматоров мы предлагаем расширить временные рамки поэтического периода. См. [Pontieri 2012: 169–170].

только в Советском Союзе: Уэллс отмечает эту тенденцию в США и Европе в своем «Понимании анимации» («Understanding Animation»)[6]. Создаваемая женщинами, советская анимация, безусловно, начинает изображать женщин менее традиционными способами и исследовать понятие феминистской чувствительности. Однако советская женская субъективность отличается от более распространенного западного взгляда. Для ее понимания требуется тонкий подход к формированию женской самоидентификации и советских версий феминности, о чем будет свидетельствовать наш разбор фильмов, снятых женщинами-режиссерами.

Появление новых, ориентированных на взрослых, тематических направлений, исследующих внутреннюю психологию и даже женственность, — не единственные серьезные изменения, произошедшие на «Союзмультфильме». Другим значимым фактором стал сознательный отказ от стиля «Диснея» с целью поиска своей эстетики. Этот переход был облегчен внедрением ставших популярными в 1950-х годах методов зацикливания и лимитированной (ограниченной) анимации, значительно экономящих средства и время[7]. Лимитированная анимация в сочетании с минималистичными фонами, острыми угловатыми контурами и креативным использованием звука стала противоположностью диснеевской реалистичности и тотальной (полной) анимации. Термин «лимитированная анимация» ни в коем случае не имеет негативной коннотации. Это был в большей степени эстетический выбор, характеризующийся ограниченными движениями, простыми фонами и акцентом на сюжет или диалоги. Понтьери утверждает, что более расслабленная атмосфера оттепели позволила советским

---

[6] Более полное и подробное описание женской эстетики в анимации см. в [Wells 1998: 198–201], а также см. обсуждение в главе 1.

[7] Зацикливание — это повторное использование анимированного эпизода, обычно кадров действия: например, в «Сказке о царе Салтане» зацикливание используется, когда царь с войском отправляется на войну. В лимитированной анимации практикуется повторное использование всего кадра или его фрагмента, когда перерисовывают только ключевые элементы, например рот и глаза. «Дисней» при этом славился использованием тотальной анимации, когда каждый кадр перерисовывается целиком.

художникам лучше познакомиться с запрещенным при Сталине современным дизайном, что и вдохновило советских аниматоров 1960-х годов на использование новаторских тенденций[8]. Например, если сравнить фоновые пейзажи в «Красной Шапочке» сестер Брумберг 1937 года со «Сказкой о Мальчише-Кибальчише» Снежко-Блоцкой 1958 года, становится очевидным переход от насыщенной деталями анимации к более лаконичной эстетике, готовящей почву для дальнейших экспериментов. Хотя «Сказка о Мальчише-Кибальчише» — это пропагандистский фильм, содержательно соответствующий требованиям соцреализма, стилистически он является новаторским переходом к эстетическому перевороту 1960-х и 1970-х годов.

Сестры Брумберг в 1960-е и 1970-е годы

Новшества, вводимые женщинами-режиссерами, такими как сестры Брумберг, подготовили советскую анимацию к внедрению инновационной лимитированной мультипликации. Явственный отход от диснеевского реализма сестры Брумберг сделали в фильме «Большие неприятности» (1961), который, несмотря на стилистику детского рисунка (как и Нарисованный Человечек в «Феде Зайцеве») и повествование от лица маленькой девочки, стал на самом деле их первой «сказкой» для взрослых. Этот эстетический сдвиг от мультфильмов в духе Диснея к более экспериментальной стилизации под детские рисунки соответствует аспекту из теории анимации, описанной Уэллсом: чем дальше фильм от узнаваемой реальности, тем меньше вероятность того, что о нем будут судить всерьез [Wells 2002a: 108]. Это позволило сестрам Брумберг выступить с резкой критикой советской системы, советской семьи и советской женственности, а также с критикой традиционных женских ролей. Этот фильм предложил сатирический взгляд на повседневность, хотя и на тему, которая в то время считалась

---

8   Подробный анализ «Больших неприятностей» сестер Брумберг и «Истории одного преступления» (1962) Федора Хитрука см. в [Pontieri 2012: 78–119].

приемлемой, — подводные камни, угрожающие родителям и детям, отклонившимся от коммунистических идеалов. Понтьери предлагает проницательное прочтение фильма, отмечая выбранный сестрами новаторский стиль, сатиру и саморефлексивность повествования. Она также отмечает, как под прикрытием наивных детских рисунков и невинного детского непонимания «взрослых» слов аниматорам удалось тонко прокомментировать современное им общество [там же: 85–99].

Чего не хватает в анализе Понтьери, так это исследования того, как эти же аспекты сестры используют, чтобы поднять вопрос о советской женственности, особенно если принимать во внимание создание мультфильма «Новые большие неприятности» (1973). Второй фильм — это не столько продолжение, сколько сатирическое переосмысление болезней советского общества 12 лет спустя. В обоих фильмах рассказчиком является ребенок, а картинка представляет собой ожившие детские рисунки. В первом фильме рассказчица повторяет кажущиеся ей бессмысленными фразы (распространенные идиомы), которые она слышит от других людей в адрес своей семьи. Во втором фильме наша маленькая рассказчица утверждает, что, окончив детский сад, она отлично понимает все, что говорят взрослые. Но, конечно, юмор кроется в противоречии между ее словами и визуализацией, созданной сестрами Брумберг.

В обоих фильмах представлена одна и та же семья, и хотя фильмы были сняты с разницей более чем в десять лет, для членов этой семьи прошел всего год или два. На первый взгляд кажется, что три женских персонажа (мама, Капа и младшая дочь, от лица которой ведется повествование) действуют в рамках советской системы патриархального угнетения женщин и поддерживают ее, но более пристальный взгляд открывает тонкую критику советской женственности. Возраст, по-видимому, является фактором, определяющим верность персонажей советским идеалам, при этом молодое поколение все больше от них отдаляется, что лучше всего видно в отношениях матери и старшей дочери Капы. Капа, как и ее брат Коля, находится под влиянием западной культуры, моды и музыки. Сторонящаяся коммунистических идеалов Капа олицетворяет отчужденность молодого поколения. Мать, как и отец, действует в рамках извращенной версии советской системы. Можно предположить, что она работает на низкооплачиваемой работе, поскольку ее, как и остальных домочадцев, называют бременем для отца. Тем не менее она не желает для своей старшей дочери ничего, кроме брака с богатым мужчиной. Ощущение отчуждения между поколениями усиливается тем, как персонажи нарисованы. Мать солидна и основательна, очень похожа на описания самих сестер Брумберг. Однако, несмотря на габариты, она теряется в кадре. Ее белое платье с бледно-зелеными полосками буквально сливается с белым фоном.

Типичная представительница системы, потерявшей ориентиры, мать считает, что ответом на женский вопрос является брак. В то время как в первом фильме мать хотела для Капы в мужья солидного человека, во втором фильме сгодится практически любой. Во втором фильме даже есть сцена, демонстрирующая, что с течением времени социальные проблемы продолжали обостряться: женщины ходят по лесу и собирают свободных мужчин, как грибы. Капа, с другой стороны, легкая и воздушная. Как отмечает Понтьери, Капа не заземлена: она парит, танцует, подпрыгивает на протяжении всего мультфильма [там же: 97]. Когда Капа в первый раз появляется в «Больших неприятностях» под звуки синкопированного джаза, она вся состоит из острых углов и напоминает больше модернистскую архитектуру, чем юную девочку-подростка. В «Новых больших неприятностях» она материальнее и мягче, курит и со своими длинными волосами, клешами и психоделической блузкой теперь похожа на хиппи. Несмотря на попытки бунта, Капа становится жертвой патриархата и к концу фильма, скорее всего, сама оказывается матерью и брошенной женой пьющего чиновника среднего звена[9].

---

[9] Хотя фильм не показывает Капу беременной, в нем присутствует неоднозначная сцена. Рассказчица говорит, что муж оставил ее старшую сестру «в чем мать родила», то есть ни с чем, но параллельно Капу изображают на капустной грядке, за чем следует кадр с ребенком, завернутым в капустный лист. Учитывая количество матерей-одиночек среди советских женщин, неудивительно, если бы Капа оказалась в том же положении.

Сатира сестер Брумберг, обличающая пороки современного им общества, придает женским персонажам этих фильмов феминистские черты. Сатира — новая тенденция для анимации тех лет — изобилует в обоих фильмах, как в сюжете рассказываемой младшей дочерью истории, так и в сопоставлении картинки с буквальным и переносным значением фраз. Под видом поучительной истории о том, как не должны вести себя советские женщины, сестры Брумберг подвергают сомнению традиционные женские роли, характерные для мультфильмов сталинской эпохи. Капа и ее мать — не образцы для подражания. Юмор основан на множественных слоях дисфункции, взаимодействующих друг с другом лингвистически и визуально, но в конечном итоге сам фильм является трагедией о дисфункции советской женственности.

Девочка-рассказчица в обоих фильмах является единственной потенциально положительной женской ролевой моделью. Хотя она по-детски неправильно интерпретирует как высказывания взрослых, так и ситуацию в своей семье, она не повторяет их ошибок. В первом фильме ее детская невинность и наивная мудрость дают чувство надежды на будущее коммунизма и советских женщин. Однако главный контраст между первым и вторым фильмом заключается в том, что, несмотря на прошедшее время, советское общество не улучшилось. В действительности усиление акцента на алкогольной зависимости и ее влиянии на семью во втором фильме демонстрирует, что советская система стала еще более извращенной и морально несостоятельной [Treml 1997]. Это отсутствие улучшений снижает уверенность в будущем коммунизма, несмотря на усилия рассказчицы. Следовательно, в обоих фильмах попытка рассказчицы примирить поведение своей семьи с негативной реакцией соседей отделяет ее от семьи и оставляет в одиночестве. На самом деле она редко делит экран с кем-либо из членов семьи, кроме кошки (см. рис. 13 и 14)[10]. Сестры Брумберг

---

[10] В первом фильме есть короткая сцена, где рассказчица неохотно появляется вместе с семьей, когда ее тащат через пространство на экране. Хотя рассказчица в силу возраста также является обузой для семьи, это явно не тот масштаб обузы, который создают другие домочадцы.

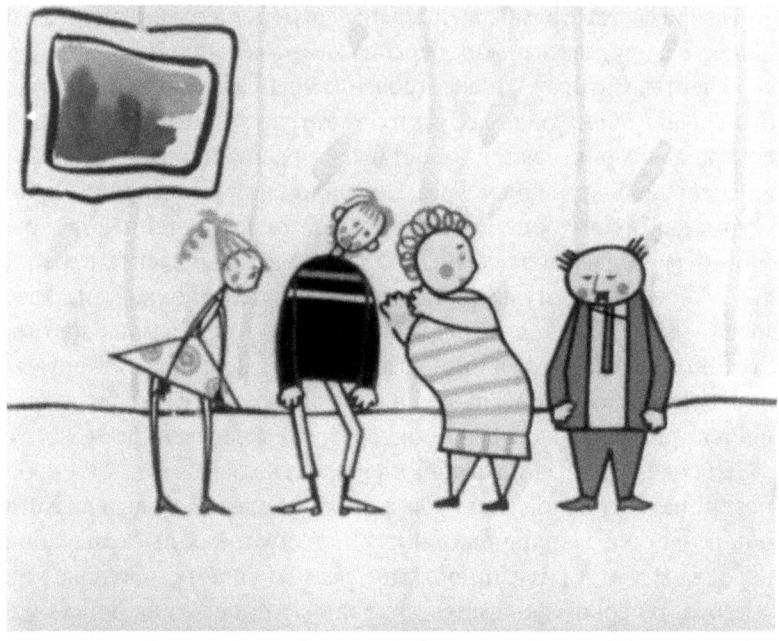

Рис. 13. Кадр из мультфильма «Большие неприятности» (1961), предоставлен «Союзмультфильмом»

не разъясняют позицию маленькой девочки, но ее голос и действия не оставляют сомнений в интерпретации. Рассказывая о жизни своей семьи, малышка критикует недостатки советского общества 1960-х и 1970-х годов.

С этими фильмами сестры Брумберг стали одними из первых режиссеров, отказавшихся от реалистичного стиля «Диснея». Они также подтолкнули советскую анимацию к новым творческим направлениям, среди которых оказались критика советского общества и обличение традиционных женских ролей. «Большие неприятности» и «Новые большие неприятности» служат свидетельством того, как положение женщин при Хрущеве и Брежневе стало еще более сложным. Эти фильмы можно рассматривать как вклад в советскую женскую субъективность,

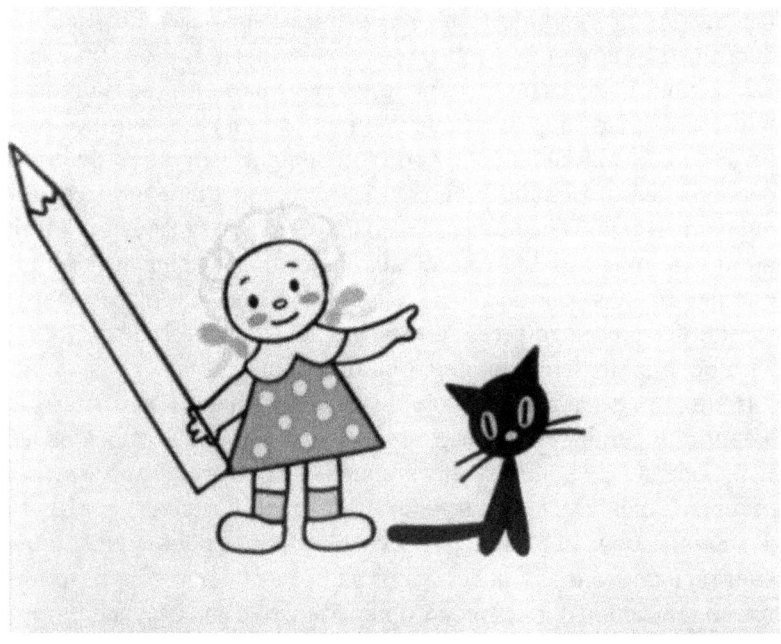

Рис. 14. Кадр из мультфильма «Большие неприятности» (1961), предоставлен «Союзмультфильмом»

поскольку в них сестры Брумберг исследуют и переосмысливают разные поколения женщин и то, как они вписываются в развивающееся советское общество.

Женский вопрос в 1960-е и 1970-е годы

Вышеописанные фильмы сестер Брумберг наглядно свидетельствуют о том, что хрущевская эпоха возродила женский вопрос. Советские женщины и семейные ценности стали важными темами в женской анимации, так как женщины-режиссеры стремились выразить свое самосознание на экране. В прессе продолжали публиковаться статьи о том, как социализм обеспечил женщинам равенство с мужчинами, но появились и первые упоминания двойного — дома и на службе, — а иногда и тройного бремени для женщин, включающего материнство, домашние обязанности и карьеру[11]. По словам Бакли, женщины чувствовали противоречие между «идеологическими заявлениями об успешном освобождении женщин при советском социализме и более реалистичными наблюдениями за жизнью» [Buckley 1992: 140]. В то время как опыт повседневной жизни вступал в конфликт с официальными заявлениями о равенстве полов в Советском Союзе, женщины смогли добиться определенного прогресса в представленности в Политбюро, центре политической власти, а также в принятии ряда важных юридических решений, касающихся женщин и семьи. Например, аборты были снова легализованы. Было обещано расширить и улучшить систему государственных детских садов и яслей, а мужчин призвали брать на себя часть домашних обязанностей. Тем не менее работающие женщины чувствовали, что для облегчения их бремени делается недостаточно, а реальных дискуссий о пересмотре существующих гендерных ролей не велось [Attwood, Turovskaia 1993: 73].

«Большие неприятности» 1961 года сатирически атакуют проблему традиционных ролей, когда женщин, таких как Капа и, соответственно, ее мать, ценят лишь за красоту, и фильм становится частью ранней дискуссии о возрождении женского вопроса. К сожалению, к 1972 году, когда выходят «Новые большие неприятности», решение женского вопроса так и не продвинулось. Фильм демонстрирует, что в 1960-х и 1970-х годах ситуация только осложняется с распространением алкогольной зависимости в Советском Союзе [Treml 1997]. В «Новых больших неприятностях» сатира становится более циничной, поскольку Капа обречена повторять ошибки матери: ей уготован только брак с алкоголиком и материнство.

Переосмысление семейных ролей было общей темой для игрового кино тех лет. В статье «Реконструкция или репродукция?

---

[11] Более подробно о положении женщин во время правления Хрущева см. [Buckley 1992; Ilič et al. 2004].

Матери в великой советской семье в постсталинском кинематографе» («Reconstruction of Reproduction? Mothers in the Great Soviet Family in Cinema after Stalin») Джон Хэйес делает предположение, что индустрия игрового кино сделала большой вклад в дискуссию о «великой советской семье» как о способе найти новый государственный путь развития после смерти Сталина [Hayes 2004]. Сталин культивировал собственную роль патриарха, ведущего своих детей к созданию великой советской семьи, но с его смертью наступил и крах этой семьи. Кино, игровое или анимированное, времен оттепели и застоя помогло переосмыслить социальный порядок и бросить вызов не только сталинскому видению семьи, но и традиционным ролям, которые эта семья навязывала. Свой вклад в пересмотр социального устройства и переосмысление семьи и женского самосознания внесли и женщины-режиссеры.

Снежко-Блоцкая в 1960-е годы

К концу 1960-х годов Снежко-Блоцкая стала неофициальной чемпионкой феминистского кино. После успеха «Сказки о Мальчише-Кибальчише» она сняла ряд фильмов по сказкам разных народов, включая латышский «Янтарный замок» (1959), восточноазиатского «Дракона» (1961) и казахскую сказку «Чудесный сад» (1962), а также две экранизации произведений Редьярда Киплинга — «Рикки-Тикки-Тави» (1965) и «Кот, который гулял сам по себе» (1968). В последнем из перечисленных мультфильмов Снежко-Блоцкая переосмысливает структуру семьи и создает один из самых ярких примеров расширения прав и возможностей женщин, встраивая в рассказ Киплинга домашние проблемы, характерные для повседневности советских женщин.

Сказка Киплинга «Кот, который гулял сам по себе»[12] («The Cat that Walked by Himself») объясняет, почему кошки ведут себя так

---

[12] В названиях русскоязычных переводов сказки фигурируют и коты, и кошки. — *Прим. пер. и ред.*

надменно и держатся в стороне, а на самом деле описывает, как женщина приручила и цивилизовала мужчину и таким образом создала современное общество. В оригинальной сказке прославляется способность женщины одомашнить не только мужчину, но и диких животных — всех, кроме кота. Каждое животное (а заодно и мужчина) выигрывает в сделке с женщиной, получая общение, кости, защиту и тому подобное. Кот, однако, не желает заключать никаких сделок, предпочитая оставаться свободным. Дэниел Карлин в своем введении к оксфордскому изданию «Редьярд Киплинг: критическое издание» («Rudyard Kipling: A Critical Edition») пишет, что

> кот может быть аллегорией для многих понятий (воображения художника, фрейдистского бессознательного Ид, мужской сексуальности), но повесть остается сказкой, а не аллегорией; как и все лучшие повести Киплинга, она значительна, потому что из нее нельзя извлечь лишь какой-то один смысл[13].

Предложенная Снежко-Блоцкой интерпретация сказки Киплинга была очень мощной для советских женщин в 1960-х годах. Безопасная сказка, которую можно было трактовать и так и этак, позволила мультфильму выглядеть безобидным, в то же время бросая вызов традиционным отношениям между мужчиной и женщиной и предлагая женщинам 1960-х годов пересмотренную версию советской женственности.

Снежко-Блоцкая играет на противопоставлении мужского и женского. Например, для всех животных она выбирает существительные мужского рода (пес, конь, кот) вместо немного более распространенных женских (собака, лошадь, кошка), что намекает на то, как женщина взаимодействует и договаривается с мужчинами, чтобы обеспечить лучший результат для себя и своей семьи. Единственным животным женского рода, вошедшим в домашнее хозяйство, оказывается корова. Женщина на-

---

[13] Более подробный анализ сказки Киплинга см. во вступительной статье [Karlin 1999: xxi].

зывает корову добытчицей. Корова и молоко, которое она дает в обмен на убежище, символизируют женскую фертильность и способность кормить потомство. Себя женщина тоже видит кормилицей. Она выполняет традиционную «женскую работу»: готовит еду, прибирается, доит корову, шьет, ухаживает за мужем, ребенком и животными. Она также управляет огнем, колдует и доминирует над мужчинами, выступая в качестве главного переговорщика, лидера и организатора домашнего хозяйства, тем самым бросая вызов образу послушных и беспомощных женщин.

Показывая женщину сильной, фильм также и предостерегает ее от очевидной слабости — тщеславия. На этой же теме заостряли внимание сестры Брумберг в «Больших неприятностях» через образ Капы. В фильме Снежко-Блоцкой внешность женщины меняется на протяжении всего фильма. Изначально мы видим ее с голой талией и стройными ногами, выглядывающими из-под коротенькой набедренной повязки. Ее грудь в начале фильма тоже обнажена. Вскоре она меняет свою простую повязку на юбку, сделанную из шкуры леопарда, подаренной ей мужчиной. После одомашнивания собаки и лошади женщина начинает носить миниатюрный топ. Ее желание подчеркнуть свою красоту прогрессирует вне зависимости от мужского взгляда, что сильно отличает этот фильм от других историй о женском перевоплощении. Тем не менее кот сумел обхитрить женщину, и она позволяет ему остаться в пещере за то, что он хвалит ее, говоря ей, что она умница и красавица, и женщина польщена. После одомашнивания коровы и появления ребенка женщина начинает делать прически и носить украшения. По мере того как она берет на себя все больше традиционных женских задач, она становится более женственной, и с этим перевоплощением она все больше осознает свою женскую силу. К концу фильма женщина добавляет поверх топа небольшой жилет, призванный не столько подчеркнуть скромность, сколько усилить привлекательность, которую похвалил кот (см. рис. 15).

Женское очарование и его связь с властью выступает как составляющая советского феминизма в 1960-х и 1970-х годах. В Советской России феминизм второй волны проявлялся не так,

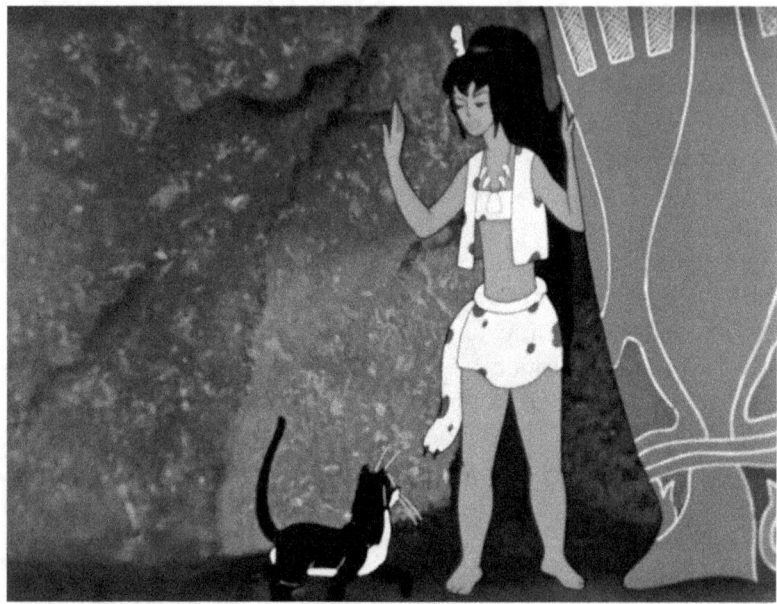

Рис. 15. Кадр из мультфильма «Кот, который гулял сам по себе» (1968), предоставлен «Союзмультфильмом»

как на Западе. Обремененные тройным бременем — материнством, работой по дому и карьерой, — советские женщины хотели показать свои отличия от мужчин. Как в игровом кино, так и в анимации советские женщины стремились не к равенству в западном стиле, а к признанию своих отличий [Leigh 2018]. «Кот, который гулял сам по себе» Снежко-Блоцкой отмечает путь дифференциации, индивидуализации и переопределения гендерных ролей для реферминизации советских женщин. Фильм воспевает различия между полами, при этом облик женщины становится тем мягче и женственнее, чем большей властью она овладевает.

Тем не менее трансформация женщины в сторону индивидуализации и «инаковости» происходит через объективацию женского тела. Эта объективация, по-видимому, происходит на ее собственных условиях. Хоть кот и льстит женщине, она изменяет внешность для собственного удовольствия, а не для кота и не для партнера-мужчины. Женское самоощущение в этой сказке создается через женское перевоплощение и основано на красоте, что идет вразрез с идеями западного феминизма второй волны.

Снежко-Блоцкая отходит от оригинальной сказки Киплинга, добавляя советы об отношениях и раскрывая одну из социальных проблем, с которыми сталкивались женщины в Советской России, — домашнее насилие. В конце фильма мужчина говорит коту: «Если ты будешь плохо ловить мышей или в плохую минуту попадешься мне под руку, я запущу в тебя этими сапогами». В качестве демонстрации он бросает в кота сапог, который женщина подбирает для него. Кот предлагает женщинам подумать, прежде чем приносить мужчинам их сапоги, ведь если сегодня под горячую руку попал кот, завтра на месте кота может оказаться женщина. Способность Снежко-Блоцкой вплести проблемы советских женщин в традиционную сказку свидетельствует об изменении лица советской женской субъективности и анимационной индустрии в эти годы. Для Снежко-Блоцкой, работающей в области, где доминируют мужчины, были важны творческая свобода и автономия, о чем свидетельствует профеминистская суть этого фильма. Такие фильмы, как «Кот, который гулял сам по себе», демонстрируют, что советские женщины осознавали свое положение на рынке труда, в отношениях и в обществе, как и существующее неравенство между мужчинами и женщинами.

Инесса Ковалевская, представительница нового поколения кинематографистов

Несмотря на то что в 1960-х и 1970-х годах советские кинематографисты пользовались большей свободой и автономией, многие женщины-режиссеры оставались недооцененными. Один из самых популярных фильмов 1960-х годов «Бременские музыканты» (1969) сняла Инесса Ковалевская. В истории российской и советской анимации найдется немного фильмов, пользующихся такой популярностью, как «Бременские музыканты» Ковалевской[14]. Музыка к мультфильму, написанная Геннадием Гладковым на тексты Юрия Энтина и Василия Ливанова, пользуется такой народной любовью, что ни один другой фильм в истории русской культуры не смог приблизиться к этому успеху[15]. Многие поклонники фильма ошибочно предполагают, что фильм снимал либо Гладков, либо Энтин, либо Ливанов, но не Ковалевская. После «Бременских музыкантов» Ковалевская продолжила специализироваться на жанре мюзикла и до завершения своей карьеры отстаивала это направление в анимации. Она работала над тем, чтобы познакомить юную аудиторию с разнообразными музыкальными произведениями, написанными как современными композиторами, такими как Геннадий Гладков, Владимир Шаинский, Анатолий Быканов, Марк Миньков, Юрий Антонов, так и композиторами-классиками, такими как Михаил Глинка, Модест Мусоргский, Петр Чайковский, Сергей Прокофьев, Дмитрий Шостакович и Эдвард Григ.

Неудивительно, что благодаря популярности «Бременских музыкантов» вышли биографии, интервью и статьи о Гладкове, Энтине и Ливанове, однако упоминаний о Ковалевской или научных работ о ней практически нет[16]. Фактически во многих текстах о создании этого фильма женщина-режиссер даже не упоминается. Однако в 2009 году Ковалевская написала мемуары, в которых вспоминает всю историю создания «Бременских музыкантов» — от рождения идеи до демонстрации законченного фильма худсовету. Признавая факт собственной маргинализации, она отмечает, что режиссеров анимации, несмотря на важность, часто упускают из виду.

---

[14] Мы несколько раз выступали с докладами о «Бременских музыкантах», и зрители, знающие и любящие этот мультфильм с детства, каждый раз с удивлением узнавали, что его сняла женщина.

[15] О музыке для «Бременских музыкантах» см. [Семенов 2009: 62–65].

[16] Сценаристам и музыкантам посвящено множество статей и интервью. Дубогрей упоминает Ковалевскую в своей статье, хотя и не останавливается отдельно на ее роли женщины-режиссера. См. [Дубогрей 2014]. Интервью со сценаристом Юрием Энтиным см. [Энтин, Яковлева 2015].

Каждый из участников создания фильма видит будущий фильм по-своему... задача режиссера — собрать мозаику творческих восприятий так, чтобы они смотрелись цело, а не разрозненно. При этом учесть, что каждый творческий человек очень раним и с трудом принимает критику [Ковалевская 2009: 336].

Таким образом, в то время как свой вклад в конечный продукт вносили среди прочих и композитор, и сценаристы, и аниматоры, окончательная и всеми любимая версия «Бременских музыкантов» была создана именно под руководством Ковалевской и благодаря ее режиссуре.

В частности, Ковалевская воспользовалась относительно либеральной атмосферой оттепели, что позволило ее «Бременским музыкантам» изменить ход развития советской анимации. Карьера Ковалевской в анимации сложилась довольно необычно, даже учитывая тот факт, что анимационная индустрия была пристанищем для художников, которые не могли работать в других сферах. В 1950 году, когда Ковалевская успешно сдала вступительный экзамен в Московский государственный университет, был арестован и умер в заключении ее отец, ветеран войны и ректор Академии общественных наук при ЦК КПСС[17]. Ковалевская с матерью были вынуждены переехать в село Черемушки, а в зачислении в МГУ ей было отказано из-за статуса отца. Несмотря на указ, запрещавший детям «врагов народа» получать образование, с помощью друга отца она смогла поступить в подмосковный педагогический географический институт, а позже ей разрешили параллельно обучаться на различных театральных и художественных курсах. Два года спустя ее отец был реабилитирован, что дало Ковалевской шанс на более престижное образование. Она перевелась на третий курс театраль-

---

[17] В отношении смерти отца Ковалевской существует некоторая путаница. Веб-сайт Стина Амменторпа General.dk сообщает, что в 1950 году А. И. Ковалевский покончил жизнь самоубийством. А сама Ковалевская в интервью для «Московской правды» говорит, что ее отец умер после того, как был арестован как «враг народа». См. [Мурашева 2012].

ного факультета ГИТИСа (Института театрального искусства имени А. В. Луначарского). Одной из ее первых работ после окончания учебы, с 1959 по 1961 год, была должность цензора в Министерстве культуры, где она занималась проверкой анимации [там же: 336]. Только после этого Ковалевская поступает на режиссерские курсы Мосфильма. В 1964 году она окончила Высшие курсы режиссеров и сценаристов и начала работать на киностудии «Союзмультфильм» в качестве ассистента режиссера.

Непосредственный опыт взаимодействия с цензурой повлиял на то, как Ковалевская подошла к работе над «Бременскими музыкантами». В этом фильме — современной адаптации сказки братьев Гримм (ориг. нем. «Die Bremer Stadtmusikanten») — используется «западная» музыка и мода. Ковалевская умело наводила мосты между государственной политикой и реальной студийной практикой, что служит очередным примером того, как женщины препятствовали цензуре.

Фильм Ковалевской стал инновационным по трем параметрам: подходу к музыке, изображению женщин и тематической адаптации оригинальной сказки братьев Гримм. По словам Ковалевской, решение снять музыкальный фильм было принято, когда они с Гладковым только закончили работу над своим первым фильмом на «Союзмультфильме» «Четверо из одного двора» (1967). Из любви к музыке они решили поиграть с условностями музыкального кино и анимации [там же: 324]. Сказка «Бременские музыканты» была выбрана методом исключения: чтобы сэкономить время, выбрали существующую сказку, имеющую связь с музыкой и еще не экранизированную на «Союзмультфильме». Став первым анимационным мюзиклом для детей в Советском Союзе, фильм Ковалевской оказался прорывом и установил стандарт для будущих фильмов нового жанра. Таким образом, Ковалевская пошла наперекор традициям и дала свежий толчок советской анимации.

Ковалевская была преданна музыкальному формату и потому серьезно относилась к музыке и качеству звука[18]. Поскольку песни, а не диалоги, в «Бременских музыкантах» — наиболее значимая

---

[18] Обсуждение музыки в «Бременских музыкантах» см. в [Семенов 2009: 73–91].

часть сюжета, важно было сделать качественную запись. В своих мемуарах Ковалевская пишет, что в фильме было использовано шесть различных музыкальных стилей. Так как «Союзмультфильм» в то время не обладал требуемыми техническими возможностями, обратились в главную советскую звукозаписывающую студию «Мелодия». Время для записи на студии выделили ночное[19]. Ковалевская знала, что они совершают прорыв: «Мы были очень молоды, и нам отчаянно хотелось сделать что-нибудь разэдакое» [Ковалевская 2009: 335]. Ковалевская имела в виду выбранный формат мюзикла, но ее утверждение можно применить и к облику персонажей, который был таким же свежим, как и музыка.

Сказка братьев Гримм дала Ковалевской, Гладкову и Энтину основу для сценария, но финальный фильм включает в себя дополнительных персонажей и новые сюжетные линии. В мюзикле сохранены четверо животных и разбойники из оригинальной сказки, но сюжет о Трубадуре, Короле и Принцессе придумали аниматоры. По словам Ковалевской, изменения в исходный сюжет были внесены, чтобы сделать его более пригодным для формы мюзикла, а также чтобы придать фильму динамичности и увлекательности за счет введения человеческих персонажей, с которыми могли бы себя отождествлять не только дети, но и зрители более старшего возраста [там же: 357]. Сначала был придуман «музыкальный руководитель» квартета Трубадур, а затем сформирован мотив «принцесса — король — замок», чтобы завершить структуру сказки. Трубадур и Принцесса влюбляются друг в друга, и Трубадур обманом заставляет Короля дать разрешение на брак. На первый взгляд, этот фильм никак не продвигает феминистский сюжет, а нововведения Ковалевской касаются только нового формата — мюзикла. Тем не менее то, как Ковалевская изобразила в своем фильме молодежь и молодых женщин, было революционным, особенно на фоне растущей озабоченности по поводу будущего нового поколения советских граждан.

---

[19] См.: «Бременские музыканты». Непридуманная история. URL: https://web.archive.org/web/20170816015801/http://2danimator.ru/showthread.php?p=62865 (дата обращения: 03.06.2022).

В 1950-х и 1960-х годах высказывались опасения, что советская молодежь не так активна в строительстве социализма, как предыдущие поколения. В 1962 году Хрущев отверг идею о том, что в Советском Союзе существует проблема молодежи, что, по сути, только подчеркнуло растущий культурный разрыв между поколениями [Frisby 1989]. Более свободная атмосфера оттепели и реакция на нее были очевидны в больших городах, таких как Москва и Ленинград, где молодежное недовольство было повсеместным. Молодые люди больших городов обращались за вдохновением к западной моде, западной музыке и западным взглядам. Эта проблема четко проиллюстрирована в серии «Большие неприятности» сестер Брумберг как распространенная социальная болезнь: Капа и Коля отошли от истинного социалистического пути, предаются развлечениям, интересуются покупками и не любят работать. Ковалевская, которой на момент съемок «Бременских музыкантов» было чуть больше 30, черпает в молодежном бунте вдохновение для развития своих персонажей. Ее видение героев и героинь этого фильма, особенно образ Принцессы, иллюстрирует желание изображать женщин современными и дерзкими. Принцесса не придерживается традиций ни в одежде, ни в поступках. Благодаря переосмысленной Ковалевской сказке образ Принцессы становится профеминистским манифестом против патриархата и нравов советского государства.

Герои фильма — представители неофициальных молодежных субкультур, возникших в Советском Союзе. Одной из наиболее заметных молодежных культур были стиляги — советский эквивалент хипстеров, — впервые завоевавшие популярность в 1950-х годах. Стиляги слушали джаз и помадили волосы, носили яркие костюмы и большие цветастые галстуки. Их стиль эволюционировал с годами, часто имитируя западную моду [Edele 2002][20]. Понтьери утверждает, что одетый в узкие брюки и широкую полосатую рубашку Коля, танцующий под джазовую музыку в «Больших неприятностях», — карикатура на стилягу [Pontieri 2012: 88]. Однако молодежная субкультура в «Бременских музы-

[20] См. также [Risch 2005]. А также см. [Riordan 1988].

кантах» больше ассоциируется с периодом брежневского застоя. Разочарование среди молодежи после 1964 года следует понимать в контексте ухудшения политического климата при Брежневе. Все больше молодежи обращалось к неофициальным молодежным группам, поскольку их потребности по-прежнему игнорировались. Все увереннее отворачиваясь от официальной советской культуры, советская молодежь заполняла возникающее пространство культурой неофициальной, вдохновленной западной модой. Молодежная субкультура определялась многими компонентами: музыкой, одеждой и альтернативным образом жизни[21]. Ковалевская поднимает те же темы, что и сестры Брумберг, но в «Бременских музыкантах» отсутствует очевидная сатира на изображаемое. Фильм Ковалевской можно прочесть как манифест, прославляющий субкультуры и выбор молодежи.

Ковалевская вспоминает, что разработка персонажей для фильма, особенно Трубадура и Принцессы, шла туго[22]. По ее словам, первые зарисовки главных героев художника Макса Жеребчевского больше напоминали клоунов, чем королевских особ или модных молодых людей. Увидев рисунки, Ковалевская была разочарована, так как представляла себе нечто совершенно иное и нетипичное. Она чувствовала, что персонажи не соответствуют ни музыке, ни жанру фильма. Вопрос заключался в том, как убедить художника передумать, не рассердив его и не спровоцировав уход. Ковалевская пошла на рисковый шаг — шаг, который мог прийти в голову только бывшему цензору. Она решила представить раскадровки и эскизы художественному совету вместе со сценарием и музыкой, надеясь, что члены совета будут настаивать на изменениях[23]. Ковалевская успешно манипулировала аппаратом цензуры, и худсовет согласился с тем, что

---

[21] О возникновении неформальных молодежных групп см. [Frisby 1989].

[22] Рассказ о разработке персонажей с ее собственных слов см. в [Ковалевская 2009: 325–326].

[23] См.: «Бременские музыканты». Непридуманная история. URL: https://web.archive.org/web/20170816015801/http://2danimator.ru/showthread.php?p=62865 (дата обращения: 03.06.2022).

образы персонажей не соответствуют музыке и жанру, настоятельно порекомендовав перерисовать героев.

Жеребчевский спокойно принял рекомендацию, и начался новый поиск стиля. Вдохновение для образа Трубадура было найдено в зарубежном журнале с фотографиями музыкантов. А образ Принцессы с ее стильной прической предложила ассистентка художника Светлана Скребнева. Ковалевская признается, что персонажи в ультрасовременных нарядах, даже в мультфильме, требовали от создателей фильма неслыханной храбрости [Ковалевская 2009: 337]. Наряд Принцессы, дерзкое мини-платье, режиссер нашла в модном заграничном журнале из спецхрана библиотеки Госкино[24]. 1960-е годы были десятилетием, когда разрушались старые традиции моды, отражая социальные движения того времени, так что Трубадур и Принцесса являются типичными персонажами 1960-х годов как по мироощущению, так и по стилю. И эти бунтующие персонажи спрятались на виду у всех — на экране, ведь они были частью невинного детского мультфильма. Ковалевская знала, что ее режиссерское видение фильма было репрезентативным для молодежных субкультур, существующих как в Советском Союзе, так и во всем мире.

Молодые герои мультфильма представляют собой микс британских модов начала 1960-х и чуть более поздних хиппи (см. рис. 16). В начале — середине 1960-х годов новые лондонские денди, известные как моды (англ. mods от modernism, modism), повлияли на всю мужскую моду Британии, о чем свидетельствовал внешний облик британских рок-групп, таких как «Beatles» и «The Who». На заре карьеры «Beatles» были легко узнаваемы благодаря удлиненным, закрывающим лоб и уши стрижкам, сильно отличающимся от

---

[24] Спецхран (отдел специального хранения) библиотеки Госкино представлял собой специальную коллекцию, закрытую для обычного посетителя библиотеки, доступ к коллекции предоставлялся только при определенных обстоятельствах. В интервью для «Московской правды» от 2012 года Ковалевская рассказала несколько иную историю. Там она говорит, что нашла Трубадура во французском журнале и что наряд для Принцессы они выбрали коллективно, а прическу для нее придумала ассистентка художника фильма. См. [Мурашева 2012].

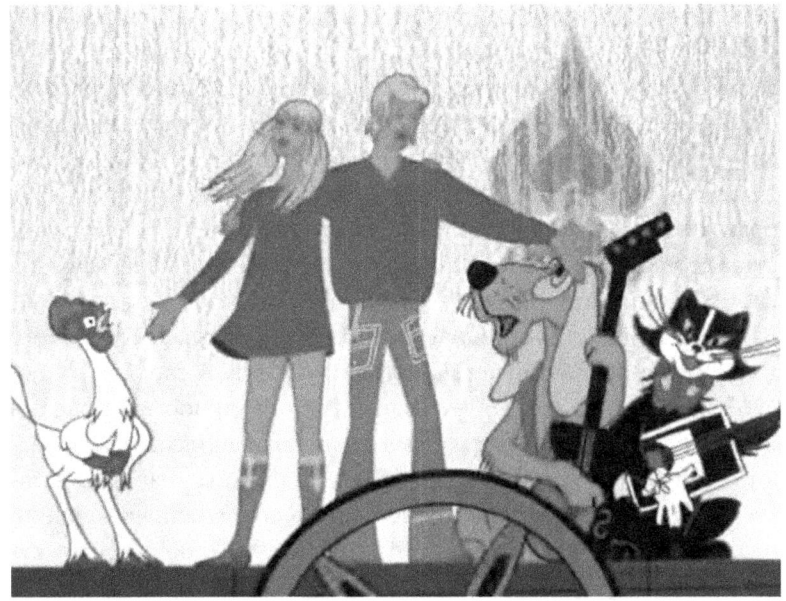

Рис. 16. Кадр из мультфильма «Бременские музыканты» (1969), предоставлен «Союзмультфильмом»

классических гладко зачесанных назад причесок 1950-х годов. Новый стиль стал символом бунтарства, и его быстро подхватили поклонники группы по всему миру. Такую же прическу демонстрирует и мультяшный Трубадур. Его свитер с V-образным вырезом также подчеркивает бунтарский характер. В 1960-е годы свитера перешли из повседневной в формальную мужскую одежду. Наиболее распространенными и популярными среди молодежи 1960-х годов были водолазки, но V-образный вырез, как у Трубадура, всегда пользовался популярностью среди более молодого поколения[25]. Однако персонажам мультфильма присущи элементы и другой молодежной контркультуры 1960-х годов.

---

[25] Ключевые тексты о теории развития субкультур на Западе см. в [Hebdige 1979]. См. также [Jobling 2014].

Хиппи — молодежное движение, зародившееся в Соединенных Штатах и Великобритании, расцвет его пришелся на конец 1960-х годов[26]. Хотя стиль Трубадура определенно напоминает британских модов, он носит длинные оранжевые брюки клеш с большими геометрическими прямоугольными карманами и широким ремнем — «фирменную» одежду хиппи. Более светлый оттенок оранжевого в нижней части его брюк напоминает о потрепанности, характерной для этой модной тенденции, но сложно передаваемой в анимации. Принцесса одета в ангельское мини-платье. К концу 1960-х годов подолы, которые заканчивались намного выше середины бедра, называли микро-мини. А сапоги[27] в женской моде достигли в 1960-х годах пика популярности[28]. Красные высокие сапоги принцессы с желтыми украшениями напоминают сапоги гоу-гоу (англ. go-go boots). Сапоги гоу-гоу и микро-мини были символами раскрепощенных современных женщин, отвергающих консервативные представления о женской сексуальности. Такие образы главных героев бросали вызов советским представлениям о молодежи и ассоциировались с заграничными бунтарскими молодежными движениями.

«Бременские музыканты» — наглядный пример того, как отличалась советская женская субъективность от западных моделей. Во время второй волны феминизма в Соединенных Штатах и Великобритании многие женщины отвергали традиционные стандарты женской красоты как деспотичные и объективизирующие женщин[29]. Западные феминистки обращались к методам самосовершенствования, зачастую избегая «женственной» одежды, причесок и культуры красоты, которая диктует женщинам, как они должны выглядеть, и укрепляет строгие бинарные ген-

---

[26] Об эволюции культуры хиппи см. [Steel 1997]. См. также [Steele 2000], а также [Moore 2017] и [Bartlett 2010: 213–272].

[27] На самом деле принцесса носит не сапоги. На ней оранжевые гольфы и красные сандалики, которые, впрочем, напоминают высокие сапоги для танцев, сохраняя упомянутый ассоциативный ряд. — *Прим. пер. и ред.*

[28] См. [Norell et al. 1967]. А также см. [Buxbaum 2005: 82].

[29] Подробнее об этом см. [Hillman 2013: 155].

дерные различия [там же: 156–157]. В Советской России, как и в западном обществе, политика гендерной презентации — выбор одежды, прически, стиля — стала оружием для женщин, желающих заявить о своей женской сущности в пространстве, отделенном от мира, сформированного патриархатом и советскими нравами. Как и на Западе, женская самопрезентация стала ареной для культурных баталий по поводу смыслов советского феминизма и женственности. При этом, в то время как большинство феминисток второй волны в США стремились искоренить гендерное разделение, в Советском Союзе феминистки боролись за право быть женственными, носить мини-юбки, макияж и сапоги гоу-гоу. В Советском Союзе развитие феминизма и женской субъектности шло совершенно иным путем, чем на Западе. Мода и прически в «Бременских музыкантах» — это лишь часть представленных в фильме контркультур.

Приверженцы модных тенденций, будь то моды или хиппи, в своем отношении к общепринятым нормам также шли вразрез с устоявшимися политическими и социальными принципами того времени. Трубадур и его группа — бродяги без стабильной работы и постоянного места проживания. В заглавной песне мультфильма группа утверждает, что призвание для них дороже любых богатств: «Ничего на свете лучше нету, / Чем бродить друзьям по белу свету». Такое отсутствие трудовой этики и преданная любовь к свободе и радости далеки от истинной коммунистической идеологии. Трубадур может получить руку принцессы у ее рассеянного отца, Короля, изобразив сначала грабителя, а затем героя, который спасает положение. Король с радостью выдает дочь замуж за Трубадура после его мнимого подвига. Устаревшие представления Короля о любви и браке и его легковерность резко контрастируют с Трубадуром и, похоже, с его собственной дочерью.

Свадебный танец и побег молодоженов в конце фильма напоминают зрителям, что эти молодые люди признают совсем другие идеалы, и они отказываются от работы и семьи ради любви и приключений. После официальной свадебной церемонии и танцев, Трубадур просит оркестр сыграть что-то более современное, и Принцесса начинает танцевать в духе твиста, хали-гали и фруга — популярных танцев 1960-х годов [Goldschmitt 2011]. Эти танцы, иллюстрирующие свободу движений, порывали с традициями прошлого и были еще одной формой социального бунта. Затем Принцесса выпрыгивает из окна вместе с Трубадуром и выбрасывает свою корону, чтобы присоединиться к странствиям музыкантов. Решение Принцессы отказаться от прежней жизни и выбор нетрадиционной женской роли резко контрастируют с тем, что было свойственно мультфильмам сталинского периода. Образ Принцессы подчеркивает изменяющуюся женскую субъективность, которая теперь направлена на раскрытие женской сексуальности и силы. Хотя номинально действие фильма (или как минимум сказки) происходит в Германии XIX века, смысл происходящего понятен советской аудитории: это высказывание в поддержку субкультур, выбора молодежи, и особенно молодых женщин.

«Бременские музыканты» были частью нового направления в анимации, которое нашло баланс между взрослой и юной аудиторией. По словам Понтьери и Макфэдьена, в самом конце 1960-х и на протяжении всех 1970-х годов анимационная индустрия пыталась примирить два разных пути: фильмы для детей и фильмы для взрослых. Новое поколение фильмов не имело определенной целевой аудитории и действительно было адресовано как взрослым, так и детям, что помогает объяснить культовый статус, обретенный «Бременскими музыкантами». Макфэдьен считает, что аниматоры не рассматривали эти два пути как отдельные — напротив, по их мнению, их детские фильмы должны были иметь философское значение для взрослых. Кроме того, он предполагает, что анимация в это время стала портретом человеческой мысли, вмещающим больше, чем сумму смыслов [MacFadyen 2005: 87–88]. Понтьери в свою очередь высказывает мысль, что, хотя мультфильмы эти служили развлечением для детей, они также привлекали взрослых из-за тех реальных жизнеподобных ситуаций, в которые аниматоры помещали своих персонажей. Другие фильмы, по ее мнению, соединяли два мира, сосредоточив внимание на личном творческом высказывании режиссера или сценариста [Pontieri 2012: 169–181]. Этот более лирический подход впервые проявился в игровом кино конца 1960-х годов и сохранялся в 1970-х годах в творчестве таких режиссеров, как Тарковский. Лирическая традиция пришлась по вкусу и детям, и взрослым благодаря одним из самых известных произведений советской мультипликации, в числе которых «Винни-Пух» Федора Хитрука (1969), «Ну, погоди!» Вячеслава Котеночкина (1969–1993), «Цапля и журавль» (1974) и «Ежик в тумане» (1975) Юрия Норштейна, «Крокодил Гена» (1969) и «Чебурашка» (1971) Романа Качанова.

По мнению Боймерс, эти фильмы развивали воображение современных детей, так как поэтически были намного богаче, чем фильмы предыдущих десятилетий [Beumers 2007: 164–169]. Такие персонажи, как Ежик Норштейна и Чебурашка Качанова не только равняются на детское воображение, они занимаются самопознанием, тем самым становясь интересными и для взрослых. «Бременские музыканты» идут в ногу с другими культовыми мультфильмами, и, хотя в них нет персонажей-детей, они, безусловно, акцентируют внимание на молодежи и молодежной культуре. Фильм этот также предлагает свой собственный философский и лирический взгляд на жизнь, что способствовало обретению им статуса культовой классики. Музыканты отделены от окружающего общества, но это их собственный выбор, и они не одиноки, так как они есть друг у друга. Персонажи, включая Принцессу, хотят быть свободными и следовать зову сердца. Эти темы далеки от моральных посылов недавней сталинской эпохи, и это торжество добровольного изгнанничества также усиливает бунтарский характер «Бременских музыкантов». Образ Принцессы сильно отличается от традиционных женских ролей на экране того времени и представляет радикальный феминистский идеал, новую советскую женскую субъективность, задуманную женщиной-режиссером.

Хотя женщины в эти годы были более отважными, они также страдали из-за своей смелости. Например, после необычного успеха «Бременских музыкантов» Ковалевскую вынудили уйти из «Союзмультфильма», дав понять, что ей больше не дадут снимать. Она объяснила это так:

Зависти и интриг в нашей сфере больше, чем во многих других. На меня писали жалобы, притесняли, не давали работу. Один мой конкурент, тоже режиссер-мультипликатор, добился, чтобы «Бременских музыкантов» не показывали на фестивалях. Я сидела без работы, была вынуждена уволиться с «Союзмультфильма» и уйти на телевидение. Это была плата за успех. На «Союзмультфильме» всегда была клановость, а я работала сама по себе, не входя ни в один клан. Вот и поплатилась [Белигжанина 2011][30].

Ковалевская не говорит, что ее проблемы были связаны с тем, что она была женщиной-режиссером, но в ее словах явно чувствуется обида по отношению к конкуренту-мужчине. Впрочем, Ковалевская недолго оставалась без работы. Она начала работать в творческом объединении «Экран», где сняла киноверсию кукольного спектакля «Только вам» (1970), после чего вернулась в «Союзмультфильм». Толчок назад, который испытала на себе Ковалевская после «Бременских музыкантов», повлиял на то, как она в дальнейшем выбирала фильмы для съемок. В 1970-х годах вернулась идея о социально ориентированном художнике, помогающем строить коммунизм, а анимационные фильмы стали уходить от спорных тем, возвращаясь в прошлое. Из-за ужесточения идеологического контроля женщины-режиссеры также предпочитали безопасные темы. В 1970-е годы Ковалевская продолжала работать над музыкальными мультфильмами для детей, используя произведения известных классических композиторов. Например, она сняла фильм «Песни огненных лет» (1971), основанный на музыке Гражданской войны, соответственно, обращенный в прошлое.

Ее фильм «Как львенок и черепаха пели песню» (1974), несомненно, тематически более безопасный, чем «Бременские музыканты» с их молодежным бунтом, но он смел в своей простоте. Этот фильм, как и «Бременские музыканты», строится в основном

---

[30] К 1970-м годам анимационные фильмы все чаще снимались для телевидения, чтобы охватить более широкую аудиторию, но престиж фильмов все еще был привязан к международным кинофестивалям и выходу на большом экране.

на музыке Гладкова. Он мгновенно стал хитом среди малышей и их родителей. Примечательно, что мультфильм нравился даже взрослым без детей. Запоминающаяся музыка Гладкова, безусловно, придала мультфильму очарования, но внимание взрослых зрителей, вероятно, привлек и его философский настрой. Львенок играет один, пока не слышит, как беззаботно поет лежащая с закрытыми глазами на солнышке Черепаха. Когда Черепаха замечает Львенка, она предлагает ему петь вместе, и так они становятся друзьями. Мир вокруг них такой же счастливый, как и их песенка: солнце светит, другие животные беззаботно бегают вокруг и танцуют под музыку. В фильме используется ограниченная мультипликация с простым фоном песчаного цвета, на котором угадываются очертания каких-то камушков и растений. Фон незначительно меняется, когда герои поют про других животных, когда Черепаха катает Львенка, а также в самом конце фильма, когда наступает ночь. Сюжет мультфильма непритязательный, и тем не менее в нем есть философское зерно.

Основой сценария послужила сказка детского писателя Сергея Козлова, который часто работал с аниматорами. Вероятно, самая известная его работа — сценарий для «Ежика в тумане» Норштейна, вышедшего через год после фильма Ковалевской. Основная тема «Ежика в тумане», по мнению Боймерс, заключается в том, что, хотя повторение может быть скучным, оно также приносит стабильность и новый взгляд на жизнь [Beumers 2007: 168]. Фильм Ковалевской несет схожее послание для маленьких и взрослых зрителей: повторение можно, по сути, воспринимать как внутреннее спокойствие и счастье. Когда Ковалевскую спросили, о чем этот мультфильм, она ответила: «Если вы задаете такой вопрос, значит, это просто не ваш мультик» [Белигжанина 2011]. «Как львенок и черепаха пели песню» — это созерцательный фильм о человеческой ценности счастья и об обретении радости в жизни, бросающем тем самым вызов существующему положению.

В отличие от «Бременских музыкантов», сюжет и облик персонажей мультфильма «Как львенок и черепаха пели песню» не вызывают споров, хотя дизайн персонажей и перекликается с более ранними работами Ковалевской. Черепаха — представитель старшего поколения, она обладает мудростью и философским взглядом на жизнь, ведь она живет чуть ли не сотню лет. Пока другие животные плавают, ходят, качаются на лианах, Черепаха, согласно ее песенке, просто лежит и глядит на солнышко. Черепаха нарисована в оливково-зеленой гамме, популярной в 1970-х годах, а в ее песне слышны джазовые нотки, указывающие на то, что даже старшее поколение может наслаждаться случайной импровизацией. Она даже исполняет скэт-вокализ посреди фильма. Хотя Черепаха и не похожа на икону стиля 1970-х годов, подобно Трубадуру или Принцессе, она носит шикарные солнцезащитные очки с тонированными стеклами, что связывает ее с хиппующими персонажами «Бременских музыкантов» (см. рис. 17). Львенок же олицетворяет юность. Маленький и неопытный, он еще не напоминает царя зверей. Подобно большинству малышей, он воспринимает все буквально и с энтузиазмом. Ковалевская вспоминает, что образ Черепахи утвердили быстро, но она «забраковала множество Львят, прежде чем остановила выбор на самом веселом, улыбающемся, потешном, с рыжей, "солнечной" гривой», и художественный совет одобрил работу без вопросов [там же]. Эти персонажи лишь слегка напоминают о молодежных субкультурах 1970-х годов; как таковые они соответствовали ужесточению идеологического контроля в течение этого десятилетия.

Песня — предлагаемый мультфильмом способ самосозерцания — это то, что изначально привлекает маленького Львенка к мудрой Черепахе. В отличие от обычных ситуаций, когда будущее принадлежит юности, в этом фильме внимание молодежи (которую символизирует Львенок) удерживает древняя дама-Черепаха. Философия Черепахи — это не тяжелая работа или вступление в коллектив, ее счастье — лежать и смотреть на солнце. Главный спор между Львенком и Черепахой о песне и мировоззрении возник случайно. Олег Анофриев, записывая песенку Львенка, ошибся и спел «только я все сижу», потом осознал свою ошибку и воскликнул тем же голосом: «Ой-ой, то есть лежу!» Ковалевская решила, что это была милая ошибка, и так она вошла в фильм [там же]. Но «сижу/лежу» — немного

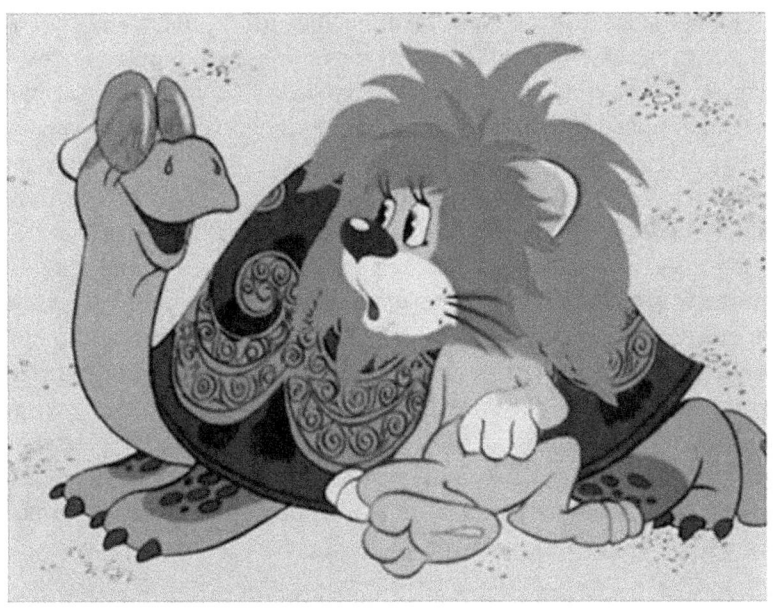

Рис. 17. Кадр из мультфильма «Как львенок и черепаха пели песню» (1974), предоставлен «Союзмультфильмом»

больше, чем просто забавная оговорка, маленький спор подчеркивает философские разногласия, хотя и незначительные, между двумя друзьями.

Эти двое также отказываются от одиночества ради дружбы: когда наступила ночь и пришла пора идти по домам, друзья решили снова встретиться. Однако именно Львенок, представитель молодого поколения, задается метафизическими вопросами по пути домой: «Ну как же это все-таки можно спать с открытыми глазами и в то же время еще и петь песню?» Он не знает ответов, но, глядя на бесконечное звездное небо, чувствует себя прекрасно. Черепаха заставила Львенка заглянуть внутрь себя и одновременно расширила его взгляд на мир вовне. Мудрая женщина преподала этому мальчику жизненный урок.

«Как львенок и черепаха пели песню» показывает, как мультфильмы 1960-х и 1970-х годов постепенно отходили от темы строительства коммунизма, обязательной в предыдущие десятилетия, к более сложным эмоциональным вопросам. Персонажи и художественное решение фильма «Как львенок и черепаха пели песню» не являются традиционными и продолжают подталкивать советскую анимационную индустрию к поиску новых эстетических решений. Хотя этот аргумент может быть слишком тонким, чтобы подтвердить истинную женскую эстетику, по нашему мнению, Ковалевская добавляет к версии советской женской субъектности свое собственное упорство в анимационной индустрии и собственную нешаблонную героиню в виде Черепахи. Настойчивость Ковалевской и ее склонность к отходу от традиций заложили основу для того, чтобы женщины-аниматоры последующих поколений могли привносить собственное видение в меняющуюся отрасль.

Глава 6

Когда открывается одна дверь, другая захлопывается. Перестройка и протофеминистские фильмы

Реформы 1980-х годов привели к появлению новой группы женщин-мультипликаторов. Неудивительно, что в качестве режиссеров эти женщины создавали больше протофеминистских мультфильмов и чаще занимали руководящие позиции в индустрии[1]. Идея реструктуризации советской экономической и политической системы была впервые выдвинута Брежневым в 1979 году в эпоху застоя, но тогда она не была принята к реализации вплоть до прихода к власти Михаила Горбачева. Когда Горбачев вступил в должность Генерального секретаря ЦК КПСС в 1985 году, он был относительно молод — всего 54 года. Придя в политику после сталинского периода, он принадлежал к другому поколению, нежели его предшественники. В течение первого года пребывания в должности Горбачев выдвинул две новые по-

---

[1] Под протофеминизмом мы подразумеваем не преднамеренное желание кинематографистов создавать феминистские фильмы, а, скорее, эстетику или тематику, которые можно рассматривать в свете изменения отношения как к женскому вопросу, так и к феминизму.

литические инициативы — перестройку и гласность. Хотя изначально перестройка была способом децентрализации плановой экономики и повышения экономической ответственности, реструктуризация должна была охватить все слои общества, чтобы люди снова поверили в систему. Поэтому идея открытости — гласность — продвигалась с целью мотивировать людей принять реформы. Политические и культурные изменения при перестройке позволяли открыто высказываться против советских культурных норм, что изменило киноиндустрию и анимацию, как и общее положение женщин в советском обществе. Женщины-режиссеры в то время отошли от официально предписываемых ранее соцреалистических сюжетов, изображали женщин в более широком спектре ролей, чем в предыдущие десятилетия, и преуспели в том, чтобы сделать анимацию частью женского кино. Продолжая исследовать новые эстетические стили и разные взгляды, женщины позволили анимации стать пространством, в котором женское кино стало не просто возможностью, а реальностью.

Новая политика 1980-х годов изменила анимационную индустрию и возможности, доступные занятым в ней женщинам. Поддерживая реформы Горбачева, Союз кинематографистов СССР вытеснил старых партийных лидеров и бюрократов и в мае 1986 года на пятом съезде избрал Первым секретарем правления Элима Климова [Tolz 2002]. В течение нескольких последующих лет Союз кинематографистов пересмотрел свои отношения с государством, обновил устав и взял курс на «проблемные» темы, оказывая поддержку свободному и авторскому кино. Однако реформы проявлялись на экране медленно. Одним из первых результатов гласности и перестройки стала «реабилитация» и выпуск в прокат ранее запрещенных фильмов[2]. Климов создал новую модель кинематографа, основанную на нескольких простых принципах: свобода самовыражения, отсутствие государственной цензуры, управленческая децентрализация и самофи-

---

[2]   В Госфильмофонде было найдено около 200 ранее считавшихся потерянными фильмов, которые в 1989 году показали на Фестивале немого кино в Порденоне (Giornate del Cinema Muto) в Италии.

нансирование. Несмотря на все эти позитивные изменения, через два года Климов покинул пост. Так что, хотя Союз кинематографистов и стремился к переменам, реформы сопровождались потрясениями и неопределенностью.

Женский вопрос во время перестройки и гласности

К обсуждению женского вопросы возвращались вновь и вновь, хотя дискуссии часто были нерешительными и противоречивыми. С одной стороны, признав существовавшее в Советском Союзе гендерное неравенство, Горбачев подтвердил, что женщины не могли подняться в высшие эшелоны профессиональной и политической жизни [Attwood, Turovskaia 1993: 104]. Официальное советское объяснение сложившейся ситуации гласило, что, поскольку женщины несут основную ответственность за уход за детьми и домашние дела, у них остается меньше времени для карьеры и политической жизни; однако для исправления положения не было предпринято никаких усилий. Пусть некоторых это натолкнуло на мысль, что традиционное отношение к женщинам приводит к дискриминации, другие по-прежнему были уверены в том, что женщины менее политически сознательны, чем мужчины [Browning 1985: 210]. В ответ на эти довольно унизительные официальные идеи были предприняты некоторые шаги, чтобы предоставить женщинам больше карьерных возможностей. Например, женщины, работающие в киноиндустрии, объединились на международном уровне с другими кинематографистками и в 1987 году создали собственную ассоциацию Kino Women International (KIWI), которая вплоть до ликвидации в 1991 году (из-за проблем с финансированием и конфликтов между различными республиками и странами бывшего советского блока) занималась продвижением женщин-кинорежиссеров [Attwood, Turovskaia 1993: 106].

Несмотря на эти предпринятые для женщин в кино и других отраслях небольшие шаги, Горбачев в 1988 году предложил «в полной мере вернуть женщине ее истинно женское предназначение» — рожать и воспитывать хороших советских детей, — так как излишняя занятость женщин на работе в прошлом привела к пренебрежению семьей [там же: 104]. Кампания в поддержку семьи, начавшаяся в 1940-х годах, в 1980-х годах была переосмыслена. Женщинам вновь предлагалось стать матерями и домохозяйками на полный рабочий день. На самом деле, российские женщины-социологи часто позитивно отзывались о предложенной Горбачевым возможности для женщин оставаться дома, тем более что переход к рыночной экономике при перестройке обещал массовую безработицу [Molyneux 1991]. Иными словами, для нации было бы предпочтительнее, чтобы женщины вернулись к роли домохозяек и матерей, освободив тем самым рабочие места для мужчин. Поощрение женщин оставаться дома стало способом преодоления последствий меняющегося рынка труда. Некоторые женщины радовались возможности сократить свою тройную нагрузку, включающую обычно воспитание детей, работу по дому и профессиональную деятельность. Однако для других женщин предложение вернуться домой лишь повысило привлекательность феминизма западного типа[3]. За счет снятия запрета на автономные организации, позволившего женщинам создавать группы по интересам, возросло внимание к феминизму. Несколько независимых женских организаций, таких как KIWI, объединились, чтобы защитить возможность женщин строить карьеру и вдохновить их на политическую активность[4].

«Союзмультфильм» в 1980-е годы

Из-за экономического кризиса в позднесоветской России продвижение к гендерному равенству в анимационной индустрии шло, возможно, даже медленнее, чем в игровом кино. В 1980-х годах «Союзмультфильм» был крупнейшей анимационной сту-

---

[3] Объяснение, почему западная модель феминизма не прижилась в России, см. в [Holmgren 1995].

[4] Это подробно описано в [Attwood, Turovskaia 1993: 99–106].

дией в Европе и получил более 100 призов на международных фестивалях. Студия расширила свои тематические и географические границы способами, которые ранее не допускались. Например, были предприняты попытки совместного производства с другими компаниями из стран Восточного блока и Запада. Но, хотя успех и открытость студии означали, что создание мультфильмов, отражающих развивающуюся советскую женскую субъективность, должно было стать доступным для большего числа женщин-режиссеров, этому направлению развития препятствовала зацикленность на детской анимации. Более 80 % выпущенных в это время мультфильмов было снято для детей, и, как предполагает Макфэдьен, детская анимация все еще считалась вершиной творчества взрослых. Он утверждает, что в 1980-х советские анимационные фильмы стали еще более детскими, чем в 1960-х и 1970-х годах [Асенин 1983: 23; MacFadyen 2005: 91–94]. Другими словами, снятые для детей фильмы теперь еще более тесно были связаны с фантазиями и выдумками, а не с современной реальностью.

Кроме того, «Союзмультфильм» пережил ряд инициатив, направленных на реструктуризацию в области управления, организации и финансирования студии [Бородин 2013]. Исторически в рамках «Союзмультфильма» существовало разделение творческо-производственных организаций (ТПО), занимающихся производством кукольных и рисованных фильмов. Но с 1980-х по начало 1990-х годов на студии сформировали, расформировали и реформировали целый ряд различных ТПО. В новом структурном плане была предпринята попытка разделить производственные объединения на подразделы: рисованная анимация, кукольная анимация, экспериментальная анимация и автономная мастерская Юрия Норштейна. Когда Госкино сократило финансирование анимации, среди режиссеров студии разыгралась нешуточная борьба не только за финансовую поддержку, но и за производственные площади и услуги различных мастерских «Союзмультфильма». В 1988 году «Союзмультфильм» учредил новый руководящий орган — Правление, в состав которого вошли директор студии, главный редактор, художественные руководители различных производственных объединений и несколько представителей партии и профсоюза. Художественный совет также получил больше полномочий, чем раньше, и взял на себя роль коллективного продюсера всей продукции «Союзмультфильма»[5]. Многочисленные изменения повлияли на способность студии снимать фильмы, организовывать курсы и привлекать новых аниматоров.

Несмотря на реструктуризацию и сокращение финансирования «Союзмультфильма», которые могли препятствовать трудоустройству женщин в киноиндустрии, в конце 1980-х годов женщин на руководящих должностях студий стало больше. Среди них одной из самых высокопоставленных была Наталия Голованова, занимавшая пост председателя правления с 1990 по 1996 год. Кроме того, в начале 1990-х годов председателем творческого отдела киностудии «Союзмультфильм» была избрана Идея (Ида) Гаранина. Гласность и перестройка позволили аниматорам теоретически осмыслить анимацию как вид искусства и включить эти идеи в свои фильмы. Женщины стали более открыто и откровенно говорить о своей роли в качестве матерей, художников и аниматоров.

Наталия Голованова

Одной из женщин-аниматоров, успешно преодолевшей турбулентность позднесоветской эпохи и сумевшей повлиять на будущее анимационной индустрии, в начале 1990-х годов стала Наталия Голованова, режиссер-мультипликатор и на тот момент председатель правления «Союзмультфильма». Голованова в 1968 году окончила режиссерский факультет ВГИКа и с 1969 года начала работать на киностудии «Союзмультфильм» в качестве

---

[5] Художественный совет в то время обсуждал тематические планы и творческую продукцию, отбирал фильмы для участия в фестивалях и участников делегаций, принимал решения о финансировании фильмов, присуждал премии, объявлял творческие конкурсы, приглашал кандидатов на должности (режиссеров и художников), решал конфликтные ситуации между съемочными группами и редколлегиями. См. [Бородин 213].

ассистента режиссера. Что касается ее технического вклада в анимацию, Голованова разработала специальную «витражную» технику, позволяющую при помощи уникального метода подготовки, освещения и съемки впоследствии заменить статический фон движущимися кадрами[6]. Как и многие другие режиссеры 1960-х и 1970-х годов, она начала работать на студии, создавая детские мультфильмы в диснеевском стиле, основанные как на русских, так и на западных сказках. На XIV Международном кинофестивале для детей и юношества в Испании в 1976 году получил приз ее фильм «Лиса и медведь» (1975). Среди ее ранних работ для детей — «Жихарка» (1977), «Пойга и лиса» (1978), «Девочка и медведь» (1980).

Макфэдьен делает краткий анализ работы Головановой, но его не интересует гендерный подход, поэтому он не рассматривает фильмы Головановой с точки зрения женского кино. По его мнению, фильм Головановой «Мальчик как мальчик» (1986) — пример «материализации фантазии», когда материализм на экране разбивается и редуцируется, а затем переосмысливается как альтернатива советскому существованию [MacFadyen 2005: 91]. Это наблюдение ценно для понимания вклада Головановой в анимацию, поскольку она действительно предлагает визуальную альтернативу советской жизни, даже если ее альтернатива основывается, по крайней мере частично, на семье и материнстве. Голованова также иллюстрирует новую версию самосознания, фокусирующуюся на разоблачении двойного или тройного бремени (карьера, работа по дому и дети), которое женщины в эти годы остро осознавали.

После своих предыдущих фильмов Голованова решила работать над сценарием «Мальчик как мальчик» со сценаристом Марией Дейнего, тем самым укрепив женский голос, ставший подтекстом этого фильма, раскрывающего собственный опыт Головановой по воспитанию двух сыновей. Материнство, которое

---

6 Голованова Наталия Евгеньевна на портале «Российская анимация в буквах и фигурах». URL: https://www.animator.ru/db/?p=show_person&pid=1957 (дата обращения 06.06.2023).

является постоянной темой советских женщин-режиссеров, в этот период обретает больше политических нюансов, чем в предыдущие десятилетия. Фильм не представляет западный феминистский взгляд, но является протофеминистским, выстроенным в контексте материнства, характерного для позднего советского периода. Этот тип материнства метко описывает Татьяна Толстая, писательница, эссеистка и публицистка. По словам Толстой, хотя советские женщины уже имели основные права, за которые боролись западные женщины в 1970-е годы, они часто преднамеренно выбирали низкооплачиваемую работу, считая честолюбие синонимом коррупции, а карьеризм и стремление к высоким зарплатам и престижу, свойственные советским мужчинам, — признаком морального банкротства [Tolstaya, Maryniak 2007]. Это, возможно, также объясняет столь малое число женщин-режиссеров в предыдущие десятилетия. В то время, когда так много всего происходило и менялось в политическом и экономическом плане, женщины «пытались защитить свое маленькое пространство от влияния государства. Они заперлись с семьей и детьми» [там же: 29]. Толстая утверждает, что советские женщины были верны себе в Советском Союзе именно благодаря своей домашней жизни. «Мальчик как мальчик» можно рассматривать как оммаж материнству, стремлению матери защитить своего ребенка и, следовательно, детство и воображение. Если следовать мысли Толстой, мать в этом фильме укрывает своего сына от советского государства, она тревожится за него и поощряет ребенка на творчество, пытаясь защитить сына, как защищает себя от морального упадка.

В то время как многие из ранних фильмов Головановой, такие как «Жихарка», сняты в диснеевском стиле, «Мальчик как мальчик» — это драматический отход от него, который в большей степени полагается на абстракцию, чтобы подчеркнуть важность воображения. Фильм рассказывает историю Алеши, пяти- или шестилетнего мальчика, обладающего богатым воображением, и начинается с появления черных линий на белом фоне, представляя взрослый мир как суровое, бесцветное пространство (см. рис. 18). Первые сцены фильма противопо-

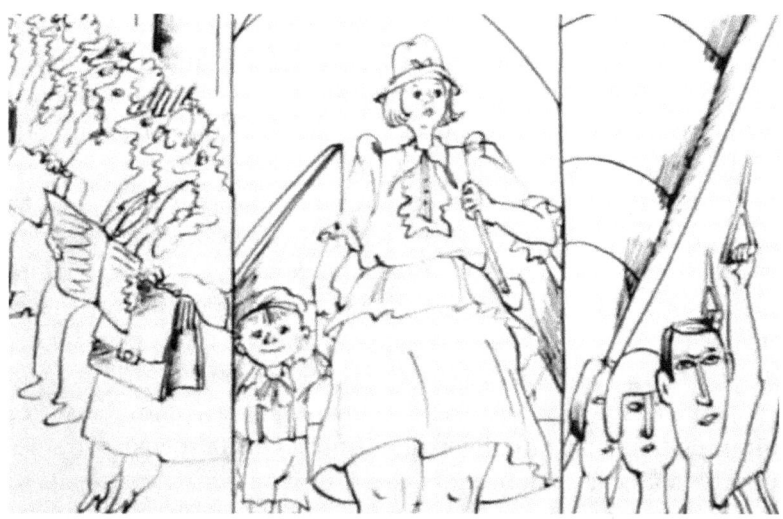

Рис. 18. Кадр из мультфильма «Мальчик как мальчик» (1986), предоставлен киностудией «Союзмультфильм»

ставляют этот взрослый мир, лишенный воображения, но наполненный городскими улицами, эскалаторами, вагонами метро и толпами людей (хаос которых показан через разделенный на три части экран), Алешиному миру парка с его просторами, дикой природой и воображением.

Алеша чувствует такое единение с природой и, что важнее, с животными, что во время фильма он поочередно превращается в зайца, воробья, собаку и разных других животных. Превращения Алеши — это не просто работа гиперактивного воображения. Они настолько полны, что окружающие не могут отличить его от животных. Рейчел Кирни предполагает, что, поскольку анимация так прочно основана на воображении, воображаемые миры позволяют зрителям метафорически «выходить» за рамки повседневного жизненного опыта и принимать то, что в противном случае не имело бы смысла [Kearney 2006: 1–2]. Воображаемый мир в этом фильме становится убежищем от давления повседневной жизни, взросления и, что важнее всего, от советского государства для мальчика и всех желающих присоединиться к нему, включая зрителя. В то время как его мать, работающая женщина, временами беспокоится из-за его превращений, она и сама поощряет его творческие порывы. После работы она забирает его из маленькой советской квартиры и городского мира в парк. Здесь она снимает свои туфли на каблуках и отдыхает под деревом, пока расцветает воображение ее сына. Она действительно беспокоится и ругает сына, когда он заходит слишком далеко, превращаясь в животное, в которое играет. Она даже отправляет его в угол и заставляет отца отвести сына к врачу, чтобы убедиться, что с ним все в порядке. Беспокойство матери отражает ее внутренний конфликт. Ее желание позволить ребенку быть ребенком временами противоречит ее убеждениям и надеждам на то, что он хорошо будет подготовлен к школе и что она воспитывает сына, который станет активным членом советского общества.

В результате оказывается, что Алеша очень хорошо приспособлен к учебе и хорошо вписывается в школьную жизнь. Его учительница способна установить связь между активным воображением и гением русских поэтов, писателей и художников. Когда учительница читает первоклашкам вступление к поэме Пушкина «Руслан и Людмила» (1820), воображение Алеши и его одноклассников оживляет это фантастическое стихотворение. В фильме впервые появляется цвет, и ученики начинают летать по комнате. Учительница ненадолго выходит из класса, а когда она возвращается, Алеша, превратившийся в пушкинского кота ученого, попадает в учителя своим писчим пером (см. рис. 19). Учительница превращается в птицу-ангела и присоединяется к веселью класса. Неожиданно школьный класс создает для Алеши среду, в которой его воображение может существовать и развиваться. Когда учительница выбегает из комнаты, кажется, что она, как и остальные взрослые, негативно реагирует на выходки Алеши. Но она возвращается, и оказывается, что она — первая из всех — не потеряла способности воображать и превращаться во что угодно вместе с детьми. Она присоединяется к ним в сказочном пушкинском мире.

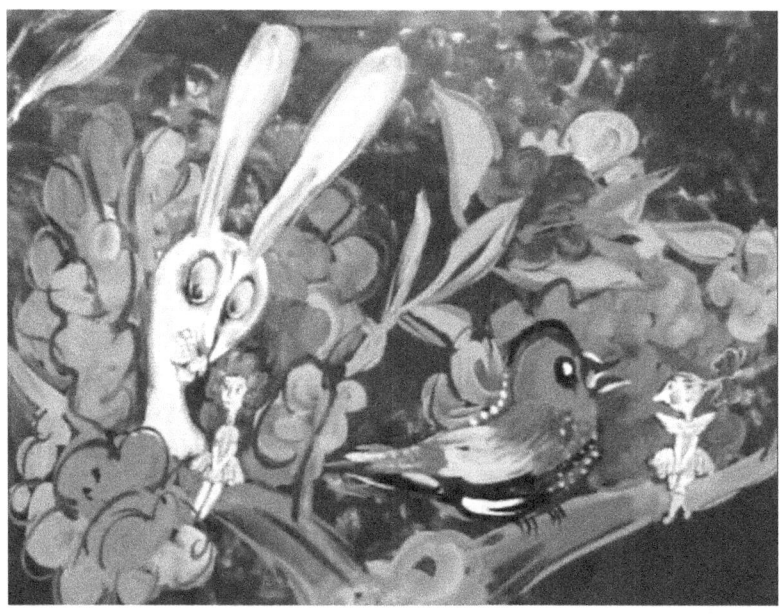

Рис. 19. Кадр из мультфильма «Мальчик как мальчик» (1986),
предоставлен киностудией «Союзмультфильм»

Голованова напоминает своей аудитории, что воображение
является ключом к творчеству, к искусству и литературе. Мать
Алеши, считающая, что ее мальчик с его бурным воображением
готов к школе, оказывается права. Коллективные фантазии
Алеши, его одноклассников и учительницы, выраженные во
внезапном появлении цвета, делают мир полным, буквально
раскрашивая пустые пространства предыдущих черно-белых
кадров. Воображение в этом мультфильме, казалось бы, не только присутствует во взрослом мире, но и совместно с русским
национальным наследием играет положительную роль. Оно необходимо взрослым так же, как и детям. Воображение — это
спасение от реальности, в нем есть творческий потенциал и обещание более яркого будущего. Фильм Головановой предлагает
советским женщинам способ защитить своих детей от системы

(предложение, которое несколько лет назад было бы немыслимым), и защитный механизм для матери и ребенка — воображение. В этом мультфильме материнство и материнская забота важны не только для успеха ребенка, но и для выживания самой матери в советской действительности.

Карьера самой Головановой и ее работы демонстрируют, что женщина может одновременно воспитывать детей и вести профессиональную жизнь. Голованова подчеркивает важность домашней среды для развития воображения и фантазии будущих поколений, и, соответственно, для будущего российской культуры. В том, как Голованова делает акцент на воображении, материнстве и семье, проявляется советская женская субъективность и тематический сдвиг в позднесоветской анимации.

Нина Шорина

Мультфильмы Нины Шориной одни из самых провокационных с точки зрения женского кино и советской женской субъективности. Шорина также начала свою карьеру в мультипликации в 1970-х годах, до этого еще с детства она снималась в кино[7]. По словам Джейн Пилинг в «Women and Animation», Шорина бросила актерскую карьеру, потому что ей буквально не нравилось ощущение того, что режиссеры ею манипулируют [Pilling 1984: 103]. Первыми работами Шориной в анимации, начиная с 1972 года, стали рекламные ролики и заказные фильмы для телевидения — сначала на киностудии «Союзмультфильм», затем на «Мульттелефильме», в ТО «Экран», а потом снова на «Союзмультфильме»[8]. В начале своей карьеры она сняла много детских фильмов, включая популярные литератур-

---

[7] Помимо детских актерских работ, у Шориной есть и взрослые роли, а также режиссерские работы в игровом и документальном кино. — *Прим. пер.*

[8] Шорина Нина Ивановна на портале «Российская анимация в буквах и фигурах». URL: https://www.animator.ru/db/?p=show_person&pid=1968&sp=1 (дата обращения 07.06.2023).

ные адаптации: «Незнайка в Солнечном городе. Фильм 2. Встреча с волшебником» (1976), «Муми-тролль и комета. Путь домой» (1978) и «Пудель» (1985). На протяжении всей своей карьеры Шорина работала с различными техниками, включая пиксиляцию[9] в кукольной анимации, часто сочетая в своих фильмах сразу несколько приемов. Шорина никогда не боялась снимать фильмы, в которые верила, что время от времени приводило к столкновениям с художественным советом. В отличие от большинства женщин, профессиональные пути которых мы рассматриваем в этой книге, она время от времени писала об анимации и своей работе, тем самым предлагая уникальный взгляд на меняющуюся индустрию.

Шорина выбрала карьеру в анимации, считая ее уникальным способом самовыражения — единственным видом кино, где господствуют художественные образы, индивидуальное мышление и личный стиль [Разгонов 2006]. Вернувшись в конце 1990-х годов к игровому кино, она продолжала считать, что отношения аниматора с искусством отличаются от подхода режиссеров другого рода: «В холодном мультимедийном пространстве, внутри которого все более и более разрастается пустота, анимация, которая делается, в основном, руками художника, еще пытается оживить неуклонно мертвеющий мир» [там же: 252]. Для Шориной присутствие художника и его работа с материалами вручную придают анимации смысл и жизнь, что невозможно в мире, опосредованном цифровыми технологиями.

Интересно, что в подходе Шориной к ее кукольным фильмам проявляются теории модернистского кукольного театра. Как и Юлия Сазонова-Слонимская, режиссер кукольного театра и приверженка символизма, Шорина считала куклу материализованным выражением внутреннего мира художника [Posner 2014a: 130–137]. Сазонова-Слонимская, писательница, театральный критик, историк, актриса и кукольница, начала писать о кукольном театре в 1910-х годах, еще до эмиграции в Париж в 1920-х. Ее работы оказали влияние не только на кукольный театр, но и на

---

[9] Разновидность стоп-моушен. — *Прим. пер.*

модернистский театр Всеволода Мейерхольда. Теории Сазоновой-Слонимской о театре кукол были настолько тесно связаны с идеями Мейерхольда, что он сделал ее эссе обязательным чтением для студентов своей мастерской в 1920-х [Забродин 2005: 120]. Ее вера в то, что куклы олицетворяют «равнодушие к житейской действительности и проявление вечных свойств человеческой души», делает важное различие между живым действием и кукольным театром, что также перекликается с представлениями Шориной о ее куклах на экране [Слонимская 1916: 30].

При помощи рук Шорина вступает в особые отношения с предметами, с которыми она работает. Она верит, что как аниматор она придает неодушевленным объектам не просто движение, а жизнь, и таким образом создает смысл там, где его не было. Шорина, подобно теоретикам живых театральных представлений, фокусируется на движении — анимации — объекта, точке, которая вливает независимую жизнь, свободу действий, в объект, являющийся частью спектакля [Posner 2014b]. Самовыражение Шориной, ее философские взгляды на использование объектов аниматором и ее фильмы в целом существенно отличаются от принятой советской идеологии, при которой она начинала свою карьеру в 1970-е годы. Таким образом, она продвинула становление личного высказывания, что аккуратно направило советскую женскую субъективность в сторону более традиционной западной версии — протофеминистской субъективности.

Среди исследователей мультипликации, особенно тех, которые изучают женское творчество, наблюдается склонность отказываться от рассмотрения фильмов, созданных для детей, не считая эти произведения настоящим искусством. Как мы уже писали во вступительной статье, Пилинг признает, что женщины играли более авторитетную и творческую роль при создании детских фильмов, но в целом она отвергает этот вид анимации, не считая его ни формой искусства, ни формой самовыражения, и, следовательно, не относя его к женскому кино [Pilling 1984: 5]. Пилинг утверждает, что в 1970-х — начале 1980-х годов Шорина была вынуждена заниматься детской анимацией, и что только благодаря перестройке и гласности ей разрешили снимать фильмы для взрослых. Хотя это правда, что во время краха советской системы аниматорам, безусловно, было позволено больше свободы творчества и тематического разнообразия, мы уже видели, что уже задолго до этого советские аниматоры в своих фильмах искусно обращались более чем к одной целевой аудитории. Например, Шорина во всех своих фильмах использует различия в масштабах, материалах и движениях, которые бросают вызов восприятию зрителя и нравятся как детям, так и взрослым.

В своих фильмах для детей Шорина создает завесу невинности, которая позволяет ей говорить о женской идентичности, роли искусства, материнства, дома и женственности при формировании «я». Для кукольного фильма «Про Буку» (1984) Шорина использует яркие цветные фоны и кукол с контрастными белыми лицами, украшенными завитками разного размера, придающими персонажам сходство с дымковскими игрушками. Эти игрушки — разновидность русских народных художественных промыслов. Фигурки, напоминающие людей и животных, лепят из глины, а потом раскрашивают. Неудивительно, что ремесло это, как правило, женское[10]. Фильм «Про Буку» рассказывает историю маленькой девочки, которую называют Букой за то, что она отказывается есть манную кашу, искать потерянный ботинок и одеваться. Она хочет только кататься по городу на трамвае и играть с друзьями во дворе[11]. К концу фильма она превращается из Буки в Аню — послушную девочку, которая обещает есть, одеваться и хорошо себя вести. Она перевоплощается в идеального советского ребенка, вылепленного, кажется, по мерке соцреализма, и служит примером для других детей.

Независимо от идеологической направленности, при помощи перепрофилированных предметов домашнего обихода сказка эта ставит под сомнение формирование женской идентичности.

---

[10] Промысел возник в заречной слободе Дымково — отсюда название игрушек [Walker 2001]. См. также [Менчикова 2010].

[11] Согласно Большому академическому словарю русского языка, Бука — фантастическое существо, которым пугают детей. См.: Большой академический словарь русского языка / ред. Л. И. Балахонова. Т. 2. М.: Наука, 2004. С. 240.

Шорина проводит четкую связь между женской идентичностью и домашним пространством. У объектов Шориной есть прошлое, и под прикрытием ярких красок они раскрывают себя в фильме. В то время как нарисованный на картоне в приглушенных тонах город изображен плоским, трехмерные объекты создаются из бумажных стаканчиков и старых картонных коробок, окрашенных в яркие цвета. Предметы, связанные с женскими делами — шитьем, приготовлением пищи и уходом за собой, — разбросаны по всем сценам. Анимация Шориной находит способ привнести жизнь в неодушевленные объекты, но она также очищает эти объекты от предыдущих смыслов, чтобы создать что-то новое. Например, мы видим старую катушку, оживающую в качестве кошки, и как спичечная коробка превращается в собаку. Их живость подчеркивается плоским фоном, из которого они появляются. Избавляясь от своего неодушевленного прошлого, фигуры становятся чем-то большим. Выпрыгивающие на зрителей предметы преимущественно связаны с домашним пространством и женской работой: получившие новую жизнь катушки ниток, вешалки для пальто, шпильки, старая конфетная коробка, реклама кофе, пакет молока, куски мыла, кнопки и пряжа (см. рис. 20). Мало того что Буку перевоспитывают в идеального советского ребенка, объекты, которые будут окружать ее в дальнейшем, буквально лепят из нее будущую взрослую женщину.

В мультфильме «Про Буку» ребенок не бессилен. В поиске себя, своей идентичности и особенностей девочка изменяет мир вокруг. Отказавшись есть и одеваться, Бука в конце концов одевается как попало и с растрепанными волосами выходит играть с другими детьми. Ее слова превращают маленького мальчика в мячик и добавляют собаке грандиозный хвост. Ей даже удается перевернуть мир, когда дети приходят к Буке вверх ногами. То, как Бука игнорирует правила, в сочетании с ее воображением освобождает от ограничений — таких как реальность или гравитация — заодно и ее друзей.

В конце фильма бутылка шампуня и несколько кусков мыла шествуют, чтобы выкупать Буку. Через это действие Бука становится Анечкой — опрятно одетой, аккуратно причесанной, хорошо

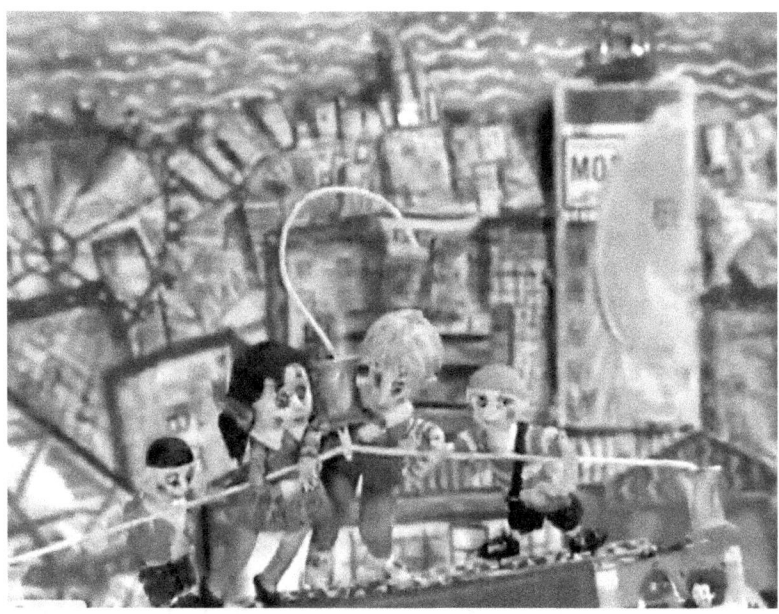

Рис. 20. Кадр из мультфильма «Про Буку» (1984), предоставлен «Союзмультфильмом»

воспитанной маленькой девочкой. Бука вынуждена подчиниться обществу, но объекты Шориной — маркеры женского труда — заполняют мультфильм и позволяют переориентировать женский труд от приготовления пищи и уборки к творчеству и художественной работе — составляющим труда аниматора. Перепрофилирование предметов домашнего обихода в произведения искусства является актом изменения их смысла. Несмотря на то что Бука становится Аней — маленькой девочкой, которая заботится о своей внешности, — ее перевоплощение также может означать возвращение к женскому началу и противодействие культурным устоям Советского Союза, направленным на стирание различий между мужчинами и женщинами. По внешности Буки в начале мультика сложно определить, мальчик она или девочка. Предложенная в фильме женская субъективность основана на трансформации женских объектов и превращении Буки. Вместе они становятся оружием протофеминизма советского типа, который посредством остранения наполняет предметы феминистским смыслом.

В следующих фильмах Шорина продолжает поиски женской идентичности более провокационными способами. Фильм «Второе я» (1989) — ее самая авторефлексивная и личная работа, которая становится автопортретом и непосредственно обращается к проблемам женщин и формированию «я». В этом фильме, созданном для взрослых зрителей и представляющем собой комбинацию покадровой кукольной анимации, пиксиляции, коллажа, игрового кино и статических изображений, появляется и сама Шорина. Валлийский аниматор, исследователь и преподаватель Роджер Ноак предположил, что в этом фильме «смысл несет именно кадр и кадрирование, а не повествование» и что техника Шориной «разрушает границы между живым и неживым» [Noake 1992]. Сам Ноак не придает кадрированию гендерных смыслов. Однако изысканная техника Шориной не только повышает ее значимость как режиссера-новатора, но и создает социальный комментарий о женственности и том, как быть женщиной в Советском Союзе в последние годы его существования.

Фильм начинается с изображения лица художницы, наполовину скрытого контрастными тенями и дымом, и повествует о том, как женщина-художница видит себя в мире изобразительного искусства, где доминируют мужчины. Шорина добивается этого ощущения, чередуя картины Рембрандта, в том числе большое количество автопортретов, с собственными снимками. Рука Шориной переворачивает страницы художественного альбома, пролистывает «Ночной дозор» Рембрандта[12]. Лицо самого Рембрандта, мужские фигуры с его картин, изображение женщины из толпы в «Ночном дозоре» чередуются и перекрываются фотопортретами самой Шориной — либо мы видим ее саму в профиль, либо она смотрит в окно, держа в руках альбом. Эти изображения

---

[12] Ноак обращает внимание на картину Рембрандта и повторяющийся акцент на единственной женщине на картине, но он не комментирует роль женщин в фильме и роль Шориной как женщины-аниматора и художницы [там же: 105].

накладываются на изображение православной церкви, которая вместе с дымом колеблется на грани видимости. Эта серия кадров раскрывает основной мотив фильма: он говорит о месте женщины в мужском художественном мире и в то же время о самой Шориной, художнице внутри России, внутри ее домашней среды. Следующая серия кадров показывает, как часто женщина одинока в мужском мире искусства. Предметы, которые Шорина решает оживить, олицетворяют собой двойное бремя советских женщин, обязанности по дому и уходу за детьми, которые затрудняют творческий путь и делают ее одинокой как художницу. Туалетная бумага, мясорубка, кастрюли, миски, унитаз и продукты питания на разных стадиях разложения — все это иллюстрирует разброд и хаос, нескончаемый цикл работы по дому, поглощающей и разрушающей творческий дух женщин. Еда наползает на художественный альбом, уничтожая изображения. Туалетная бумага, надетая на шею фигуры мужчины из папье-маше, разматывается, чтобы залепить и обезобразить лицо Шориной, скрывая остатки индивидуальности. Она одновременно создана и разрушена мужчиной из папье-маше. Он превращает ее в копию самого себя, бумажного человека, вместе с ее индивидуальностью он стирает и ее женственность. В совокупности маска из туалетной бумаги и безразмерный халат служат тому, чтобы скрыть все намеки на женскую сущность за исключением материнства. Предметы домашнего обихода скрывают личность художницы и блокируют ей доступ к искусству, творчеству и индивидуальности.

Материнство также, по-видимому, посягает на способность женщин к творчеству: художница баюкает пластиковую куклу, запеленатую в туалетную бумагу, и держится за ручку детской коляски. Материнство тут уже не священно, как это было в эпоху великой советской семьи при Сталине. Шорина целенаправленно изображает весы, пустые коробки, очереди — все они свидетельствуют об умирании советского государства и домашнем гнете, объединяющем эти объекты с материнством. Сама Шорина стоит в очереди с ростовыми куклами, раскачивая детскую коляску, иллюстрируя, как бремя советской системы ложится не только на художников, но и на всех людей в целом (см.

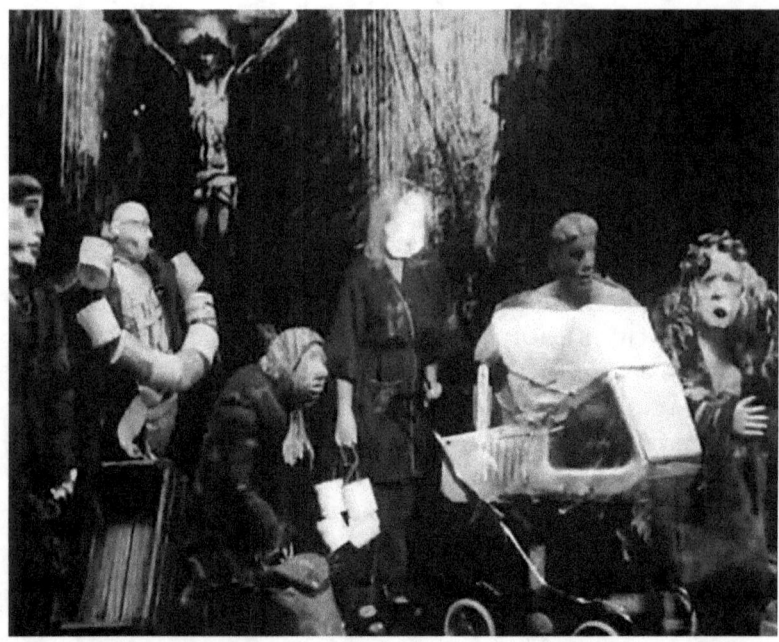

Рис. 21. Кадр из мультфильма «Второе я» (1989), предоставлен «Союзмультфильмом»

рис. 21). Шорина активно использует повторения и наложения, перегружая зрителя и создавая ощущение захламления кадра, что рифмуется с выпадающим из мясорубки на улицы мусором и бесчисленными толпами в очередях. На заднем плане мелькают образы жертвоприношения Иисуса, его распятия и смерти, призванные показать, как советские женщины жертвовали собой ради своих детей, семьи и страны, стирая собственную идентичность. Коллапс советской системы ощутимо влияет на эволюцию женской субъективности в стране. Изображенные в фильме женщины иллюстрируют разрушительное воздействие советской системы на способность женщин создавать и сохранять себя.

Ноак в своей статье предполагает, что Шорина разработала более сложную тему идентичности и что для ее зрелых фильмов не подходит обычное изложение фактов и линейное повествование [там же: 108]. Мысль эта высказана, безусловно, относительно «взрослых» работ Шориной, таких как «Второе я». Тем не менее важно, чтобы мы выделили эти сложные темы идентичности и индивидуальности и в ее фильмах для детей, как, например, «Про Буку». Взятые вместе, эти два фильма очевидно перекликаются. И там и там Шорина оживляет предметы домашнего обихода, чтобы испытать на прочность существовавшие представления о женственности и женской идентичности. Фильмы Шориной несут протофеминистские заявления, переосмысляющие женскую субъективность в советском государстве. Предметы и материалы, которые выбирает Шорина, ассоциируются с двойным или тройным бременем женщин поздней советской эпохи, и это бремя тесно связано с поиском и созданием смысла, идентичности и творчеством в анимации Шориной — как для взрослых, так и для детей. Шорина целенаправленно выбирает объекты, олицетворяющие женский труд и бытовое пространство, и таким образом ищет новую идентичность для художника и аудитории, воссоздает изменяющуюся, философскую и в особенности феминистскую субъективность.

Идея Гаранина

Другой режиссер, чья работа не так прозрачно затрагивает женский вопрос, — Идея (Ида) Гаранина. Ее полнометражный фильм «Кошка, которая гуляла сама по себе» (1988) — еще одна интерпретация сказки Редьярда Киплинга. Фильм Гараниной переосмысливает традиционные женские роли, и ее метод сильно отличается от версии той же самой истории, которую сняла Снежко-Блоцкая в 1968 году[13].

Гаранина пришла в анимацию довольно поздно и избрала совсем иной путь, чем предыдущие режиссеры, работы которых мы рассматривали в этой книге. Она родилась в 1937 году в Ир-

---

[13] О фильме Снежко-Блоцкой и сказке Киплинга см. главу 4.

кутской области, в 1950-х годах училась актерскому мастерству в театральном училище имени Б. В. Щукина в Москве. Гаранина много лет выступала в Московском театре юного зрителя. В 1960 году она перешла на телевидение, короткое время проходила обучение в Московском телецентре в Останкино. С 1961 по 1964 год работала помощником режиссера в Государственном комитете по телевидению и радиовещанию. В 1964 году Гаранина снова вернулась к учебе, на этот раз чтобы изучать режиссуру во ВГИКе, сосредоточившись на анимации. После окончания учебы она недолго работала на студии «Мульттелефильм» творческого объединения «Экран», где и сняла свою первую картину «Паучок Ананси и волшебная палочка» (1973) совместно с Марианной Новогрудской. Потом Гаранина работала на «Мосфильме», а затем перешла в «Союзмультфильм», где с 1976 по 1992 год сняла несколько фильмов, в их числе «Бедная Лиза» (1972) и «Балаган» (1981)[14].

Опыт актерства и режиссуры повлиял на подход Гараниной к анимации, который называли «игровым» [Василькова 2006: 224]. Термин относится не только к использованию кукол, придающих анимации ощущение «оживленности», не свойственное традиционной мультипликации, но и к сложным техникам и динамической операторской работе. То, как Гаранина использовала крупные и панорамные планы, движущуюся камеру и динамическую съемку, на тот момент было присуще работе с живыми актерами, а не с куклами. «Игровой» подход Гараниной заметен и в работе с освещением; например, она использует «замену движения самой куклы различными световыми и прочими эффектами, передающими субъективные ощущения персонажа» [там же]. Например, когда в фильме «Кошка, которая гуляла сама по себе» встречаются Мужчина и Женщина, мы видим крупный план женского лица, подчеркнутый мягким фокусом и слабым освещением, — трюк прямо из классического Голливу-

---

[14] Идея Николаевна Гаранина на портале «Российская анимация в буквах и фигурах». URL: https://animator.ru/db/?p=show_person&pid=1999 (дата обращения 07.06.2023).

да, призванный показать как желанность героини, так и ее способность желать. Когда куклы Гараниной говорят, их рты не двигаются, но благодаря использованию ракурсов, освещения и едва заметным движениям кукол у зрителя создается ощущение, что куклы произносят слова. «Игровой» подход Гараниной к анимации, кукольной и рисованной, был уникальным и весьма изобретательным, поскольку это сочетание добавило глубины и сложности довольно простой истории.

Ее интерпретация сказки Киплинга отражает открытость идеям гласности и перестройки, что позволило предложить интересное отклонение от самой истории и от норм анимации. Взгляд Гараниной на историю сильно отличается от версий Киплинга и Снежко-Блоцкой и включает два лирических отступления: сказку о Красной и Белой книгах и включение других сюжетов в стиле Киплинга (как появился мир, как собака стала прятать кости, как человек научился ездить на лошади)[15]. Самое очевидное отклонение — в названии самого фильма. В сказке Киплинга Кот определяется через мужское местоимение, и Снежко-Блоцкая сохраняет мужской пол Кота. Гаранина использует более распространенное слово «кошка» и делает Кошку рассказчицей фильма. Другим существенным отличием является то, что в сказку Гараниной не входит история о договоре между Кошкой и Женщиной, хотя в конце фильма Кошка обещает Ребенку закончить сказку в следующий раз. Открытость финала и обещание продолжения придают женскому голосу и сказкам Кошки силу Шахерезады из «Книги тысячи и одной ночи». Если история никогда не заканчивается, женщина-рассказчица сохраняет свою власть над повествованием.

Фильм Гараниной замечателен разнообразными мирами, созданными при помощи разнообразных технологий анимации — от рисованной до кукольной и объемной, — где каждая техника выполняла отдельную функцию. Кукольная анимация, использующая реальные объекты в реальном пространстве, создает

---

[15] Дополнительные сюжеты не являются настоящими сказками Киплинга, но они имеют сходное построение — басни, объясняющие природу различных животных.

ощущение живости и подлинности, а рисованная мультипликация прочно закрепила за собой связь с воображением (вспомним, например, мультфильм «Мальчик как мальчик» Головановой). Гаранина использует рисунки для историй, не вошедших ни в одну из предыдущих версий сказки, но имеющих в ее фильме решающее значение для понимания начала времен и связи человечества с миром природы. Обсуждая способность мультипликации порождать новые миры, Кирни отмечает: «Рисованная анимация иногда считается подрывной. Из-за очевидной независимости от рационального и индексального, ее иногда воспринимали как анархический комментарий к модернистскому обществу и культуре, "мир вверх ногами"» [Kearney 2006: 4]. В фильме Гараниной рисованные кадры ассоциируются с неизвестным, с хаосом и случайностью формирования жизни на земле (см. рис. 22). Уэллс, конечно, также говорит о графической подвижности, которую предлагает рисованная мультипликация для создания миров, бросающих вызов логике реальности и при этом по своей природе потенциально подрывных и критических за счет способности представлять мир бесконечной возможности, а также мир бесконечной нестабильности [Wells 1998: 68–69]. Гаранину интересуют именно эти возможности мультипликации: трансформации и множественные вероятности через посредство иррациональности и флюидности. Мир рисованной анимации — не неизменный мир кукол или игрового кино.

В этом фильме он вполне буквально обозначает мир воображения. Мы впервые видим переход от кукольной анимации к мультипликации, когда Кошка, играющая роль няньки или наставницы, ругает Ребенка за то, что тот дергает ее за хвост. Кошка начинает со слов, напоминающих детскую сказку: «Это было, это произошло, случилось и приключилось в те давние-давние, в те далекие доисторические времена» (как «в некотором царстве, в некотором государстве...»). Пока Кошка говорит, мы видим переход от кукольной к рисованной анимации. Начало мира до появления человека для Гараниной — это мир природы, связанный с миром воображения (см. рис. 22). Это мир неведомых форм и цветов, которые трансформируются и мутируют в узна-

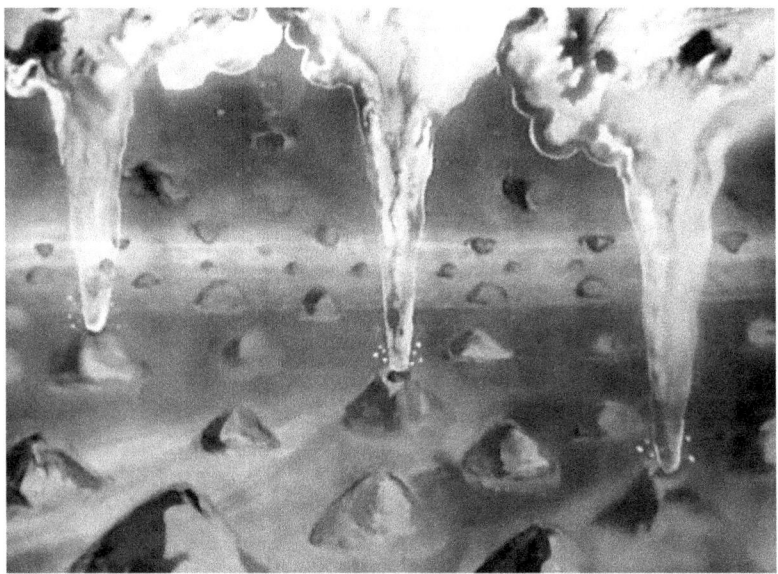

Рис. 22. Кадр из мультфильма «Кошка, которая гуляла сама по себе» (1988), предоставлен «Союзмультфильмом»

ваемые формы и абстракции. Из первичного бульона проступают различные создания, и в конечном итоге появляется огромный мастодонт. Это фантастическое начало мира сопровождается использованием многоплановой анимации, динамического масштабирования и движений камеры, телескопирования, создавая стиль, больше напоминающий экспериментальную анимацию, чем обычный советский мультфильм для детей. Эта визуальная последовательность требует преодолеть не только недоумение, но и логику, и, что важнее, чтобы осмыслить увиденное, необходимо применить воображение.

Связь между рисованной анимацией и воображением усиливается в фильме позже, когда Ребенок начинает участвовать в рассказе. Узнав о том, как Человек впервые оседлал Лошадь, Ребенок рассказывает Кошке о приключениях, которые случились бы с ним, если бы он умел скакать верхом. Зрителя погружают в воображение Ребенка, который едет или, возможно, летает по всему миру (даже Америке) на лошади, с абсолютной свободой и полным отвлечением. Зрителю предлагают пофантазировать, каково это было бы — плавно и на огромной скорости нестись по суше и морю, — и, поскольку все показано от первого лица, зритель также путешествует по экзотическим местам, пока воспринимает то, что придумывает Ребенок.

Более подрывными и критическими, чем фантазии Ребенка, являются разделы, касающиеся Белой и Красной книги. Первая книга учит пониманию мира природы, а вторая рассказывает о злодеяниях человека против этого мира. Эпизод поражает не только уникальным сочетанием различных техник анимации, но и открытой критикой человечества. Рассказ о Белой книге включает в себя названия всех живых существ и начинается с кукольной анимации, которая постепенно сменяется рисованной. Гаранина использует для перехода морозный узор на стекле, который превращается в рисованный морозно-голубой пейзаж со шквалами ветра и вихрями белого снега, летящего сквозь кадр. Динамическая камера Гараниной в сочетании с рисованной анимацией создают в эпизоде о Белой книге чистое, но причудливое пространство, с которым резко контрастируют разрушения из следующего фрагмента о Красной книге.

Белая книга завершается тем, что под неземную музыку Собака выслеживает в снегу различных животных. Музыка останавливается, и тишину нарушает звук раскалывающегося льда, когда на экране появляется черная дыра в форме человеческого следа, затем еще следы и осколки льда. Это переход к Красной книге. Собака недоумевает: кто мог устроить такой беспорядок? Кадр возвращается к виду из окна детской комнаты, где Кошка смотрит сквозь замороженное стекло, качая головой. Когда она отвечает Собаке, что разрушения принес человек, камера приближается. Этот кадр становится знаком препинания, подчеркивая серьезность обвинения Кошки, а также отмечая разницу между воображаемым миром из рассказанной ею истории и реальностью, где человечество способно на такие эгоцентричные злодеяния.

Преступления против природы настолько отвратительны, что для рассказа о загадочной квагге фильм снова становится рисованным. Эта вставка позволяет реальности Гараниной колебаться между настоящим, безопасным и невинным (комната Ребенка), и хаотическим прошлым, где человечество стало источником опасности и разрушения (Красная книга). Смерть квагги, в русском языке обозначаемой существительным женского рода, вызывает ужас, но использование рисованной анимации позволяет Ребенку наблюдать за событиями на экране с некоторого отдаления. Милое зеброподобное создание, кажется, подходит прямо к камере, разрушая четвертую стену между зрителем и анимацией, когда внезапно звучит ружейный выстрел и сверкает красная вспышка. Спотыкаясь, квагга выходит на передний план, прежде чем остановиться и беззвучно, в серии растворяющихся стоп-кадров, опуститься на землю, за пределы экрана. Сцена завершается изображением маленького безжизненного тела квагги, окруженного пустотой, пока голос Кошки говорит нам о жестокости человечества. Лужа крови под кваггой растет, пока на экране не остается ничего, кроме красного пятна. Сцена ненадолго возвращается в детскую комнату, где Кошка говорит Ребенку, что в Красную книгу записаны все имена животных и растений, исчезнувших из-за пренебрежения человека. Это дополнение к сказке Киплинга критикует разрушительные деяния человечества. Сцена взывает к мудрости и уважительному отношению к другим существам. Анимация Гараниной доказывает, что воображение — это, по сути, та сила, которая привносит в детский мультфильм философские дискуссии о бессмысленном насилии человечества и сохранении природы.

Для Гараниной анимация на экране связана с миром метаморфоз и воображения и знаменует отход от наглядности и реализма кукольных мультфильмов. Это не значит, что кукольные части «Кошки, которая гуляла сама по себе» лишены воображения: совсем наоборот. От нас, зрителей, все еще ожидается, что мы не будем верить, слушая, как Кошка рассказывает историю о том, как Женщина приручила Мужчину и животных. Стоп-моушен создает основу для настоящего рассказа истории, который явля-

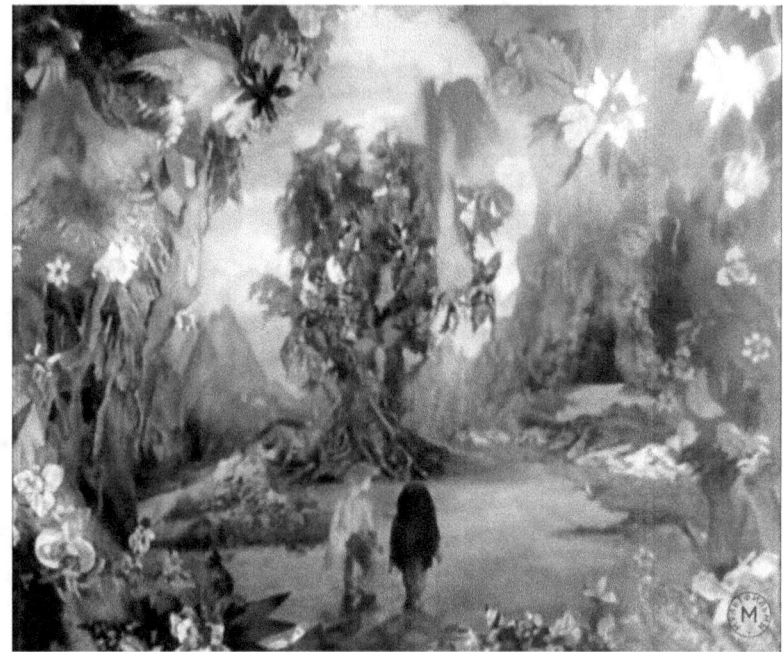

Рис. 23. Кадр из мультфильма «Кошка, которая гуляла сама по себе» (1988), предоставлено «Союзмультфильмом»

ется основой фильма. Настоящее усиливается благодаря роскошным, многослойным декорациям (см. рис. 23), самим куклам, а также освещению и кинематографическим приемам, которые Гаранина использовала при создании фильма.

По мнению Уэллса, «трехмерная анимация напрямую связана с выражением материальности и, как таковая, создает некую метареальность, обладающую теми же физическими свойствами, что и реальный мир» [Wells 1998: 90]. Кукольная анимация Гараниной создает мир, в котором преобладают логика, разум и вещественность; мир, который воспроизводит нашу собственную живую реальность, но допускает говорящих кошек. Говорящая Кошка, играющая также роль няни или воспитательницы, не является единственным подрывным аспектом в кукольных сценах: языческая псевдорелигиозность, практикуемая Женщиной, и сама Женщина — все это идет против ранее установленных советских норм. Перед тем как приручить каждое животное, Женщина совершает ритуал, она поет хвалу огню, солнцу и луне, прося их помочь ей заключить сделку с Собакой, Конем и Коровой. Хотя заклинания есть и в сказке Киплинга, Гаранина усиливает эти сцены, создавая резкий контраст между своей интерпретацией и работой Снежко-Блоцкой. Это прославление религиозности, пусть и языческой, бросало вызов принципам социалистического реализма и было возможным только благодаря либерализации эпохи перестройки и гласности. И наконец, в повествование тонко вплетена идея о том, что Женщина сама нарушает все нормы и идеологические установки, что это она ответственна за современную цивилизацию. В то время как мужчина силен физически, именно у женщины есть разум и хитрость, необходимые для приручения дикой природы и потенциального спасения мира.

Вклад Гараниной в анимацию включает эстетические, технические и философские достижения, которые бросили вызов идеологическому статус-кво и выдвинули профеминистское и протофеминистское понимание мира.

Глава 7
Конец эры: женская анимация и распад Советского Союза

1990-е годы стали переломным периодом в экономическом, политическом и социальном плане, когда распался Советский Союз и была создана новая Российская Федерация. Различные реформы, проведенные Горбачевым в 1980-х годах, в сочетании с беспорядками в республиках и государствах-сателлитах в 1989 году, достигли своего апогея в феврале 1990 года, когда Горбачев разрешил проведение многопартийных выборов, которые привели к децентрализации политического контроля КПСС. В августе 1991 года реакционные консервативные силы устроили переворот, который провалился, в результате Горбачев распустил ЦК и ушел в отставку. В декабре 1991 года Советский Союз распался, его сменило Содружество Независимых Государств (СНГ). Борис Ельцин, новоизбранный президент Российской Федерации, стал главой крупнейшего государства — преемника бывшего Советского Союза.

В социальном плане распад Советского Союза привел к переосмыслению понятия «русскости», основанного на прошлых традициях. Убрав из Большого Кремлевского дворца съездов статую Ленина, Ельцин продемонстрировал, что порвал с коммунизмом, однако он не полностью разорвал связь Российской

Федерации с ее советским прошлым. Но Ельцин также инициировал восстановление исторических связей новой России с ее досоветским прошлым. Так, новый герб с двуглавым орлом и всадником, поражающим дракона, отсылает к символам еще допетровской России. В экономическом отношении план Ельцина включал формирование «здоровой смешанной экономики с мощным частным сектором», в том числе приватизацию — крупнейшее в истории отчуждение государственных ресурсов [Colton 2016: 100–102]. Приватизация медиаиндустрии привела к бурным преобразованиям и реструктуризации как в кино, так и в анимации. Женщины-режиссеры приняли вызов, взяв на себя руководящие роли, открыв собственные анимационные студии и выпуская больше фильмов на тематику, актуальную для женщин. Не избавившись полностью от своего советского прошлого, они продолжали добавлять новые слои к советской женской идентичности.

Приватизация медиаиндустрии

Крах советской системы разрушил национальную киноиндустрию, которая в ходе затянувшегося процесса была приватизирована. Это привело к почти полному краху российского кино, в том числе к развалу как структуры кинопроизводства, так и системы кинопроката. Несмотря на то что кинематографистам теперь разрешили открыто обращаться к социальным проблемам и повседневной реальности, исчезли кинотеатры и зрители. Фокус на реалистичность в кино начался еще в эпоху гласности и перестройки и был доведен до крайности в так называемой «чернухе» — визуально и тематически мрачных фильмах, в центре внимания которых оказывается натурализм, вдохновленный проблемами, долгое время игнорировавшимися в Советском Союзе: насилием, наркотиками и сексуальной распущенностью [Isakava 2017]. Общая неспособность кинематографистов наладить связь со своей аудиторией после распада Советского Союза сделала восстановление киноиндустрии еще более длительным процессом[1]. Одним из позитивных изменений стало избрание в 1990 году сценаристки Марии Зверевой вице-президентом Союза кинематографистов в попытке встряхнуть старые политические устои в отрасли.

Распад Советского Союза повлек за собой и распад главной киностудии по производству мультипликационных фильмов — «Союзмультфильма». В 1990-х годах государство отказалось от контроля над производством анимации, и стали появляться новые студии. В отличие от продукции «Союзмультфильма», где основное внимание уделялось детским фильмам, большинство анимационных фильмов, снятых в 1990-е годы, демонстрировались на международных кинофестивалях и создавались не для детской аудитории. Хотя некоторые аниматоры, вроде Олега Куваева, обращались к чернухе и взрослым темам, новая анимация не оттолкнула зрителей так, как игровое кино. Кроме того, приватизация анимационной индустрии положила конец многолетней практике цензуры. В предыдущих главах мы показали, как анимация раздвигала границы цензуры, но в 1990-х годах российские мультипликаторы были освобождены от государственного контроля способами, невиданными в прошлом, и, хотя это, возможно, и открывало больший простор для экспериментов, другие изменения в индустрии такие эксперименты сократили. Например, сдвиг в сторону компьютерной графики (CGI — англ. computer-generated imagery, букв. «изображения, сгенерированные компьютером») отчуждал старшие поколения аниматоров. Также после распада Советского Союза в анимационной индустрии начались серьезные финансовые трудности. Поскольку индустрия больше не могла полностью полагаться на финансовую поддержку правительства, определяющими факторами для новых лент стали привлечение аудитории, коммерциализация и финансовая отдача.

---

[1] На ум приходит лишь несколько режиссеров игрового кино, сумевших привлечь внимание публики, среди них Алексей Балабанов и Никита Михалков. См. [Larsen 2003].

Результатом множества различных обстоятельств, возникших в результате распада Советского Союза, стал упадок «Союзмультфильма». Наталья Лукиных, киновед, специалистка по анимации, в своей статье «"Союзмультфильм": традиции и амбиции» пишет, что крах студии подступил еще в 1980-х годах, но в 1990-х ситуация усугубилась. Она утверждает, что жизнерадостное творческое настроение прошлого сменили паника, нищета и ощущение трагедии. В распаде студии она винит несколько факторов. Во-первых, студия, ютившаяся в помещениях перестроенных церквей, располагала лишь маленькими и тесными рабочими пространствами, плохо приспособленными для творческой работы. Кроме того, не было денег, чтобы инвестировать в развивающиеся компьютерные технологии, как это делалось в 1930-х годах при переходе «Союзмультфильма» на общую технологию «целлулоидного конвейера». И, наконец, работники просто хотели получать справедливую оплату за свой труд [Лукиных 1991]. Сотрудники студии были в смятении. Гаранина, избранная тогда председателем бюро творческой секции, сказала после очередного годового отчета: «Все, падать ниже некуда» [там же: 65]. Студия оказалась на самом дне. «Союзмультфильм» был студией, основанной в условиях социалистического государства, и когда распался Советский Союз, то же случилось и с его «мультдержавой».

Несомненно, провалу студии немало способствовали подковерные интриги и борьба за власть и авторские права. В 1993 году, когда «Союзмультфильм» потерял государственное финансирование, студия распалась на две части, при этом одна из них владела правами на распространение старых фильмов с целью сбора средств, а другая сохранила возможность создавать новые анимационные фильмы. Для финансирования новой продукции студия подписала контракт с американской компанией «Films by Jove», принадлежащей Джоан Борстен и ее мужу Олегу Видову. Компания приобретала права на дистрибьюцию 547 самых популярных лент «Союзмультфильма» по всему миру за пределами СНГ сроком на десять лет, а взамен студии полагалось 37 % от прибыли [Филиппов и др. 2007]. «Films by Jove» восстановили и озвучили фильмы на английском языке для выпуска на телевидении и DVD. Однако прибыль так и не материализовалась, потому что деньги были направлены на новые саундтреки, судебные иски и защиту авторских прав. Законность сделки рассматривали американские и российские суды, придя к противоречащим друг другу заключениям[2]. В 2007 году российский бизнесмен Алишер Усманов выкупил коллекцию мультфильмов и передал ее в дар российскому детско-юношескому государственному телеканалу «Бибигон» [Razumovskaia 2010]. В июне 2011 года, накануне 75-летия со дня основания «Союзмультфильма», Норштейн, Леонид Шварцман, Андрей Хржановский и Эдвард Назаров опубликовали в «Новой газете» письмо к Владимиру Путину и Дмитрию Медведеву, в котором разъяснялась тяжелая ситуация на «Союзмультфильме» и содержалась просьба о государственной поддержке, чтобы студия могла вновь функционировать [Норштейн и др. 2011]. В ответ Путин пообещал студии поддержку [Соколов 2013]. Сегодня «Союзмультфильм» снова принадлежит государству, Министерству культуры России, но студия так и не вернула себе ведущих позиций.

Во время финансовых трудностей и временного закрытия «Союзмультфильма» анимационная индустрия осваивала различные коммерческие направления. Некоторые аниматоры перешли в рекламу, чтобы заработать на жизнь, другие уехали из страны, чтобы работать в зарубежных студиях, некоторые пытались открывать свои собственные студии, чтобы продолжать снимать. Например, в 1988 году Александр Татарский, Игорь Ковалев, Анатолий Прохоров и Игорь Гелашвили решили основать первую частную анимационную студию «Пилот»[3]. На некоторые из своих проектов «Пилот» сумел получить частичное финансирование от государства, став одной из ведущих анимационных студий в постсоветской России и предоставляя карьерные возможности как мужчинам, так и женщинам-аниматорам

[2] Battle over classic Russian cartoons // BBC News. June 16, 2003 URL: http://news.bbc.co.uk/2/hi/entertainment/2981688.stm (дата обращения: 10.06.2023).

[3] Больше информации о студии «Пилот» см. на официальном сайте: URL: http://pilotstudio.tilda.ws (дата обращения: 10.06.2023).

[Kononenko 2011: 286–287]. Независимые студии, и «Пилот» в том числе, платили своим работникам за ту же работу вдвое больше, чем «Союзмультфильм», это, естественно, привлекало талантливых аниматоров, и новые студии снимали качественные фильмы.

Из-за проблем с экономикой и студиями многим аниматорам, чтобы продолжать работу, приходилось проявлять гибкость, и Нина Шорина — хороший пример того, как адаптировались женщины в эти хаотичные годы. В 1993 году Шорина переехала для работы во Францию, но уже в 1994 году она вернулась в Москву, чтобы открыть собственную студию «Нина Шорина Фильм», обеспечившую Шориной возможность снимать те фильмы, которые она хотела[4]. В начале 1990-х годов открылись и другие анимационные студии, однако из-за трудностей с распространением и финансированием большинство снимаемых ими фильмов демонстрировались только на фестивалях и не выходили ни в прокат, ни на телевидении, и таким образом имели в СНГ весьма ограниченную аудиторию.

Новый женский вопрос и женское кино в 1990-е годы

Политика Горбачева заново открыла дискуссию о женщинах и равенстве в Советском Союзе, и это повлияло на то, как кинематографисты стали рассматривать женское кино. Как мы уже упоминали во введении, термин «женское кино» впервые появился в советской печати в статье Туровской 1981 года. В июне 1991 года — года распада Советского Союза — журнал «Искусство кино» выпустил специальный номер с рядом статей, посвященных понятию женского кино и углубляющих дискуссию о том, как этот термин соотносится с прошлым и будущим отечественного кинематографа. Этот номер иллюстрирует как прогресс в обсуждении женского кино, так и ограничения в вопросах положения женщин и применимости идей западного феминизма в России того времени.

---

4 Шорина Нина Ивановна. URL: https://www.animator.ru/db/?p=show_person&pid=1968&sp=1 (дата обращения 15.06.2023).

В журнал вошла статья «Женщина и кино», в которой Туровская предлагает свою интерпретацию мифа по Ролану Барту в отношении российского кино. Она утверждает, что западная феминистская критика нуждалась в мифе — утопическом идеале равенства, предложенном социалистическими обществами, — для противодействия капитализму и буржуазной культуре. Но западный феминизм не учитывает, что буржуазный миф, связанный с материальной безопасностью, отделяет западных женщин от советских, что усложняет применение западного феминизма в советском и, как мы считаем, постсоветском контексте [Туровская 1991]. Туровская приводит в пример противоречащие друг другу концепции семьи, материнства и роковой женщины femme fatale, на которые опирается западная феминистская критика, и пишет о том, как сложно их применить к советской женщине, отчужденной от капиталистического потребления. Западный миф о семье и материнстве предполагает наличие частного дома и «всю огромную индустрию жизнеобеспечения, начиная от посудомоечной и стиральной машин... и кончая супермаркетами и иными альтернативными вариантами продовольственной торговли», которых советские женщины никогда не имели и которые оставались малодоступными в 1990-е годы [там же: 134]. Да и тип сексуализированной женщины-вамп практически неизвестен советской культуре за неимением сопутствующей индустрии для эротического украшения женщины: моды, рекламы, косметики, парфюмерии, ювелирных изделий. «Всего этого у советской женщины никогда не было — нет и по сей день», — пишет Туровская [там же: 135][5]. Ее статья о женском кино и мифологизации открывает дискуссию о женщинах не только в киноиндустрии, но и во всем постсоветском обществе. Когда рухнула советская система, женщины не сразу избавились от своего советского способа мышления. Мы соглашаемся с утверждением Туровской о том, что в 1990-е годы советская и россий-

---

[5] Будучи исключенным из советской культуры, образ роковой женщины, femme fatale, был основным элементом дореволюционного искусства, литературы, театра и кино, особенно в популярных мелодрамах Евгения Бауэра.

ская женская субъективность стали больше, чем когда-либо, напоминать западную версию, но между российским — или советским — и западным феминизмом оставалась пропасть.

Западная и российская версии феминизма и женственности по-прежнему отличались друг от друга, когда в 1990-е годы на смену советской пришла капиталистическая структура. Хольмгрен поддерживает позицию Туровской, говоря о невозможности навязать российским женщинам западный феминизм в качестве единой идеологии, основанной на опыте некоторых привилегированных групп западных женщин. Западный феминизм породил тенденцию, не учитывающую политические традиции и историческую перспективу российских женщин [Holmgren 1995: 17–20]. Во время и после оттепели кинематографисты и аниматоры обратились к вопросам женственности, красоты и даже сексуальности, однако женская субъективность этого времени все еще отличалась от западной модели[6]. В анимации такие режиссеры, как Снежко-Блоцкая и Ковалевская, инициировали переосмысление советской женственности, которая включала в понятие женской советской субъективности представления о красоте и намеки на сексуальность. Режиссеры, снимавшие в 1980-х и 1990-х годах, такие как Шорина, отошли от чисто женских представлений, чтобы исследовать значение сексуальности и идентичности в качестве нового направления женской субъективности в анимации.

Одной из причин позднего появления темы сексуальности в российской анимации было пренебрежение советским государством к бытовой сфере, что также ограничивало производство специализированных товаров и услуг для женщин, в том числе индустрию моды и красоты. По словам российского социального антрополога Ирины Поповой, в советское время у большинства женщин не было другого выбора, кроме как носить непривлекательную одежду, работать полный рабочий день и содержать дом [Shogren 1993: 1]. У них не было времени исследовать сексуальность. Результатом в постсоветский период стало принятие мифа

---

6   Пример того, как это функционировало в игровом кино, см. в [Leigh 2018].

о мужчине как о конкурентном, умелом и преданном работнике в этой новой капиталистической системе, где женщине отводилось второстепенное место помощницы. Попова отмечает, что последствия для русских женщин были очень далеки от освобождения в западном понимании, «освобождением считалось быть секс-символом, рано выйти замуж и сидеть дома с детьми»[7]. Попова считает, что российское общество в 1990-е годы уподобилось Америке 1950-х годов, где идеализировались образы домохозяек и положительных кинозвезд. Однако в случае с Россией, из-за бунта против навязываемого государством сексуального пуританства советской эпохи, идеальная женщина виделась скорее сексуальной кошечкой, чем девушкой по соседству. Хотя не все женщины-режиссеры исследовали сексуальность в анимационных фильмах, в первые годы постсоветского периода эта тема в России появилась. Несмотря на неравенство, присущее новой российской капиталистической действительности, женщинам удалось стать более громкими и заметными, чем в прошлом. Редкие отрасли были столь же благоприятны для этих изменений, как индустрия анимации, где женщины-режиссеры стали лидерами и помогли дать новое определение женской субъективности и женственности в постсоветской России.

Мария Муат

Мария Муат[8] — одна из аниматоров, чья работа помогает по-новому определить женскую субъективность начиная с 1990-х годов. Ее карьера в кукольной анимации является результатом настойчивости и преданности делу, сохранившейся несмотря на препятствия, с которыми она столкнулась. Муат родилась в 1951 году в Москве, после двух неудачных попыток поступила в Государственный институт театрального искусства (ГИТИС),

---

[7] Подробнее о Поповой и новом российском феминизме см. [там же: 1–2].

[8] Марию Андреевну Муат не следует путать с ее матерью, кинорежиссером Марией Павловной Муат (1923–2010). — *Прим. пер. и ред.*

где работала над своей единственной студенческой постановкой под руководством известного советского кукольника Сергея Образцова, прежде чем перейти к анимации[9]. Она строила карьеру и в итоге заняла ведущее положение на студии «Мульттелефильм», где, наконец, сняла свой первый кукольный фильм «Дядюшка Ау в городе» (1979). Ее увлеченность кукольной анимацией укрепилась в 1980-х годах, но это ее решение пришлось на необычное для этого вида искусства время. В 1960-х и 1970-х годах при мужчинах-режиссерах, таких как Норштейн и Качанов, перекладная и кукольная анимация считались высоким искусством, но во время дефицита бюджетов 1980-х и 1990-х годов ее популярность стала ослабевать. Несмотря на потерю статуса, Муат во время работы на «Мульттелефильме» увлеклась совмещением кукольной анимации с литературными адаптациями для детей, и в 1983 году она сняла «Шалтая-Болтая» (1983), взяв за основу английскую детскую песенку в переводе Самуила Маршака.

В 1988 году Муат перешла из «Мульттелефильма» в кукольное подразделение «Союзмультфильма», часто работая совместно со своим мужем и драматургом Владимиром Головановым. После распада Советского Союза кукольная анимация испытала два кризиса: финансовый и духовный [там же: 69]. Лариса Малюкова, ведущий кинокритик, сценаристка и публицистка, предполагает, что падение системы ударило по кукольной анимации сильнее, чем по остальным направлениям индустрии: «Кукольников вымели метлой из их дома-студии в арбатских переулках и буквально рассеяли по миру» [там же: 70]. Потеря студийного пространства и бюджетов заставила аниматоров мыслить и работать творчески и дала им время задуматься о природе кукольной анимации. Как и Шорина, Муат придерживалась философского подхода к своей работе, что имело решающее значение для ее развития как продюсера и режиссера. Муат также увидела

---

[9] Родители Муат, которые также имели театральное образование и работали в ГИТИСе, отказались использовать свое влияние, чтобы облегчить поступление дочери в институт. См. [Малюкова 2003: 69].

необходимость в более креативном подходе к финансированию фильмов — понимание, которое сослужит ей хорошую службу в последующие годы как способ обеспечить защиту собственного видения кукольной анимации.

Для Муат первый опыт работы над зарубежным проектом пришелся на начало 1990-х годов, когда «Союзмультфильм» участвовал в создании серии мультадаптаций работ Уильяма Шекспира при финансовой поддержке BBC, S4C и «Christmas Films». Она сняла кукольный фильм «Двенадцатая ночь» (1993). Эти годы на «Союзмультфильме» позволили Муат понять разницу между отечественными и западными куклами, что побудило ее взяться за спасение духа российской кукольной анимации. По ощущениям Муат, английские куклы обладали более богатой мимикой, пластичностью, однако работать с ними ей не нравилось, потому что ей они казались слишком реалистичными и она чувствовала себя ограниченной этими куклами [там же: 69]. На подход Муат повлиял ее учитель, Образцов, а также его наставница кукольница-модернистка Нина Симонович-Ефимова [Jurkowski, Francis 1998; Posner 2014a: 137]. Благодаря Симонович-Ефимовой в свое время кукольные театры появились по всему Советскому Союзу. Она верила, что куклы «подскажут поэту слова и положения, до которых ему без них не додуматься» и что «у этих маленьких артистов нет мимики, но есть действенный жест» [Симонович-Ефимова 1919]. Жест — это то, что наполняет жизнью неживую, безжизненную куклу. Это движение и его связь с выразительностью делает невозможной автоматичность марионетки, но именно эта связь между художником и куклой приносит наибольший успех. Муат привнесла теории Симонович-Ефимовой в современную кукольную анимацию 1980-х и 1990-х годов благодаря своей вдумчивой работе и продвижению этого вида кино.

Вскоре Муат покинула «Союзмультфильм», чтобы реализовать новые возможности на частных студиях и закрепиться в роли продюсера анимационной индустрии. Поскольку с распадом Советского Союза изменились схемы финансирования, российское правительство хоть и продолжало выделять средства на анимацию, но гораздо меньше [Бородин 2013]. Муат вместе с коллегами смогла получить часть этого финансирования для различных проектов, и с 1994 по 2002 год она участвовала в создании нескольких анимационных студий, преследуя свою основную цель — знакомить детей с классикой мировой литературы через анимацию. Часть ее желания создавать новые студии была обусловлена дистанцией, которую она часто чувствовала от творческого процесса, учитывая ограничения, налагаемые на аниматора внешним миром.

Например, это внешнее давление проявляется на студии «Аниматограф», в создании которой Муат участвовала в 1994 году, чтобы снимать кукольную анимацию для телевидения. Опыт Муат в «Аниматографе» демонстрирует, как она училась адаптироваться, внедрять новшества и руководить. В «Аниматографе» Муат сняла первую в России полнометражную кукольную ленту «Короли и капуста» (1996) по мотивам одноименной повести О. Генри 1904 года. Даже при наличии помощи российского правительства Муат пришлось стараться изо всех сил, чтобы фильм получил достаточное финансирование:

> Государство дает деньги просто на поддержание вида искусства, и в таком размере, чтобы не сдохнуть с голоду, заработать на этом нельзя. Получается какая-то бессмылица — мы делаем фильмы из любви к искусству, но все-таки мы их делаем для зрителей, а иначе какой смысл этим заниматься?[10]

Несмотря на плохое финансирование, Муат смогла завершить «Королей и капусту»: эмоциональные и экономические трудности, с которыми столкнулись аниматоры во время съемок, компенсировались страстным желанием Муат довести дело до конца. В итоге «Короли и капуста» получили финансовую поддержку от Государственного комитета Российской Федерации по кинематографии и Московского детского фонда (несмотря на поднимаемые в фильме взрослые темы).

---

[10] Более подробный комментарий Муат о «Королях и капусте» см. в [Коновалова 2010].

Как и Гаранина в «Кошке, которая гуляла сама по себе», Муат использует целый ряд различных техник: кукольную, рисованную и силуэтную анимацию, — чтобы добавить в «Королей и капусту» ощущение тайны и миража. Повесть О. Генри — это сборник сюжетно переплетенных рассказов, действие которых происходит в вымышленной стране Анчурии. Для изображения североамериканских компаний, создававших для нерегулируемой торговли в Латинской Америке марионеточные правительства, О. Генри выбирает сатирическую манеру письма в духе фарса и водевиля [McLean 1968]. В фильме Муат две основные сюжетные нити переплетаются с множественными отступлениями, что делает его похожим на запутанную повесть О. Генри. В сюжет фильма вошли темы о сменяющих друг друга диктаторах и о способности людей добиваться перемен. Однако основное внимание Муат уделяет самой Анчурии, экзотической стране тайн, любви, цветов и виски, создавая пространство, очень отличающееся от России. И это позволяет ей с большей открытостью раскрывать в этом фильме сексуальный подтекст [Коновалова 2010]. Например, во вступительной части президентский дирижабль направляет на Анчурию оптические приборы. Сверху остров выглядит, как лежащая на воде обнаженная женщина. При виде роскошного острова из возбужденного дирижабля выскакивает все больше и больше наблюдательных устройств. Так, с самого начала фильма Муат заявляет, что женское тело — это экзотический, эротический объект мужского взгляда. Сексуальные отсылки и откровенный вуайеризм делают этот фильм явно не детской анимацией.

Если повесть О. Генри являет собой рассказ о происках мужчин и о власти, то Муат при помощи сочетания анимационных техник иллюстрирует в этой истории силу женской сексуальности. Куклы-женщины у Муат впечатляют преувеличенной женственностью: у большинства из них пухлые губы, крутые бедра, округлые ягодицы и пышная грудь. Они по существу больше, чем живое воплощение женской сексуальности, и затмевают кукол-мужчин. Их соблазнительные формы и движения источают не только женственность, но и чувственность, намекая на новый тип постсоветского феминизма, в котором женщины используют

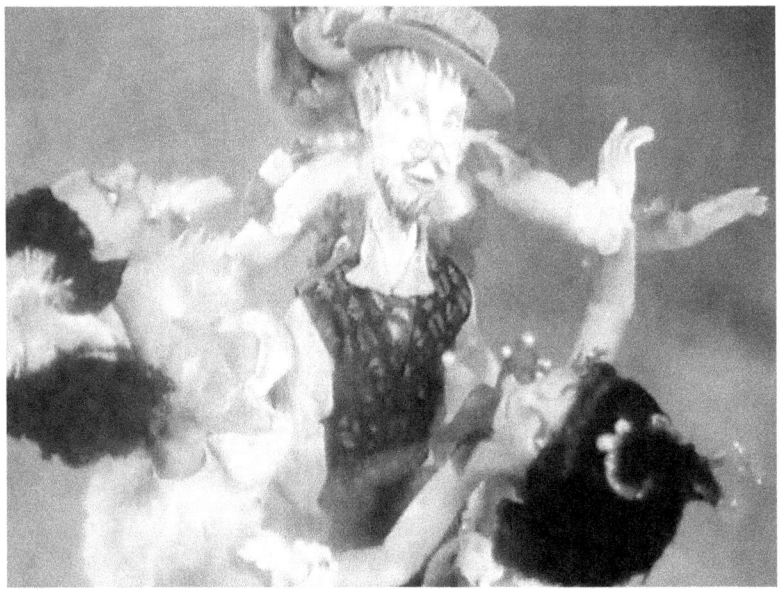

Рис. 24. Кадр из мультфильма «Короли и капуста» (1996)

свою сексуальность, чтобы обрести власть над мужчинами. Даже самые искушенные персонажи-мужчины в какой-то момент фильма оказываются под влиянием женщин.

Так Муат — впервые в отечественной мультипликации — выводит на экран образ роковой женщины (см. рис. 24).

Она вплетает тему женской сексуальности в обе сюжетные линии фильма. Так, первая сюжетная линия связана с президентом Анчурии, который сбегает с соблазнительной певичкой Изабель, прихватив чемодан с казной. Детализированные красочные куклы, плавная покадровая анимация и творческое использование освещения позволяют выразить страсть и напряженность этого сюжета. Как и повесть О. Генри, фильм содержит хулиганский юмор и отступления в стиле водевиля, самым провокационным из которых является воспоминание о вечере, когда президент и Изабель влюбляются друг в друга. Воспоми-

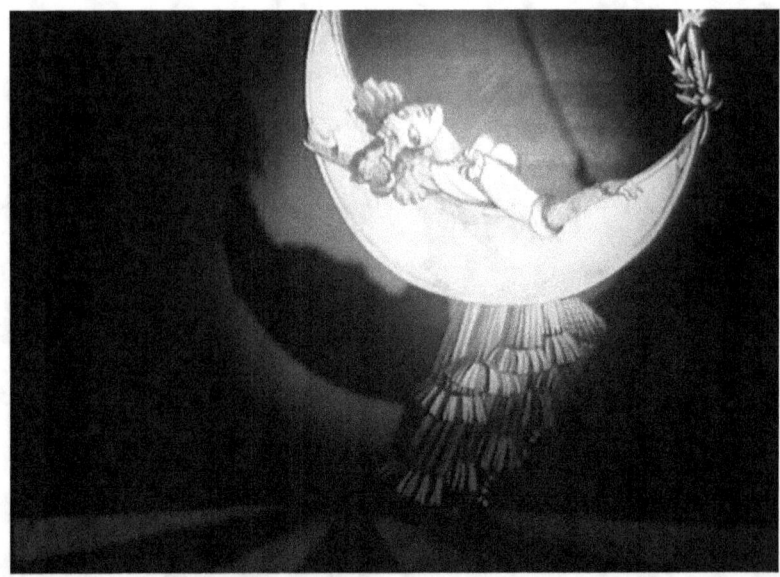

Рис. 25. Кадр из мультфильма «Короли и капуста» (1996)

нание снято с использованием многослойных бумажных силуэтов, окрашенных в оттенки сепии, придающие сцене старомодный романтический флер; кадры дополнены титрами, выполненными в стиле немого кино (см. рис. 25). Использование этой эстетики возвращает нас к комедиям с Антоном Фертнером, таким как «Антошу корсет погубил» (1916, Эдуард Пухальский), в которых для создания комического эффекта использовались секс и распущенность в сочетании с грубым фарсом.

Другая часть сюжета изображает сына президента, который влюбляется в барменшу Джессику. В кадре появляется ее внушительный зад, после чего Джессика бьет сына президента сковородкой за то, что он щекочет ее ножку пером. Молодые люди мгновенно влюбляются друг в друга, и сын президента обещает жениться на соблазнительной Джессике. В соответствии с теорией Нины Симонович-Ефимовой о том, что именно жесты кукол обладают безграничной выразительной способностью, у кукол Муат есть подвижные рты и глаза, но их эмоции передаются через движения. С помощью движений и освещения Муат вливает жизнь в кукол в этой сцене. Куклы борются и влюбляются, и через свои движения они наполняются чувственностью и выразительностью, которые втягивают зрителей в сцену [Posner 2014a: 139]. Использование сковородки в качестве бытового оружия, несомненно, напоминает о других женщинах-аниматорах: сестрах Брумберг, Ольге Ходатаевой и Нине Шориной. Муат добавляет постсоветский нюанс, поскольку за сковородкой и насилием следует открытое проявление сексуальности, что связывает домашнюю сферу не только с властью, но и с сексом.

Аудитория, однако, не приняла «Королей и капусту». Фильм всего несколько раз показали по российскому телевидению, после чего он практически исчез. «Аниматограф» существует и по сей день, но сейчас студия фокусируется на цифровой анимации — направлении гораздо более выгодном и менее трудоемком. Этот опыт, однако, заложил основу для создания другой успешной компании Муат — студии «Пчела», которая занимается кукольной анимацией и помогает войти в профессию новым аниматорам.

Анна Белоногова и компьютерная анимация

Анна Белоногова начала свою карьеру в анимации в хаотичные 1990-е годы и стала одной из выдающихся наставниц для других женщин-мультипликаторов в постсоветской России. Хотя ее имя, возможно, не так хорошо известно, как имена некоторых других работающих сегодня женщин-режиссеров, ее влияние на анимацию нельзя недооценивать. Белоногова изучала анимацию в один из самых сложных периодов в истории российской анимации. Экономические и технологические изменения в отрасли резко повлияли на сферу анимации и роль аниматора в ней.

Белоногова была в первом потоке аниматоров, изучавших во ВГИКе компьютерную графику. Первые компьютеры появились на факультете анимации ВГИКа в середине 1980-х годов, а первые курсы компьютерной графики — в начале 1989 года[11]. Запрос на использование компьютерной графики в анимации появился уже к началу 1990-х годов, но подготовка специалистов в этой области стала неотъемлемой частью продюсерского и режиссерского факультетов только в 1995 году [там же]. Студенты осваивали наиболее известные пакеты компьютерных программ по созданию и обработке изображений («3D-Studio Max», «Animator Pro», «Photoshop» и другие), изучали все этапы производства компьютерной анимации: от сканирования исходных материалов до дубляжа, редактирования и изготовления титров [Орлов 2000]. От выпускников больше не ждали, что по завершении обучения они будут заниматься детской анимацией, им открывались возможности в рекламе, спецэффектах и видеоиграх. Это новое компьютерное образование также радикально изменило фокус студентов: вместо одного дипломного фильма студенты-мультипликаторы могли за годы обучения создать несколько картин.

За годы студенчества Белоногова столкнулась с несколькими неудачами. Несмотря на технологические достижения 1990-х годов, чтобы снять свои фильмы и донести их до аудитории, студентам приходилось стараться изо всех сил. Все ранние фильмы Белоноговой были адресованы детям, однако относительно инноваций в анимационной индустрии ее планы были гораздо более грандиозными. Она хотела снять адаптацию ранних работ Габриэля Гарсии Маркеса, но ее остановили наставники, указав на проблемы с авторскими правами[12]. Несмотря на это препятствие, она продолжала настойчиво ставить перед собой высокие цели и работать. Например, она работала, чтобы накопить денег на пересъемку одного из своих фильмов на пленку, что позволило бы показывать ее фильм по телевидению, привлекая более широкую аудиторию и способствуя его распространению[13]. Опыт

---

[11] Факультет анимации и мультимедиа — самый молодой во ВГИКе. URL: http://www.vgik.info/teaching/animation/ (дата обращения 10.06.2023).

[12] Подробнее о студенческих годах Белоноговой см. [Орлов 2000].

[13] В наше время интернет способствует распространению фильмов за пределами России. Фильмы Белоноговой можно посмотреть на ее YouTube-канале: https://www.youtube.com/@01sneguria.

Белоноговой показывает, что, несмотря на отмену цензуры, после распада Советского Союза студенты сталкивались с другими барьерами, связанными с финансовыми ограничениями и вопросами авторского права.

Белоногова сняла три студенческих фильма, каждый из которых завоевал престижные награды. Изюминкой фильмов Белоноговой становится эффект неожиданности, что выглядит особенно актуально, учитывая экономические, политические и культурные потрясения, которые переживала Россия в годы ее обучения. Ее первая студенческая работа «Завтрак съешь сам!» (1995) — двухминутный черно-белый фильм о мышке, финал которого преподносит зрителям сюрприз. Все время зритель уверен, что мышь собирается позавтракать из огромного чана со сметаной, но внезапно в чане оказывается черная кошка, для которой сама мышка становится приятным завтраком. Одним из наиболее позитивных изменений в постсоветской анимационной индустрии было то, что студенты намного проще могли продемонстрировать свои фильмы на международных фестивалях. Например, «Завтрак съешь сам!» был представлен на Лейпцигском фестивале в 1995 году и на фестивале в Тарусе в 1996 году.

Второй студенческий фильм Белоноговой «Как Володя быстро с горочки летел» (1996) основан на стихотворении Даниила Хармса, написанном в 1936 году[14]. В доказательство ее навыков в области цифровой анимации титры отмечают, что фильм был снят с использованием «Animator Pro», «Adobe Photoshop 3.5», «Pro Tools» и «Fast V.M.». В фильме, как и в стихотворении Хармса, Володя катится с горки, по пути натыкаясь и увлекая за собой охотника и множество разных животных. Стихотворение и фильм заканчиваются тем, что Володя врезается в медведя, после чего спуск останавливается. Стихотворение «Как Володя быстро под гору летел» завершается в типичном хармсовском абсурдном стиле, оставляя финал открытым: «И Володя с той поры не ката-

---

[14] Это стихотворение было впервые опубликовано в советском детском журнале «Чиж», № 12, в 1936 году. Оно основано на стихотворении немецкого поэта Вильгельма Буша.

ется с горы», — читатель может даже предположить, что медведь Володю съел [Кондаков 2004]. Стиль Белоноговой предполагает другой поворот событий. Медведь не ест Володю, хотя на секунду кажется, что он может проглотить санки. Вместо этого медведь улыбается, обматывает веревочку санок вокруг пояса и весело сам катится вниз по склону. Персонажи Белоноговой милые и причудливые, с большими выразительными глазами, они ярко выделяются на фоне белого снега. Этот фильм с его неожиданной веселой концовкой в 1998 году получил приз вгиковского кинофестиваля за лучшую работу художника.

Третий и последний студенческий фильм Белоноговой «Никопейка» вышел в 2000 году. Раскадровки и персонажи были созданы еще в 1996 году. Фильм снят в видеоформате (на «Бетакаме») из-за финансовых препятствий, которые предыдущие поколения аниматоров не могли себе представить. Белоногова училась на коммерческой основе, то есть сама платила за свое образование и оборудование, и у нее просто не было денег, чтобы оплатить использование камеры на съемочном станке [Орлов 2000]. Фильм основан на стихотворении Александра Алана Милна «На рынке» («Market Square», 1924) и, что характерно, Белоногова добавляет к оригинальному сюжету неожиданный поворот. В стихотворении маленький мальчик нашел монетку и отправляется на рынок, чтобы купить кролика. Разные продавцы предлагают ему свои товары, но он не может найти кролика, которого так хочет, и уходит с рынка, так ничего и не купив.

Действие мультфильма Белоноговой разворачивается на очевидно российском рынке с матрешками, традиционными киосками, торгующими едой, и аттракционами. Мальчик со своей монеткой пробирается через переполненные ряды в поисках кролика. Когда он предлагает свою копейку продавцу, продающему фруктового кролика, продавец предлагает ему только один банан. Мальчик находит еще монетки и идет к другому прилавку, где ему предлагают кружку пива, а какая-то женщина показывает ему сервированного жареного кролика. Шокированный зрелищем мальчик убегает с рынка, следуя за птицей, которая приводит его к тропинке, усеянной морковкой. В конце концов он бросает

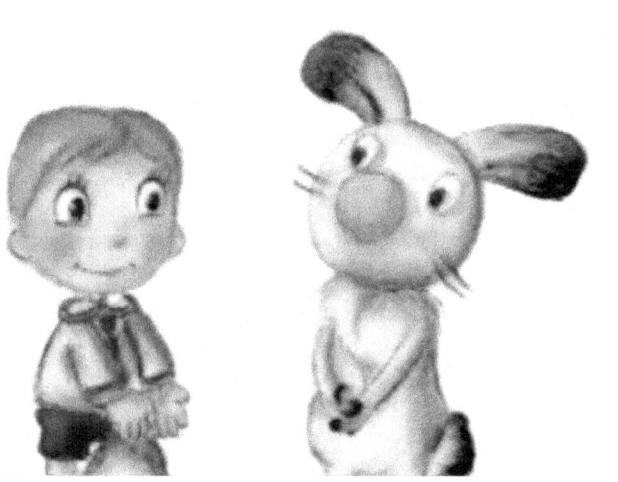

Рис. 26. Кадр из мультфильма «Никопейка» (2000)

найденные деньги птице и, в отличие от стихотворения, находит идеального друга-кролика на соседнем поле (см. рис. 26). Как и в других фильмах Белоноговой, персонажи «Никопейки» отличаются большими выразительными глазами и выглядят очень яркими на бледном фоне, что позволяет сосредоточить внимание только на них. В финальной сцене маленький мальчик и его кролик прыгают в воздух и скачут по верхушкам деревьев, почти летают, используя фантазию и воображение в завершение фильма.

Как и фильмы Головановой, эта сцена напоминает о предложении Кирни о том, что миры, созданные с помощью воображения, позволяют зрителям метафорически «выйти» за пределы повседневного жизненного опыта и принять то, что иначе не имело бы смысла [Kearney 2006: 1–2]. Фильм Белоноговой предлагает зрителям представить невозможное, забыть привычные образы и звуки рынка, и благодаря искусству оператора и художников почувствовать себя так, будто они тоже скачут по вершинам деревьев вместе с мальчиком и кроликом. Анимация и сила воображения позволяют мечтам мальчика вывести его самого и зрителя за рамки ожидаемого. Тот самый разрыв между повседневностью и бессмысленностью, возможно, был тем, что чувствовали люди, когда распался Советский Союз и система, просуществовавшая семьдесят лет, свое существование прекратила: ощущение свободы, чего-то невозможного и неизвестного.

Белоногова продолжала работать, выполняя коммерческие заказы для телевидения, и в итоге оказалась на кафедре перед студентами, где стала наставником для будущих аниматоров. В настоящее время Белоногова преподает во ВГИКе, обучая своих студентов анимации и формируя будущее российской мультипликации. Она ведет свой YouTube-канал, где периодически публикует подборки работ своих учеников. Согласно ее посту четырехлетней давности, из 21 студента, чьи работы вошли в очередную подборку, только трое — мужчины, что свидетельствует о том, что Белоногова теперь вдохновляет новые поколения женщин-аниматоров[15].

Осознавая вклад женщин в советскую и российскую историю анимации, Белоногова стала автором одной из немногих работ на русском языке, освещающих труд женщин в индустрии. Белоногова — первая женщина-аниматор, теоретически обосновавшая связь термина «женское кино» с анимацией. В своей статье Белоногова объясняет необходимость изучения женской анимации:

> Если рассматривать проблематику, образный и стилистический язык поставленных женщинами фильмов, становится ясно: не уступают они мужчинам ни в стремлении к прекрасному, ни в широте творческой мысли, ни в открытии художественных приемов. А по части душевности, доверительности и чистоты порой и превосходят их [Белоногова 2016].

---

[15] Фильмы, снятые Белоноговой и ее учениками, представлены на ее YouTube-канале. См., например: Сборный ролик студентов-мультипликаторов take 5, педагог анимации Анна Белоногова. URL: https://www.youtube.com/watch?v=56fdDOtjN8Q (дата обращения 15.06.2023).

Хотя она и не делает вывода о том, что женская анимация по своей сути лучше мужской, Белоногова поддерживает идею о том, что женщины-аниматоры предлагают очень личные фильмы, уникально сформированные женским опытом жизни в советскую и постсоветскую эпохи. Другими словами, она также отмечает женскую субъективность, отраженную в снятых женщинами анимационных фильмах, женскую субъективность, которая, как мы полагаем, все еще борется с влиянием советской идеологии и традиционной мизогинии.

Белоногова также борется с негативными представлениями о термине «женское кино», который часто ассоциируется с кино, лишенным связности, конструкции и логики построения. Она утверждает, что женщины трудились неустанно и самоотверженно, несмотря на тяжелые условия жизни и семейные обязанности, что только повышает ценность их фильмов. То, что женщины работали вдохновенно, «даже с каким-то отчаяньем», чтобы оставить свой след в анимации, очевидно для Белоноговой [там же]. Женщины-аниматоры, возможно, не были так продуктивны, как мужчины, и они, возможно, не гнались за заработками и повышениями, как делали это окружающие их мужчины, — вместо этого они находили удовлетворение в своей работе. Фильмы, созданные женщинами-аниматорами, были для них способом выразить себя поэтически и интеллектуально, сделать повседневность красивее и лучше.

Эта поэтическая интеллигентность — та нить, которая определяет собственные фильмы Белоноговой и движущая сила для нее как учителя и наставника. Неожиданные повороты, которые она включает во все свои картины, являются примерами поэтического осмысления распада советского государства. Ее более поздний фильм сочетает ее обычный шутливый сюрприз в конце с комментарием о гендерной проблематике в XXI веке. Фильм Белоноговой «Подарок» 2004 года, снятый при поддержке Министерства культуры по мотивам стихотворения Генриха Сапгира, активно выходит за рамки очевидных гендерных ролей. Оригинальное стихотворение Сапгира — это размышление внука о наилучшем подарке на день рождения бабушки, но визуально фильм рассказывает другую историю. Отец в фильме одет не только в брюки, но и в фартук, так как он готовит завтрак для семьи и печет красивый именинный торт. Мать элегантно одета, она наблюдает, как муж выполняет домашние дела. Но даже родители в гендерно неконформных ролях, очевидно, неправильно оценивают бабушку. Они дарят бабушке вязальные спицы и очки для чтения, в то время как внук представляет ее капитаном корабля, офицером, ведущим кавалерию в атаку, и машинистом поезда. В своем воображении он ломает стереотипы, связанные с гендером и возрастом, по-новому обыгрывая идею оригинального стихотворения о том, что внуки — самые ценные подарки.

Теоретический и практический вклад Белоноговой в защиту женского творчества и анимацию делают ее и ее фильмы однозначными образцами женского кино и помогают определить женскую субъективность в постсоветском контексте. Своей преподавательской деятельностью Белоногова оказала влияние на бесчисленное множество аниматоров, и она присоединилась ко многим преподавательницам до нее, не получившим достойного признания за их вклад. Среди них Елена Гаврилко, Светлана Сичкарь, Галина Баринова, Розалия Зельма, Эльвира Маслова и Виолетта Колесникова. Эти женщины своим самоотверженным преподавательским трудом повлияли на целые поколения аниматоров [там же]. И хотя их имена мало известны за пределами аудиторий, они привили своим ученикам любовь к искусству и анимации. Белоногова, без сомнения, входит в число тех влиятельных женщин, которые обеспечили, что в классах по анимации «взращивается новая творческая личность — будущее искусства» и будущее российской анимации [там же]. В 1990-х Белоногова и Муат, каждая по-своему, помогли проторить дорогу для женщин в анимационной индустрии постсоветского периода. Обе они внесли свой вклад в идею женского кино в рамках анимации и стремились создать индустрию, в которой смогут творить новые режиссеры.

Глава 8

Женщины, которые преодолевают прошлое и смотрят в будущее

Россия вступила в XXI век с новым президентом, Владимиром Путиным, который продемонстрировал как желание восстановить геополитический статус России, так и интерес к экономическому либерализму, создающему новое будущее для Российской Федерации. Путь к этому новому будущему осложняется многими факторами, включая экономический спад, территориальные споры и политические интриги. Коллапс коммунистической системы позволил людям начать высказывать свое недовольство по многим вопросам, в том числе по вопросам гендерного неравенства. Интересно, что система, которая якобы обеспечивала женщинам равенство с мужчинами, должна была рухнуть, чтобы что-то в этом направлении стало меняться на самом деле. Сформировались группы, занимающиеся гендерными вопросами (некоторые еще в середине 1990-х годов), среди них Московский центр гендерных исследований, цель которого — изучение проблем женщин и гендерного неравенства, и Союз женщин России, который стремится помочь женщинам войти в формирующуюся рыночную экономику и преуспеть в ней[1]. Подобные группы открыли диалог о месте женщин в российской жизни и бизнесе, но феминизм в России все еще сильно отличается от западной модели из-за политических традиций и исторических взглядов,

---

[1] Союзу женщин России присвоен статус государственной организации в декабре 2018 года.

которые его сформировали. Женщины-аниматоры также внесли свой вклад в диалог об изменении образа женщин как внутри, так и за пределами своей индустрии.

Индустрия анимации, особенно полнометражные анимационные фильмы и женская анимация, процветает в России с тех пор, как в 2000-х и 2010-х годах экономика стала сильнее. В заключение мы остановимся на тех областях анимационной индустрии, где есть место для женских голосов и женских мультфильмов. Женщины в 2000-х и 2010-х годах обращались к анимационной индустрии, по-разному демонстрируя свою активность и сознательность в формировании женской субъективности. Эта заключительная глава не подразумевается как исчерпывающее исследование женской анимации в эти последние десятилетия. Скорее, это обзор того, каким образом женщины-режиссеры продолжили работу по темам и направлениям, определенным предыдущими поколениями. Как и в прошлом, это новое поколение женщин-мультипликаторов, все еще опирающихся на детскую анимацию, преуспело в своей сфере, овладевая новыми технологиями и эстетическими направлениями, занимаясь такими темами, как материнство и семья, и отстаивая в своих фильмах женские образы. Мария Муат, Юлия Аронова и Дарина Шмидт — вот некоторые из тех женщин-режиссеров, которые сегодня развивают и продвигают российскую анимацию. Мы определили три различных способа, которыми женщины формируют не только индустрию анимации, но и женскую субъективность в ней: создание новаторских анимационных фильмов, самоотверженная работа в инновационных студиях и наставничество новых аниматоров. Их достижения в анимационной индустрии смело проявляются на фоне вызовов, с которыми сегодня сталкиваются женщины в России.

Индустрия анимации в 2000-е и 2010-е годы

За последние два десятилетия растущая финансовая стабильность и расширение географии индустрии анимации предоставили женщинам больше возможностей. Годы, последовавшие за распадом Советского Союза, для медиаиндустрии были хаотичными, так как кинематографисты были вынуждены бороться за ограниченные государственные средства и соревноваться за частное финансирование. Сегодня индустрия анимации по-прежнему в основном зависит от государственных средств, поэтому она весьма уязвима к экономическим колебаниям. Два экономических спада осложнили восстановление анимационной индустрии. Первый, известный как «обвал рубля», достиг своего апогея в 1998 году при Ельцине, когда правительство отказалось от защиты курса рубля по отношению к доллару, объявило дефолт по внутреннему долгу и ввело девяностодневный мораторий на коммерческие платежи по внешнему[2]. Кризис рубля непосредственно сказался на анимации: в 2000 году было снято всего семнадцать фильмов. По мере восстановления экономики российское правительство приступило к оказанию государственной поддержки кинематографу, что позволило в 2004 году выпустить рекордные 68 анимационных фильмов [Maliukova 2009].

Второй экономический спад в 2008–2009 годах был вызван падением цен на сырую нефть, в результате чего российские рынки упали более чем на триллион долларов [Faulconbridge 2010]. Следствием этого стало то, что российское правительство на неопределенный срок отложило финансирование мультипликации, это негативно сказалось на отрасли и усилило необходимость большего самофинансирования. К 2010 году государственный бюджет анимации по-прежнему был в два раза меньше, чем в предыдущие годы, в результате чего многие студии либо закрылись, либо оказались на грани закрытия. Одной из независимых студий, практически прекративших существование из-за финан-

---

[2]   В период снижения мировых цен на сырьевые товары страны, в значительной степени зависящие от экспорта сырья, пострадали больше прочих. На нефть, природный газ, металлы и древесину приходится более 80 % российского экспорта, что делает страну уязвимой к колебаниям мировых цен. В результате кризиса был объявлен дефолт по государственным ценным бумагам, и национальная валюта сильно упала. См. [Desai 2000], а также: Nevafilm. The Film Industry in the Russian Federation / ed. André Lange. Strasbourgh: European Audiovisual Observatory, 2010.

совых трудностей тех лет, стала, например, студия «Пилот». Однако потом индустрия стала медленно восстанавливаться. В 2011 году государственное финансирование анимации достигло 500 миллионов рублей, увеличив объем производства до 3000 минут, а к 2017 году производство превысило 4200 минут в год. Количество анимационных студий также увеличилось с 30 в 2011 году до 50 в 2017 году[3].

В связи с нестабильностью государственного финансирования отрасль начала предпринимать шаги, направленные на достижение большей экономической самостоятельности. Одним из способов была географическая диверсификация, позволившая открыть новые голоса путем создания новых студий и, соответственно, новых разнообразных фильмов из разных уголков Российской Федерации[4]. С 2000-х годов в анимации больше не доминирует Москва с ее «Союзмультфильмом» и «Мульттелефильмом». Новые российские анимационные студии появились в Санкт-Петербурге, Саратове, Екатеринбурге, Казани и Ярославле. Одна из самых влиятельных студий — «Мельница» — расположена в Санкт-Петербурге и была официально основана в 1999 году при финансовой поддержке кинокомпании «СТВ» Сергея Сельянова. «Мельница» создала пространство для женщин-аниматоров, в первую очередь Дарины Шмидт. Вероятно, самый известный проект «Мельницы» — серия фильмов «Три богатыря», сборы которой составили более 135 миллионов долларов. Богатырская франшиза из десяти серий является самой успешной в истории российской анимации на сегодняшний день.

В конце 2000-х годов анимационная индустрия также попыталась позиционировать себя в глобальном масштабе, с помощью интернета пытаясь вернуться к уровню успеха, которым она пользовалась в советскую эпоху. Таким образом, если в преды-

---

3   Данные о российской анимации в период кризиса см. в [Меринов 2010].

4   Например, расположенная в Казани студия «Film Fay» частично спонсируется местным правительством Казани, а также другими предприятиями, обращающимися к услугам студии для создания рекламных роликов. См.: Film Fay Animation Studio. URL: http://filmfay.com (дата обращения: 12.06.2023).

дущие годы основное внимание уделялось представлению российских анимационных фильмов на международных фестивалях, то в 2000-х годах целью стало вывести анимацию на гораздо меньшие экраны: планшеты, компьютеры и телевизоры по всему миру. Мультсериал «Маша и Медведь» (2009 — настоящее время) режиссера Олега Кузовкова, выпускаемый студией «Анимаккорд» в Москве, является на сегодня одной из крупнейших мультиплатформенных сенсаций, его показывают по телевидению более чем в 100 странах и транслируют по всему миру на «Netflix», «iTunes», «Google Play» и «YouTube». В 2016 году эпизод «Маши и Медведя» «Рецепт катастрофы» стал единственным немузыкальным видео, попавшим в топ-10 самых просматриваемых видео на «YouTube» с более чем 2,9 миллиарда просмотров, а сегодня одна только английская его версия имеет 12,6 миллиона подписчиков, более 5 миллиардов просмотров и зарабатывает от 1,4 до 22,9 миллиона долларов в год (эти суммы не включают мерчандайзинг и доходы от живых событий)[5]. Тем не менее индустрия анимации смогла опробовать такой международный подход только при активной помощи и поддержке со стороны правительства и «Фонда кино» [Tizard 2018]. Такие кинематографистки, как Муат, сумели воспользоваться нынешней структурой государственной поддержки, используя успешно финансируемые рекламные площадки и создавая небольшие студии для производства фильмов. За последние 18 лет открывалось и иногда, к сожалению, закрывалось множество небольших студий, в том числе «Анимос», «Пчела» и «Изолента», созданные при участии женщин-аниматоров[6].

Сегодня индустрия все еще фокусируется на способах самофинансирования фильмов и меньше полагается на правительственную поддержку. Например, снова обращаясь к модели

---

[5] Эти статистические данные взяты из: [Vereykina 2015; Teicher 2018]; Masha and the Bear. Socialblade. URL: https://socialblade.com/youtube/user/mashabearen (дата обращения 12.06.2023).

[6] На английский язык название студии «Анимос» переводят по-разному, включая варианты «Animos», «Animose» и «Animouse».

«Диснея», некоторые компании разрабатывают и продают товары, связанные с их фильмами, чтобы привлечь дополнительные потоки доходов, как в случае с «Машей и Медведем». Студии также ориентируются на доходы от экспорта, которых практически не было до 2011 года, но которые превысили 2,4 миллиарда рублей в 2016 году. Такое увеличение поступлений из-за рубежа сопровождается и увеличением поступлений от внутренних кассовых сборов, которые за тот же период удвоились. Наконец, есть идея создания большого промышленного технопарка, посвященного анимации. В 2017 году «Союзмультфильм» переехал в новое, более крупное здание в надежде привлечь к сотрудничеству молодые начинающие студии. Хотя это может показаться шагом назад, к периоду доминирования «Союзмультфильма», на самом деле это облегчило бы трудности отдельных компаний, позволив им работать сообща и делить расходы. Остается открытым вопрос о том, какую роль будут играть женщины в этих новых предприятиях и смогут ли их малые предприятия процветать в этой атмосфере и сотрудничества, и конкуренции одновременно.

Женский вопрос в 2000-е и 2010-е годы

Нынешнее состояние прав женщин в Российской Федерации остается проблематичным, несмотря на российскую Конституцию 1993 года, в которой законодательно было подтверждено равенство мужчин и женщин. Как и прежде, это равенство носит номинальный характер, и женщины по-прежнему борются за свои права, такие, как право на выбор любого карьерного пути. Советский Трудовой кодекс 1922 года запрещал женщинам заниматься опасными видами деятельности в попытке защитить традиционные женские роли — деторождение и уход за детьми [Levinson 1989: 151–182]. Эти ограничения в отношении женщин сохраняются и в путинской России. В течение первого года пребывания на посту президента Путин принял постановление правительства, которое продлило запрет на работу женщин в областях с условиями труда, считающимися вредными или опасными, тем самым запретив им работать в 456 профессиях[7], включая профессии шахтера, плотника, пожарного, машиниста поезда, кузнеца и судового механика [Balmforth 2016].

Помимо профессиональных запретов, права женщин по-прежнему ограничиваются в других сферах. Относительно недавно, в 2017 году, был принят закон, декриминализирующий некоторые виды насилия в семье, переведя их в ранг административных правонарушений — это происходит в стране, где примерно каждые 40 минут одна женщина умирает от бытового насилия [Walker 2017]. Политика правительства, усиливающая гендерное неравенство, побудила большее, чем в предыдущие десятилетия, число российских женщин обратиться к феминизму. Некоторые российские феминистки обращались к западным ориентирам. Например, в 2018 году российские феминистки создали список прав, которые они активно отстаивают, включая изменения в законе о семейном насилии, повышение выплат во время отпуска по беременности и родам и отпуска по уходу за ребенком (для матерей и для отцов), права на аборт, законы о разводе и законы по устранению разрыва в заработной плате. Юлия Алексеева, активистка и волонтерка неправительственной организации «Сестры», занимающейся борьбой с сексуализированным насилием, предполагает, что «для гражданина первого мира эти приоритеты не будут выглядеть экстремально, но в России они почти радикальны» [Perera 2011]. Хотя эти цели могут показаться похожими на те, к которым стремятся западные феминистки, следует помнить, что российский феминизм существенно отличается из-за исторических и социальных контекстов, в которых он формировался.

Женщины в путинской России активно добиваются равенства в различных областях, включая политику, искусство, бизнес, а также через сообщество, предлагаемое группами поддержки онлайн. Сегодня российские женщины меняют понимание женственности и трансформируют общественно-политическую

---

[7] С марта 2022 года действует новая поправка к 253 статье ТК РФ, благодаря которой этот список заметно сократился. — *Прим. пер.*

структуру России. В политической сфере российские женщины работают над расширением их представительства. Несмотря на то что женщины составляют большинство российского населения, они по-прежнему несоразмерно мало представлены в политике. По состоянию на 2018 год женщины-политики занимали лишь 61 из 450 мест в Государственной Думе. Алена Попова, активистка движения за права женщин и бывшая журналистка, дважды баллотировавшаяся в Госдуму, считает, что для достижения этих целей необходимо единство: «Мы должны выработать стратегию, использовать все имеющиеся возможности для обеспечения равенства»[8]. Важную роль в объединении женщин сыграл интернет. Некоторые интернет-группы не являются политическими, вместо этого они фокусируются на повседневных вопросах, таких как семейная жизнь, профессиональная жизнь, бодипозитив и поддержка молодых матерей. Материнство, карьера и поддержка других женщин — это те самые темы, которые женщины-мультипликаторы часто продвигают и в своих фильмах, и в своих интервью. Таким образом, женщины-мультипликаторы отражают мысли и устремления женщин в современной России.

Искусство также играет важную роль в расширении прав и возможностей женщин в России. Хольмгрен предполагает, что из российских женщин наибольшую активность в плане социального и политического влияния проявляют журналистки, медиаэксперты, художницы и писательницы [Holmgren 2013]. Одна из самых известных и открыто высказывающихся артистических групп, «Pussy Riot», феминистская панк-рок-группа, впервые выступила в 2012 году в качестве реакции на «открытую демонстрацию гетеросексистского мачизма», за что две участницы группы получили по два года тюремного заключения [там же: 537]. Еще одним примером использования женщинами искусства в качестве формы протеста стала выставка «Женщины в работе:

---

8   Feminism in Russia: On the Streets and Behind the Scenes // The Moscow Times. February 21, 2018. URL: https://themoscowtimes.com/photogalleries/feminism-in-russia-60586 (дата обращения: 13.06.2023).

низвержение женского начала в постсоветской России» в лондонской «White Space Gallery». В экспозиции представлены работы современных художниц Татьяны Антошиной, Виты Буйвид, Ольги Тобрелутс, Глюкли, Леры Нибиру, чье творчество говорит об их женском опыте и по сути «стремится подчеркнуть роль художниц как активных агентов в российском художественном контексте с возможностью его изменить» [Davis 2018]. Представленные на выставке работы были посвящены влиянию субъективного женского опыта и его важной роли в качестве основы для создания арт- и политических комментариев.

Российские женщины оказывают влияние и на деловой мир. Правозащитница Андреа Маццарино считает, что российские предпринимательницы недовольны доминированием мужчин, и поэтому ищут новые формы деятельности в бизнесе [Mazzarino 2013]. Бизнес как профессия в постсоветском обществе считается российскими журналистами, политиками и среднестатистическими гражданами мужским делом, часто связанным с коррупцией и отсутствием морали. Однако бизнес-леди создают новые социальные пространства для женщин и меняют представления о женственности и гендерной принадлежности в своей предпринимательской деятельности. Маццарино утверждает, что деловые женщины «подрывают культурные представления о том, что единственными приемлемыми устремлениями для женщин являются материнство и брак» [там же]. Хотя число принадлежащих женщинам предприятий в России все еще ошеломляюще низкое, менее 30 %, все больше женщин в настоящее время заинтересованы в открытии своих собственных предприятий в качестве способа улучшения жизни своей и окружающих. Среди них, например, Муслима Латыпова, Ольга Слуцкер и Татьяна Бакальчук — владелицы продуктовой сети «Бахетле», Russian Fitness Group и интернет-магазина «Wildberries» соответственно [там же][9]. Российские женщины-мультипликаторы также сумели объединить бизнес, лидерские качества и творчество, чтобы поддерживать женщин и их выбор. Несмотря на традиционное

---

[9] См. также [Parfitt 2020].

гендерно-ориентированное распределение сил, препятствующее продвижению женщин на руководящие должности, эти женщины стали известными режиссерами, продюсерами, владелицами студий и педагогами, благодаря чему получили уникальное положение в плане переосмысления женской индивидуальности на экране.

Развитие медиа Марии Муат

Мария Муат — живой пример того, как в последние несколько десятилетий женщины меняли анимационную индустрию, объединяя анимацию с бизнесом. Муат стала одной из ведущих предпринимательниц и предпринимателей в плане переосмысления индустрии, и она предоставила возможность развивать свой талант другим женщинам-мультипликаторам. Сегодня ее анимационная студия «Пчела» занимается созданием детских фильмов и выпуском дебютных работ начинающих аниматоров[10]. Ее упорство завоевало ей сильную позицию в анимационной индустрии, помогло в продвижении классики русской литературы для детей и кукольной анимации, а также обеспечило немалым авторитетом среди нового поколения мультипликаторов.

В попытке сохранить и возродить кукольную анимацию, с 1994 по 2002 год Муат открыла несколько анимационных студий[11]. На пороге XXI века Муат участвовала в создании проекта «Анимос», получившего в том числе финансирование от «Christmas Films», S4C и BBC для работы над мультсериалом под названием «Сказки народов мира» (2000–2004). Партнерство позволило студии «Анимос» закупить оборудование и предложить множество различных стилей анимации, хоть и в небольших масштабах. В 2000 году Муат сняла для сериала фильм «Корона и скипетр»

---

[10] Студии «Пчела» исполнилось 10 лет // animalife.ru — Мир и новости анимации. 28 июля 2016 года. URL: http://animalife.ru/2016/07/28/studii-pchela-ispolnilos-10-let/ (дата обращения: 15.06.2023).

[11] См. обсуждение творчества Муат в главе 7.

(2000), который вышел на НВО в 2002 году. После 2002 года Муат сосредоточилась на адаптации классической русской литературы для детей, сняв мультфильмы «Девочка Люся и дедушка Крылов» (2003) и «Про мышонка» (2004). В 2007 году она получила премию «Ника» за фильм «Снегурочка» (2006), в котором прекрасно отразились представления Муат о душе кукол.

«Снегурочка» снята по одноименной пьесе Александра Островского (1873), которую Николай Римский-Корсаков использовал для написания своей знаменитой оперы в 1882 году. Этот мультфильм рассказывает о языческом ритуале Масленицы — прощания с зимой и встречи весны. Главная героиня оказывается принесенной в жертву. В фильме Муат Снегурочка, дочь Деда Мороза и Весны-Красны, взрослеет, превращаясь из холодной девы, не способной испытывать человеческого любовного жара, в роковую женщину, очаровывающую молодых мужчин из местной деревни и среди прочих пронырливого торговца Мизгиря. В конце фильма, когда Снегурочка признается Мизгирю в своей любви, над холмом появляется яркий солнечный луч, и Снегурочка вспыхивает белым пламенем, символизирующим ее любовь. Она поднимается в небо, являя собой и конец зимы, и силу любви. Утративший любовь Мизгирь бросается с обрыва, жители деревни мечутся в ужасе, но они же и радуются концу длинной суровой зимы.

Теоретические представления Муат о роли кукол и ее способность их оживить дополняют тайну изображенного в «Снегурочке» языческого ритуала. Куклы в «Снегурочке» полны жизни, Муат подчеркивает это яркими цветами, контрастирующими с серо-белыми зимними пейзажами и коричнево-деревянной деревней. Движения кукол и их одежды напоминают человеческие, но не пытаются в точности их повторить — вместо этого куклы Муат движутся более плавно, а жесты их преувеличены, что сильно отличает их от других известных кукольных фильмов. По словам Малюковой, кукольная анимация потеряла популярность в России из-за того, что в результате изменившегося подхода к изготовлению и анимации куклы потеряли свои души[12].

---

[12] Об эволюции кукольной анимации в последнее время см. [Maliukova 2009: 69].

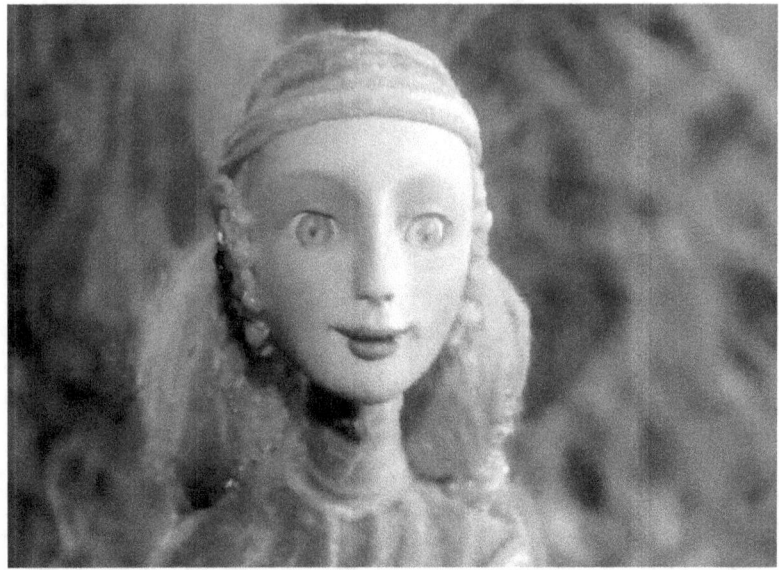

Рис. 27. Кадр из мультфильма «Снегурочка» (2006)

Однако Малюкова считает, что Муат является исключением и ее работу можно отнести к высокому искусству благодаря уникальному подходу к движениям [Коновалова 2010]. Сочетание плавной пластики тела с ограниченной мимикой (у Муат движутся только глаза и рты кукол) придает фильму волшебную, сверхъестественную составляющую (см. рис. 27). Муат цитирует своего учителя Образцова: «Кукла может все. Но она не должна изображать человека, она должна быть образом, быть острой». «Зачем очеловечивать кукол, если есть живые актеры? — говорит она. — С куклами нужно делать то, чего люди не могут» [там же]. Намерение Муат — не подражать реальной жизни со своими куклами: у куклы своя жизнь. Плавные движения тела оживляют неподвижное лицо куклы так, как не смогли бы сыграть живые актеры. Куклы Муат олицетворяют иной мир, и это отражается в несогласованности движений их лиц и тел. Как и Ярило, упомянутый в «Снегурочке» бог солнца, Муат способна привнести силу жизни своей любовью к материалу.

Именно эта любовь побудила Муат на поиск идеальной студии, которая бы поощряла новых аниматоров; пространства, где женщины могли бы выражать свой субъективный опыт. Муат предполагает, что такие женщины, как она, игнорируются в анимационной индустрии, даже на небольших студиях. Например, несмотря на свою роль в его создании, она покинула «Анимос», потому что почувствовала, что ее проекты и кукольная анимация упускаются из виду [там же]. В 2006 году она вместе со своим мужем Владимиром Головановым основала студию «Пчела», чтобы получить государственное финансирование на горячо любимые ею проекты. По ее словам, государственная поддержка «Пчелы» невелика, но этого хватает, чтобы продолжать снимать фильмы, пока студия ищет других спонсоров [там же]. Из рассказа Муат о «Пчеле» можно получить представление о том, как работают небольшие студии при ограниченном государственном финансировании и как вынуждены бороться за свое дело предпринимательницы.

Необходимость привлечения новых талантов изначально была проблемой для многих анимационных студий. Большинство аниматоров «Анимоса» работали в индустрии уже долго, и студия не имела возможности активно поддерживать начинающих. Муат беспокоится, что если молодым профессионалам некуда будет идти, то эти новые аниматоры просто уйдут из индустрии [там же]. Кроме того, ее печалит, что, несмотря на то что университеты выпускают новые поколения режиссеров и художников, мало кого из молодежи интересуют куклы, и кукольных аниматоров среди них ничтожно мало[13]. По этим причинам Муат стала еще и преданной наставницей для молодых и неопытных аниматоров, только вступающих в индустрию. В дополнение ко всему, Муат участвует в ряде профессиональных мероприятий,

[13] Goundortseva I. Animose and Russian Animation. URL: http://www.liaf.org.uk/2011/04/animose-and-russian-animation-%e2%80%93-irina-goundortseva/ (дата обращения: 13.06.2023).

нацеленных на то, чтобы вдохновить молодых аниматоров оставаться в индустрии. Муат — одна из членов Национальной академии кинематографических искусств и наук, представляющих премию «Ника». Таким образом, Муат заполняет пустоту, помогая открывать новых аниматоров. Она непреднамеренно стала подобием материнской фигуры, которая как руководит новыми студиями, так и готовит новых аниматоров. Но она также стала матерью кукольной анимации, стремящейся отделить куклу от игрового кино и живых актеров.

Юлия Аронова

Юлия Аронова — одна из молодых мультипликаторов, успешно вошедших в индустрию, частично с помощью Муат, через работы в «Анимосе» и «Пчеле». Аронова окончила ВГИК в 2002 году, где изучала разные форматы анимации — кукольную, силуэтную и компьютерную, — все из которых использовала в своих анимационных фильмах. Как это неоднократно делала Муат, Аронова участвовала в создании нового проекта — недолго просуществовавшей студии «Изолента», где она работала, будучи студенткой, до 2001 года. Ее студенческий фильм «Эскимо» (2004) получил награды на Международном детском кинофестивале в Иране и на Суздальском фестивале анимационного кино, а позднее был выпущен в прокат компанией «Анимос»[14]. Этот девятиминутный немой кукольный фильм рассказывает историю циркового мастера и его дрессированного пингвина, который скучает по дому, глядя на обертку мороженого-эскимо. Как и Муат, Аронова способна передавать эмоции своих кукол через движения тел, живущих отдельно от неподвижных лиц, на которых движутся только глаза. Как и фильмы Белоноговой, «Эскимо» строится на неожидан-

---

[14] Юлия Владимировна Аронова на портале «Российская анимация в буквах и фигурах». URL: https://www.animator.ru/db/?p=show_person&pid=8 (дата обращения 13.06.2023).

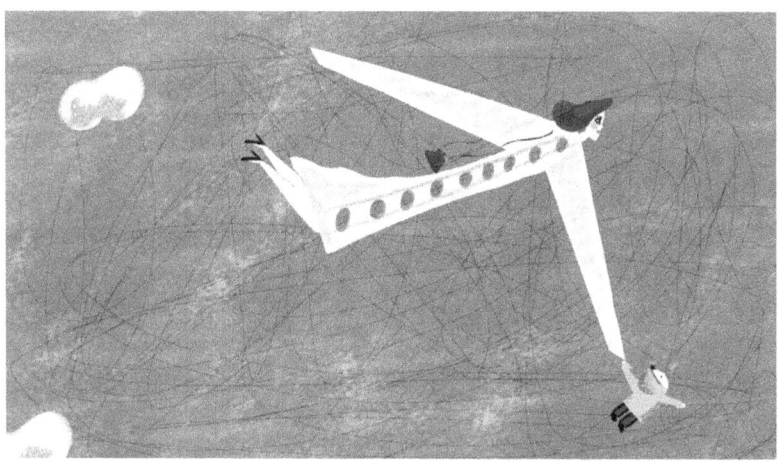

Рис. 28. Кадр из мультфильма «Моя мама — самолет» (2012), предоставлен «Пчелой» и лично Юлией Ароновой

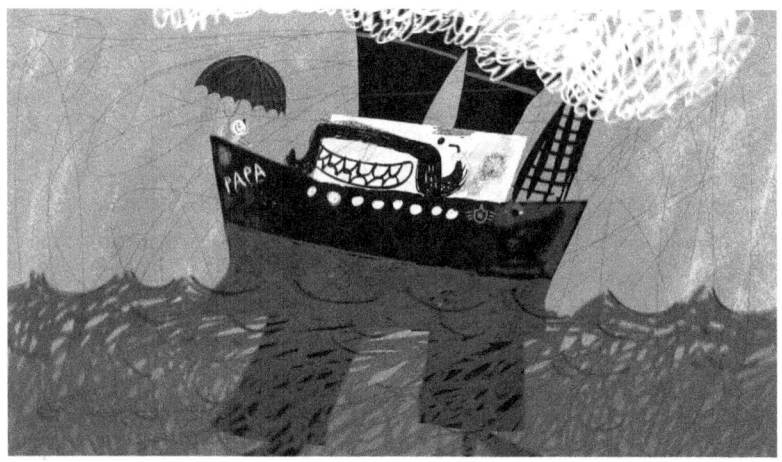

Рис. 29. Кадр из мультфильма «Моя мама — самолет» (2012), предоставлен «Пчелой» и лично Юлией Ароновой

ном повороте: когда пингвин исчезает из цирковой палатки, дрессировщик смотрит на землю и видит там обертку для мороженого. Он с удивлением замечает, что на фантике теперь изображен и его старый друг пингвин.

В 2004 году Аронова начала работать в «Анимосе» над своим первым профессиональным фильмом «Жук, корабль, абрикос» (2004). Следующие фильмы Ароновой «Мать и музыка» (2006) и «Камилла» (2008) также были сняты на «Анимосе». Перейдя в «Пчелу», Аронова сняла мультфильм «Моя мама — самолет» (2012), сделав супергероинями всех матерей, особенно свою собственную. Эта милая шестиминутная компьютерная анимация снята при финансовой поддержке Федерального агентства по культуре и кинематографии Министерства культуры Российской Федерации. Фильм голосом ребенка-рассказчика прославляет красоту мира со всевозможными мамами. Аронова запечатлевает на экране безграничную любовь ребенка к собственной матери — любовь, которая ставит мать выше всех остальных.

Матери в фильме — музыканты, ветеринары, строители, стоматологи, принцессы, ученые, цирковые артистки, владелицы магазинов, спортсменки, балерины, водительницы грузовиков — и самолет. В серый и дождливый день лица мам скрыты за зонтиками (за исключением водительницы грузовика и самолета), мамы гуляют по городу со своими детьми. Мам отличают некоторые символы их профессии, будь то виолончель, стремянка или балетные пуанты. Мать рассказчика — это самолет, она радикально отличается от других матерей. Она — самолет, а не пилот. Все остальные матери выглядывают из-под зонтиков, чтобы увидеть, как она пролетает мимо. Эта мама поднимает своего ребенка в воздух, держа его за руку (см. рис. 28). Мама-самолет доставляет письма не только людям, но и антропоморфным мировым достопримечательностям, и даже лужам. Она всем и вся приносит улыбки. Она бросает вызов сердитым военным самолетам и благополучно возвращает других мам по домам после того, как в одиночку победила грозящий им смертоносный шторм. За исключением папы рассказчика, парохода, которого мы видим только в самом конце мультфильма, в жизни детей наблюдается решающее отсутствие мужского влияния (см. рис. 29).

Анимация Ароновой, похожая на детские рисунки, с черными контурами и неожиданными цветными каракулями, похожа на многие из рассмотренных нами ранее фильмов, значительно опирающихся на детское воображение. Аронова воплощает фантазию и любовь ребенка через воображаемые суперсилы всех матерей в мире, по крайней мере в глазах их детей. Она также предполагает, вопреки российскому законодательству, что женщины, особенно матери, способны к любой профессии, даже той, которая является тяжелой и/или опасной (плотники, водители грузовиков и даже самолеты). Этим фильмом Аронова пополнила ряд фильмов о семье и материнстве, создав преемственность в рамках советской и российской культуры, а также в рамках российского женского кино.

Фильм Ароновой формирует женскую субъективность таким образом, чтобы принять традицию, одновременно принимая индивидуальность. Это неотъемлемое отличие российской женской субъективности от западной, где, как пишут в «Мирах русской деревенской женщины» Лора Ольсен и Светлана Адоньева, индивидуальная субъективность часто идет вразрез с традицией [Ольсен, Адоньева 2016]. С 1980-х годов в научной среде есть мнение, что мужчины, которые изменяют традиции, выражают свою индивидуальность, в то время как женщины якобы наносят ей ущерб. Однако в советской и постсоветской России женская субъективность более сложна: женская индивидуальность формируется через комбинацию принятия, адаптации, а иногда и отторжения традиционных практик. Субъективность женщин может быть и традиционной, и индивидуальной, и это лаконично демонстрирует фильм «Моя мама — самолет». Фильм Ароновой создает образ женской индивидуальности, основанный на нетрадиционной карьере и традиционной роли матери. Этот фильм призывает женщин играть традиционные роли матерей, но и не отказываться от своих индивидуальностей, быть супергероинями для своих детей.

Студия «Мельница», Дарина Шмидт и российская анимация

Расположенная в Санкт-Петербурге студия «Мельница» — одна из самых известных в постсоветской России. Она также обеспечила площадку, где женщины-аниматоры смогли сказать свое слово в анимационной индустрии. В 2018 году штат «Мельницы» насчитывал более 150 сотрудников, что позволило студии делать всю свою анимационную продукцию собственными силами. «Мельница» выпускает короткометражные и полнометражные мультфильмы в форматах 2D и 3D, телепередачи, рекламу[15]. У них также есть собственное звуковое подразделение «Миди Синема», а видеоигры, связанные с их мультфильмами, разрабатывает компания «1С Games». Значительный успех студии «Мельница» связан с несколькими фильмами и телесериалами. Один из самых популярных — телесериал «Лунтик и его друзья» (2006 — настоящее время), над созданием которого с 2006 по 2011 год работала и Дарина Шмидт.

Шмидт пришла работать на «Мельницу» в 2003 году, будучи студенткой направления «Режиссура мультимедиа» в Санкт-Петербургском государственном университете. Шмидт твердо верит, что студенты-мультипликаторы должны иметь возможность работать в индустрии, чтобы получать практический опыт. В этом смысле она является частью нового поколения аниматоров, выступающих за необходимость практического опыта за пределами класса. Она говорит, что университет заложил основу для ее самореализации и развития, но индустрия ценит качество и скорость производства, навыки, которые приходят только благодаря практике[16]. В «Мельнице» она работала под руководством Константина Бронзита и выступила в качестве художника-аниматора в его короткометражном фильме «Кот и Лиса» (2004). Она настаивает на том, что хоть Бронзит и направлял ее и поддерживал ее идеи, но ее выбор профессии был обусловлен ана-

---

[15] Подробнее о «Мельнице» см. «О студии Мельница» на официальном сайте: URL: http://melnitsa.com/about/ (дата обращения 13.06.2023).

[16] См. [Шмидт 2014].

литическим мышлением и любовью к мультфильмам в детстве [Сайдашева 2016].

На «Мельнице» Шмидт сняла первые семь эпизодов о Лунтике — пушистом сиреневом инопланетянине с четырьмя ушами, который вылупляется из яйца и падает на Землю с Луны. По словам Шмидт, первоначальная идея для сериала «Лунтик» возникла у Александра Боярского, далее к работе подключилась сценаристка Сарра Ансон (настоящее имя — Анна Саранцева) [там же]. Шмидт предполагает, что вдохновение для создания героев мультсериала она черпала из собственной любви к необычным и фантастическим героям мультиков, а также из детских представлений об окружающем мире. Образ самого Лунтика Шмидт придумала во время поездки в метро, а затем создала образы и характеры и для его друзей. Шмидт продолжала работать над сериалом до 2011 года. «Лунтик» ориентирован на дошкольников, и у него более семи миллиардов просмотров на «YouTube»[17]. Сюжет каждого из этих пяти- или шестиминутных эпизодов основан на том, что Лунтик узнает о своем новом доме, знакомясь и взаимодействуя с антропоморфными насекомыми и мелкими животными. В 2015 году коллектив создателей сериала, в том числе Шмидт, получил российскую премию Правительства в области культуры [там же]. Шмидт твердо верит, что фильмы для детей не должны быть поверхностными, они должны вовлекать детей в серьезные эмоциональные переживания, иметь личные драматические оттенки и не должны прятать детей от реального мира. Персонажи должны расти, меняться и развиваться. «Лунтик» соответствует этим требованиям, а взаимодействие похожего на ребенка Лунтика с более опытными взрослыми персонажами вносит свой вклад в темы семьи и детства, как и работы женщин-аниматоров до Дарины Шмидт.

В 2007 году Шмидт написала, анимировала и сняла «Маленькую Василису» — короткометражный мультфильм, который переплетает разные русские народные сказки о Василисе в увлекательную

___

[17] «Лунтик», URL: https://www.youtube.com/user/luntik/about (дата обращения 13.06.2023).

историю. «Маленькая Василиса» получила десять национальных и международных наград, в том числе престижные «Лучший дебют» и «Лучший мультфильм для детей» на XIII Российском анимационном фестивале в Суздале в 2008 году. В этой компьютерной анимации представлены персонажи, которые были собраны вместе наподобие лоскутного одеяла. Шмидт рассказывает историю маленькой сироты Василисы, которую удочерили жестокий купец с женой. Приемные родители заставляют Василису шить одеяло из лоскутов и сажают ее работать в лесной землянке. В лесу Василиса сталкивается с печально известными фольклорными злодеями — медведем (дядей Мишей) и Бабой-Ягой, которая хочет съесть девочку.

Русские фольклорные сказки о Василисе Прекрасной — это, как правило, сказки о половом созревании, в которых девушка, не готовая к браку, учится быть идеальной женой [Forrester, Zipes 2013: xxxix–xliii]. В таких сказках Василиса должна покорно выполнить ряд заданий, которые подготовят ее к роли образцовой хозяйки, которая умеет заботиться о семье. В интерпретации Шмидт Василиса подружилась с несколькими животными: мышкой, котом и даже дядей Мишей, который помогает ей сбежать от Бабы-Яги и злых приемных родителей. Василиса у Шмидт становится независимой современной девушкой, порывающей с традицией и выбирающей индивидуальность. Более того, она так никогда и не заканчивает одеяло, бросая вызов желанию общества сделать ее идеальной русской женщиной. «Маленькая Василиса», как и «Моя мама — самолет», формирует женскую субъективность через сочетание принятия, адаптации и отказа от традиции.

Шмидт отмечает, что анимационный коллектив «Мельницы» также сыграл роль в создании «Маленькой Василисы». Хотя это была её идея — снять фильм о девочке, которая страдает от рук взрослых и находит помощь у животных, — Бронзит подтолкнул Шмидт к мысли взять за основу фильма русские народные сказки [Капков 2018]. Интересно также, что себя Шмидт больше отождествляет с Бабой-Ягой, чем с Василисой, и она использовала себя в качестве модели для создания этого персонажа. Баба-Яга,

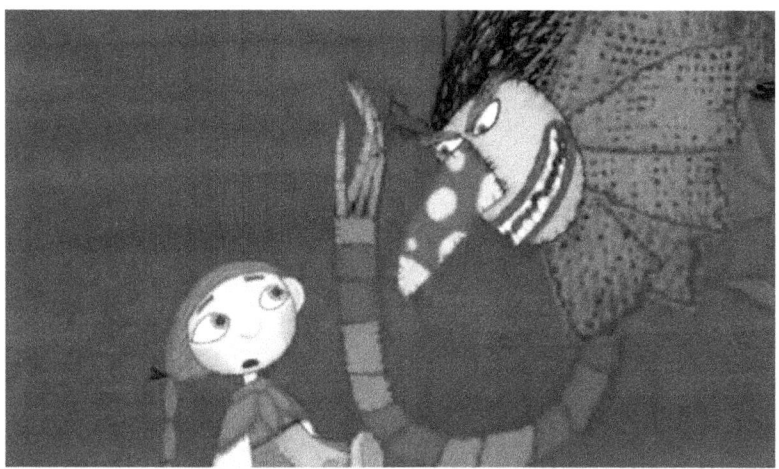

Рис. 30. Кадр из мультфильма «Маленькая Василиса» (2007), предоставлен «Мельницей»

как и Василиса, выглядит так, будто сшита из лоскутов, но у нее замечательные, как у робота, руки и длинные, кишащие птицами волосы. Шмидт говорит, что анимацию других персонажей делали и другие художники, но работу над Бабой-Ягой она доверила только себе [там же]. Она признается, что сама, подобно Бабе-Яге, не раз злилась, стоя перед зеркалом с застрявшей в волосах расческой и что персонаж вышел похожим на нее даже некоторыми мимическими выражениями. Самоотождествление Шмидт с Бабой-Ягой совпадает с тем, как Шмидт видит свою роль в сегодняшней анимационной индустрии. Успешные женщины-аниматоры должны меньше интересоваться красотой, работать как роботы и иметь фантастическое воображение. Чтобы смоделировать собственную версию женского я, Шмидт использует злодейку, а не героиню.

Ее режиссерская работа иллюстрирует и проблемы, и успехи женщин в современной анимационной индустрии. В 2016 году Шмидт сняла успешную третью часть серии об Иване-дураке

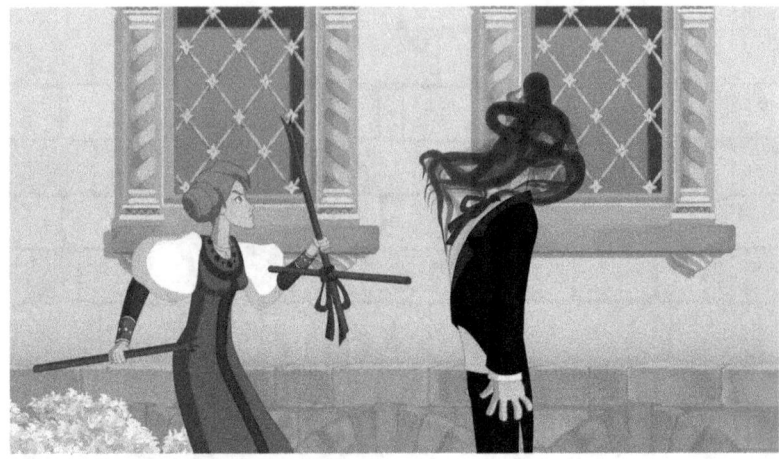

Рис. 31 «Иван Царевич и Серый Волк — 3» (2016), предоставлено «Мельницей»

«Иван Царевич и Серый Волк — 3». Бюджет фильма составил четыре миллиона долларов, а доход — более десяти миллионов долларов за первые 17 дней проката, фильм также выиграл в 2016 году престижную кинопремию «Икар» [Лавров 2016]. «Иван Царевич и Серый волк — 3» — это современные вариации на тему русских народных сказок. Главный герой серии — Иван, парень простой, трудолюбивый и добродушный. Но жена Ивана — царевна Василиса — одновременно типична и необычна. В третьем фильме Царь оставляет Ивана за главного в государстве и отправляется в отпуск. Жена Ивана, Василиса, настаивает на том, что им и самим уже давно пора в долгожданное свадебное путешествие. Согласившись с женой, Иван поспешно назначает заместителем обычное пугало, но пугало оживает и пускает жизнь в царстве в тартарары.

Эту версию Василисы можно было бы считать стереотипной женщиной, которая проводит большую часть своего времени в магазинах; с путеводителем в руках она пытается сделать Ивана культурным человеком, но на самом деле только демонстрирует собственную неосведомленность. Однако в конце фильма она становится героиней, ломает пополам посох, убивает злодея и тем самым спасает жизнь Ивану (см. рис. 31). Комментарии Шмидт о ее героине говорят о сложной природе русского феминизма: она защищает не подвиг принцессы, а ее слабости. Шмидт утверждает, что проклятие нашего времени — девушки-супергероини, которые круче парней. «Я хочу бороться с этой идеей. Потому что я уверена, что женщина должна быть слабее. Они не должны падать в обморок, но принцессы должны искать рыцаря, который им поможет, а не отрезать дракону голову» [Боброва 2015]. В некотором смысле ее фильм противоречит этой идее, поскольку Василиса борется вместе с другими персонажами, но не может победить злодея в одиночку. Разбив посох, содержащий душу пугала-злодея, она разгадала его секрет не без посторонней помощи. Василиса в интерпретации Шмидт напоминает зрителям, что жизнь российских женщин сложна, их субъективность может сочетать традиционные элементы с индивидуальными. Шмидт, как женщина и как режиссер, принимает эти противоречия, всегда настаивая на коллективной природе своих работ.

Оглядываясь назад и двигаясь вперед: будущее женской анимации

История женской анимации в Советском Союзе и России изобилует конфликтами между традициями и индивидуальностью. Что касается условий труда, после революции 1917 года женщины добились больших успехов на поприще анимации и усердно трудились, чтобы стать больше, чем безымянные контуровщицы и фазовщицы, которых мы видим на страницах книги Иванова-Вано 1950 года. В первые советские годы пролетарские принципы равенства, открытое обсуждение женского вопроса, а также небольшие трудовые коллективы привлекли в анимацию таких женщин, как Зинаида и Валентина Брумберг и Ольга Ходатаева, и обеспечили возможности для их продвижения. Несмотря на строгую цензуру и жесткую политику Сталина в период 1930–

1950-х годов, женщины-мультипликаторы, такие как Александра Снежко-Блоцкая, продолжали представлять в своих работах женскую точку зрения и подталкивать анимационную индустрию к расширению художественных перспектив. Ходатаева, сестры Брумберг и Снежко-Блоцкая, среди прочих, немало повлияли на стиль и эстетику советской мультипликации за время их работы на «Союзмультфильме». Эти женщины бросили вызов индустрии анимации в непростой сталинский период и проложили путь новым поколениям женщин, достойных изменять и формировать советскую и российскую культуру.

Режиссеры, работавшие в 1960-х и 1970-х годах, включая Инессу Ковалевскую, сестер Брумберг и Снежко-Блоцкую, могли позволить себе больше смелых и политических высказываний, чем в предыдущие десятилетия. Несмотря на сохранение традиционных форматов, таких как литературные адаптации и сказки, фильмы их стали также более поэтичными, личными, интроспективными и открыто затрагивали вопросы, которые касались женщин, иллюстрируя самосознание, которое выступало против традиционных для женщин ролей. 1980-е и 1990-е годы были отмечены распадом Советского Союза, приватизацией анимационной индустрии и крахом «Союзмультфильма». С этими радикальными изменениями пришло новое поколение женщин-аниматоров: Наталия Голованова, Нина Шорина, Идея Гаранина, Мария Муат, Анна Белоногова. Каждая из них участвовала в формировании новой эстетики и самой индустрии анимации — благодаря творчеству, интервью, теоретическим публикациям, преподавательскому труду и деловой хватке.

Наконец, в 2000-х и 2010-х годах число женщин, занимающих руководящие должности и принимающих творческие и деловые решения, увеличилось как никогда. Женщины, занятые в мультипликации, отражают сложность женской субъективности, сформированной историческим и личным опытом. Это видно и в их работах, и в их биографиях. Подход режиссеров XXI века, таких как Мария Муат, Юлия Аронова и Дарина Шмидт, можно описать как сложную комбинацию принятия, адаптации и отвержения традиций в сочетании с проявлением личной индивидуальности в соответствии с ситуацией. Кульминацией почти ста лет напряженной работы женщин в анимации является уникальная форма женской субъективности, основанная на советском и российском опыте.

Мы считаем важным не только признать, что женщины работали и работают в этой отрасли, но и обсудить их работу с точки зрения женского вклада в историю кино и мультипликации, искусства и культуры. Каждая из женщин, о которых идет речь в этой книге, заслуживает отдельного научного исследования. Тем не менее вместе они представляют нечто более значимое: они свидетельствуют о применимости понятия женского кино к советской и российской анимации. Вернемся к цитате Батлер, с которой начиналась книга:

> «Женское кино» — это сложная критическая, теоретическая и институциональная конструкция, созданная зрителями, кинематографистами, журналистами, кураторами и исследователями и существующая только благодаря их непрестанному интересу. Это гибридная концепция, возникающая из ряда пересекающихся практик и дискурсов… [Butler 2002: 2].

Понятие женского кино в советской и российской анимации сильно усложняет идейная ангажированность ряда картин. Но еще сложнее уловить в мультипликации женскую субъективность из-за постоянной ассоциации мультфильмов с развлечениями для детей. Когда в 1931 году Валентина Брумберг заявила, что «значение мультипликации, то есть рисованных фильмов, к сожалению, у нас недостаточно учитывается», она описала одну из конкретных причин, почему женщин пускали в индустрию анимации: эта профессия не считалась важной [Брумберг 1931: 63]. Недооценка мультипликационных фильмов привела к тому, что у женщин появилась платформа не только для художественного самовыражения, но и для выражения мнений по важным вопросам — от роли женщины как матери и няньки до участия женщин в политической жизни — и для проецирования меняющегося понятия женской субъективности.

Анализируя, что снимали и писали двенадцать героинь нашей книги, мы начинаем видеть, как их работа, если ее понимать в отраслевом, политическом и культурном климате, при котором она осуществлялась, предлагала альтернативы доминирующему кино и культуре. По словам исследовательницы кинематографа Аннетт Кун, «такие альтернативы не обязательно ограничиваются типами фильмов, чей открытый контент основан на сознательно феминистских намерениях со стороны режиссера» [Kuhn 1982: 129]. Таким образом, хотя фильмы и режиссеры, о которых мы говорили, возможно, не были явно феминистскими по своей направленности или намерениям, они бросали феминистские вызовы доминирующей идеологии в российском стиле. Благодаря своим анимационным фильмам эти двенадцать женщин сформировали понятие женской субъективности, которое со временем изменилось, но по-прежнему несет в своей основе обманчивые представления о гендерном равенстве в Советском Союзе.

Нигде сложные отношения России к гендерному равенству не проявляются так четко, как в интервью Дарины Шмидт Елене Бобровой, где Шмидт говорит о месте женщин в анимации. Шмидт там произносит: «Константин Бронзит правильно говорит, что режиссура — не женская профессия. Во всяком случае, если мы говорим о полнометражной анимации. Потому что это стресс! Женщине эмоционально тяжелее себя сдерживать» [Боброва 2015]. Это высказывание иллюстрирует одну из самых больших проблем, с которой сталкиваются многие женщины в любой отрасли: борьба за баланс между работой и личной жизнью, между семьей и карьерой. Ее комментарий также отражает противоречивый характер постсоветской женской субъективности.

Сама Шмидт — крайне успешный режиссер и на своем примере доказала, что анимация, безусловно, женская профессия. Она смогла дать своим фильмам и «фанатичную преданность», и большую часть своего свободного времени [там же]. Карьера Шмидт иллюстрирует один из главных камней преткновения феминистских дискуссий о равенстве в России сегодня — предположение, что женщины должны выбирать между карьерой и семьей и что сам акт выбора ставит под сомнение их женскость

[Perera 2011]. С другой стороны, Шмидт, как и сестры Брумберг и другие, демонстрирует, что женщины могут иметь весьма успешную карьеру, что семья и материнство являются не единственными компонентами женской идентичности. Таким образом, Шмидт и нарушает традицию, и одновременно подтверждает ее, и тем самым принимает новые аспекты того, что мы называем советской женской субъективностью. Женская субъективность в России — это эволюционирующая концепция, которая по-прежнему основана на советском прошлом, предполагающем неполное гендерное равенство.

Как утверждает Хольмгрен:

> Женщины в России могут предпочесть занимать вспомогательные должности или работать за кулисами по разным причинам: делать то, что они считают более прагматичным вкладом, сохранять доброжелательное отношение к своей работе и избегать публичной стигматизации женской «аномалии» [Holmgren 2013: 539].

Другими словами, эта идея «ненормальности» часто ассоциируется с амбициями преуспеть в профессиях, которые традиционно были прерогативой мужчин, или, например, вспомним слова Шмидт, которая опасается, что, работая режиссером, она может оказаться не в состоянии сдерживать свои эмоции. Именно тихий прагматический подход позволил женщинам-мультипликаторам в России внести свой вклад в женское кино. Хольмгрен и все аниматоры, о которых мы говорили, напоминают нам, что российский феминизм существенно отличается от западной модели и определяется уникальными политическими традициями и историческими перспективами, которые его сформировали. Российские женщины-мультипликаторы на протяжении десятилетий проявляли ревностное стремление воплощать на экране такие темы, как материнство, детство и семья, а иногда и права женщин. Эти женщины были пионерами новых технологий, устанавливали новые эстетические стили и таким образом меняли мультипликацию и способствовали расширению границ женского кино.

Мы считаем, что простого указания на тот факт, что в анимационной индустрии работали и работают успешные женщины, недостаточно. Сделать только это означало бы увековечить ошибочное представление о гендерном равенстве и гендерном паритете в советской и российской индустрии анимации. Это также еще больше затушевало бы тот вклад, который внесли эти женщины, и, возможно, усилило бы аргументы в пользу того, чтобы и впредь не включать их в историю кино и мультипликации. Изучение этих режиссеров и их фильмов через призму женского кино помогает закрепить их достойное место в истории, высвечивая их индивидуальные подходы, их нововведения, их вклад в понятие женской субъективности. Мэйн отмечает, что одно из самых простых определений «женского кино» — это кинематограф, созданный женщинами [Mayne 1990]. В этом смысле и теми способами, которые мы осветили, — да, в советской и российской анимации есть женское кино, и оно включает в себя не только женщин и их фильмы, обсуждаемые в этой книге, но и, в более широком смысле, работу тех безымянных женщин, которые обводили, красили, перекладывали, маркировали, редактировали и иным образом помогали создавать фильмы. Хотя наша книга никоим образом не претендует на исчерпывающий рассказ о женщинах-режиссерах в советской и российской мультипликации, мы надеемся, что она положит начало диалогу о женщинах-аниматорах, сохраняя их наследие через концепцию женского кино.

Фильмография

Античная лирика (1989, Мария Муат)

Антошу корсет погубил (1916, Эдвард Пухальский)

Аэлита (1924, Яков Протазанов)

Балаган (1981, Идея Гаранина)

Бедная Лиза (1972, Идея Гаранина)

Большие неприятности (1961, Валентина Брумберг, Зинаида Брумберг)

Бременские музыканты (1969, Инесса Ковалевская)

В яранге горит огонь (1956, Ольга Ходатаева)

Веселая жизнь (1932, Ольга Ходатаева)

Веселая Москва (1934, Ольга Ходатаева)

Винни-Пух (1969, Федор Хитрук)

Возвращенное солнце (1936, Ольга Ходатаева)

Вторая я (1989, Нина Шорина)

Грозный Вавила и тетка Арина (1928, Ольга Ходатаева, Николай Ходатаев)

Двенадцатая ночь (1993, Мария Муат)

Девочка и медведь (1980, Наталья Голованова)

Девочка Люся и дедушка Крылов (2003, Мария Муат)

Дед Мороз и серый волк (1937, Ольга Ходатаева)

Дракон (1961, Александра Снежко-Блоцкая)

Дядюшка Ау в городе (1979, Мария Муат)

Ежик в тумане (1975, Юрий Норштейн)

Жихарка (1977, Наталья Голованова)

Жук, корабль, абрикос (2004, Юлия Аронова)

Журнал политсатиры № 2 (1941, Валентина Брумберг, Зинаида Брумберг)

Завтрак съешь сам! (1995, Анна Белоногова)

Заяц-портной (1937, Валентина Брумберг, Зинаида Брумберг)

Золотое перышко (1960, Ольга Ходатаева и Леонид Аристов)

Иван Царевич и Серый Волк — 3 (2016, Дарина Шмидт)

Ивашко и Баба-Яга (1938, Валентина Брумберг, Зинаида Брумберг)

История одного преступления (1962, Федор Хитрук)

Как Авдотья стала грамотной (1925, Зенон Комиссаренко, Юрий Меркулов, Николай Ходатаев)

Как Володя быстро с горочки летел (1996, Анна Белоногова)

Как львенок и черепаха пели песню (1974, Инесса Ковалевская)

Камилла (2008, Юлия Аронова)

Киноцирк (1942, Ольга Ходатаева)

Китай в огне (1925, ГТК: Зенон Комиссаренко, Н. Максимов, Юрий Меркулов, Николай Ходатаев)

Конек-горбунок (1947, Иван Иванов-Вано)

Короли и капуста (1996, Мария Муат)

Корона и скипетр (2000, Мария Муат)

Кот в сапогах (1938, Валентина Брумберг, Зинаида Брумберг)

Кот и лиса (2004, Константин Бронзит)

Кот, который гулял сам по себе (1968, Александра Снежко-Блоцкая)

Кошка, которая гуляла сама по себе (1988, Идея Гаранина)

Красная Шапочка (1937, Валентина Брумберг, Зинаида Брумберг)

Крокодил Гена (1969, Роман Качанов)

Лариса (1980, Элем Климов)

Лиса и медведь (1975, Наталья Голованова)

Лиса, Заяц и Петух (1942, Ольга Ходатаева, Леонид Амальрик)

Лунтик и его друзья (2004 — настоящее время)

Маленькая Василиса (2007, Дарина Шмидт)

Мальчик как мальчик (1986, Наталья Голованова)

Мать и музыка (2006, Юлия Аронова)

Маша и Медведь (2009 — настоящее время)

Межпланетная революция (1924, Зенон Комиссаренко, Юрий Меркулов, Николай Ходатаев)

Месть кинематографического оператора (1912, Владислав Старевич)

Моя мама — самолет (2012, Юлия Аронова)

Муми-тролль и комета. Путь домой (1978, Нина Шорина)

Незнайка в Солнечном городе. Фильм второй: Встреча с волшебником (1976, Нина Шорина)

Никопейка (2000, Анна Белоногова)

Ночь перед Рождеством (1951, Валентина Брумберг, Зинаида Брумберг)

Ну, погоди! (1969–1993, Вячеслав Котеночкин)

Паучок Ананси и волшебная палочка (1973, Идея Гаранина и Марианна Новогрудская)

Песни огненных лет (1971, Инесса Ковалевская)

Песня о Чапаеве (1944, Ольга Ходатаева, Петр Носов)

Пойга и лиса (1978, Наталья Голованова)

Пропавшая грамота (1945, Валентина Брумберг, Зинаида Брумберг)

Прекрасная Люканида, или Война рогачей с усачами (1910, Владислав Старевич)

Приключения китайчат (1928, Мария Бендерская)

Про Буку (1984, Нина Шорина)

Про мышонка (2004, Мария Муат)

Прометей (1974, Александра Снежко-Блоцкая)

Пудель (1985, Нина Шорина)

Рикки-Тикки-Тави (1965, Александра Снежко-Блоцкая)

С бору по сосенке (1974, Валентина Брумберг, Зинаида Брумберг)

Сармико (1952, Ольга Ходатаева)

Синдбад-мореход (1944, Валентина Брумберг, Зинаида Брумберг)

Сказка о Мальчише-Кибальчише (1958, Александра Снежко-Блоцкая)

Сказка о попе и о работнике его Балде (1936, Михаил Цехановский)

Сказка о царе Дурундае (1934, Валентина Брумберг, Зинаида Брумберг)

Сказка о царе Салтане (1943, Валентина Брумберг, Зинаида Брумберг)

Снегурочка (2006, Мария Муат)

Советские игрушки (1924, Дзига Вертов)

Старт (1925, Николай Ходатаев, не сохранился)

Стенька Разин (1908, Александр Дранков)

Стрекоза и муравей (1936, Валентина Брумберг, Зинаида Брумберг)

Теремок (1945, Ольга Ходатаева)

Только вам (1970, Инесса Ковалевская)

Ты не шути со мной (2017, Дарина Шмидт)

Урфин Джюс и его деревянные солдаты (2017, Владимир Торопчин, Федор Дмитриев, Дарина Шмидт)

Федя Зайцев (1948, Валентина Брумберг, Зинаида Брумберг)

Цапля и журавль (1974, Юрий Норштейн)

Чебурашка (1971, Роман Качанов)

Человечка нарисовал я (1960, Валентина Брумберг, Зинаида Брумберг, Валентин Лалаянц)

Четверо из одного двора (1967, Инесса Ковалевская)

Чудесный сад (1962, Александра Снежко-Блоцкая)

Шалтай-Болтай (1983, Мария Муат)

Эскимосы (2004, Юлия Аронова)

Янтарный замок (1959, Александра Снежко-Блоцкая)

Bambi (1942, David Hand)

Betty Boop (1932–1939)

Classic Fairy Tales from Around the World (1996)

Das Ornament des verliebten Herzens (1919, Lotte Reiniger)

Der Rattenfänger von Hameln (1918, Paul Wegener)

Fritz the Cat (1965, Ralph Bakshi)

Frozen (2013, Jennifer Lee, Chris Buck)

Lucanus Cervus (1910, Владислав Старевич)

Peppermint-Frieden (1983, Marianne Rosenbaum)

Rescued by Rover (1905, Lewin Fitzhamon)

Sesame Street (1969 — present)

Silly Symphonies (1929–1939)

The Three Little Pigs (1933, Burt Gillet)

W obronie własnej (1982, Beata Tyszkiewic)

რამდენიმე ინტერვიუ პირად საკითხებზე («Несколько интервью по личным вопросам», 1977, Лана Гогоберидзе)

Библиография

Аронова Юлия Владимировна. URL: https://www.animator.ru/db/?p=show_person&pid=8 (дата обращения 15.06.2023).

Большой академический словарь русского языка / ред. Л. И. Балахонова. М.: Наука, 2004.

«Бременские музыканты». Непридуманная история. URL: https://web.archive.org/web/20170816015801/http://2danimator.ru/showthread.php?p=62865 (03.06.2022).

В яранге горит огонь. URL: https://animator.ru/db/?p=show_film&fid=3071 (дата обращения 15.06.2023).

Встреча с российскими мультипликаторами. URL: http://kremlin.ru/events/president/news/54644 (дата обращения: 15.06.2023).

Голованова Наталья Евгеньевна. URL: https://www.animator.ru/db/?p=show_person&pid=1957 (дата обращения 15.06.2023).

Госфильмофонд. Ф. А., оп. II, д. 6-2. Белые Столбы, Российская Федерация.

Журнал политсатиры № 2. 1941. URL: https://animator.ru/db/?p=show_film&fid=2928 (дата обращения: 15.06.2023).

Идея Николаевна Гаранина. URL: https://animator.ru/db/?p=show_person&pid=1999 (дата обращения 15.06.2023).

Искусство кино (1936–2023).

Китай в огне (Руки прочь от Китая). URL: https://www.animator.ru/db/?p=show_film&fid=2318 (дата обращения: 15.06.2023).

Лунтик. URL: https://www.youtube.com/user/luntik/about (дата обращения 15.06.2023).

Марголина И., Лозинская Н., ред. Наши мультфильмы (Лица, кадры, эскизы, герои, воспоминания, интервью, статьи, эссе). М.: Интеррос, 2006.

Национальная анимационная премия «Икар», лауреаты и номинанты — 2016. URL: https://web.archive.org/web/20161217190710/http://animaprize.ru:80/laureati-2 (дата обращения 15.06.2023)

Номинанты премии «Золотой Орел» за 2017 год. URL: https://www.kinoacademy.ru/page/nominees-award-2017 (дата обращения 15.06.2023).

О работе комсомола среди девушек // КПСС о комсомоле и молодежи, 1917–1961. М., 1962. С. 50.

О работе среди молодежи // КПСС о комсомоле и молодежи, 1917–1961. М., 1962. С. 77.

О студии // Pilot Film Studio. URL http://pilotstudio.tilda.ws (дата обращения 15.06.2023).

О студии Мельница. URL: http://melnitsa.com/about/ (дата обращения 15.06.2023).

Постановление ЦК ВКП(б) от 9 сентября 1933 г. «Об издательстве детской литературы» // Решения партии о печати. М.: Политиздат, 1941. С. 158–159.

РГАЛИ, ф. 2469, оп. 1, ед. хр. 122, Москва, Российская Федерация.

РГАЛИ, ф. 2469, оп. 1, ед. хр. 661, Москва, Российская Федерация.

РГАЛИ. Сценарный отдел. Переписка с авторами о предлагаемых заявках и литературных сценариях (1958), 21. Москва, Российская Федерация.

Сборный ролик студентов-мультипликаторов take 5, педагог Анна Белоногова. URL: https://www.youtube.com/watch?v=56fdDOtjN8Q&t=3s (дата обращения 15.06.2023).

Советское кино (1932–1936).

Создатели фильма «Ку! Кин-дза-дза» и сериала «Лунтик» получили премию Правительства России». 28.02.2015. URL: https://www.animator.ru/?p=show_news&nid=2101 (дата обращения: 15.06.2023).

Студии «Пчела» исполнилось 10 лет // animalife.ru — Мир и новости анимации. 28 июля 2016 года. URL: http://animalife.ru/2016/07/28/studii-pchela-ispolnilos-10-let/ (дата обращения: 15.06.2023).

Уолт-стрит — дорога в детство им. У. Диснея // Новая газета. № 89. 6 декабря 2001 года. https://novayagazeta.ru/articles/2001/12/06/10206-uolt-strit-doroga-v-detstvo-im-u-disneya (дата обращения: 15.06.2023).

Факультет анимации и мультимедиа ВГИКа. URL: http://www.vgik.info/teaching/animation/ (дата обращения 15.06.2023).

Фестиваль танцевальных фильмов в Санкт-Петербурге «КиноТанец» // KINODANCE. URL: http://www.kinodance.com/russia/films_russian_selection.html (дата обращения: 15.06.2023).

ЦХДМО, ф. 1, оп. 23, д. 391, 11. 1, 8, 69. Москва, Российская Федерация.

ЦХДМО, ф. 1, оп. 23, д. 864a, 1. 6. Москва, Российская Федерация.

ЦХДМО, ф. 1, оп. 23, д. 864a, 11. 2, 5. Москва, Российская Федерация.

Шорина Нина Ивановна. URL: https://www.animator.ru/db/?p=show_person&pid=1968&sp=1 (дата обращения 15.06.2023).

Battle over classic Russian cartoons // BBC News. 16 июня 2003. URL: http://news.bbc.co.uk/2/hi/entertainment/2981688.stm (дата обращения: 10.06.2023).

Berlinale International Filmfestspiele 2012. URL: https://www.berlinale.de/en/archive/jahresarchive/2012/02_programm_2012/02_programm_2012.html (дата обращения 15.06.2023).

Central Intelligence Agency. Soviet Postal Intelligence: May 1962. 78–02646R, Box 005, Folder 009. URL: https://www.cia.gov/readingroom/document/cia-rdp78–02646r000600090001–2 (дата обращения 15.06.2023).

Cleave M., for Walt Disney Productions Ltd, to Miss Mary V. Ford. 7 июня 1938 года. URL: https://www.openculture.com/2013/04/no_women_need_apply_a_disheartening_1938_rejection_letter_from_disney_animation.html (дата обращения 15.06.2023).

Feminism in Russia: On the Streets and Behind the Scenes // The Moscow Times. February 21, 2018. URL: https://themoscowtimes.com/photogalleries/feminism-in-russia-60586 (дата обращения: 13.06.2023).

Film Fay Animation Studio. URL: http://filmfay.com (дата обращения 12.06.2023).

Kovalevskii Aleksei Ivanovich. URL: https://generals.dk/general/Kovalevskii/Aleksei_Ivanovich/Soviet_Union.html (дата обращения: 15.06.2023).

Masha and the Bear // Socialblade. URL: https://socialblade.com/youtube/user/mashabearen/ (дата обращения: 12.06.2023).

Posner 2014b — Posner D. N. Material Performance // The Routledge Companion to Puppetry and Material Performance / edited by D. N. Posner, C. Orenstein, J. Bell. London: Routledge, 2014. P. 5–7.

Nevafilm. The Film Industry in the Russian Federation / edited by A. Lange. Strasbourgh: European Audiovisual Observatory, 2010.

Pilling 1984 — Pilling J., ed. Women and Animation: A Compendium. London: British Film Institute, 1984.

Retrospective at the Deutsche Kinemathek 2012. URL: https://www.deutsche-kinemathek.de/en/retrospective/2012/films (в настоящее время ресурс недоступен).

Soiuzmultfilm—Russie CLG Wild, The Motion Graphics Museum. URL: http://www.dosinglogos.com/page/Soyuzmultfilm+(Russia) (дата обращения: 12.08.2018).

The Brumberg Sisters Against the Background of their Time // Leading Figures in Russian Animation. Film 6. MIR Studios, 2013. URL: https://www.

youtube.com/watch?v=pyds1GYc2LU&list=PLn5Aci4kkiv4FQaRr9Qsgx7_mWnjPM7h (дата обращения 11.01.2018)

The Unknown New Wave: Soviet Cinema of the 1960s // Springtime for Soviet Cinema: Re/Viewing the 1960s. Pittsburgh: University of Pittsburgh, 2001. P. 7–29.

The Women Film Pioneers Project. URL: https://wfpp.columbia.edu/ (дата обращения 15.06.2023).

Women at Work: Subverting the Feminine in Post-Soviet Russia // White Space Gallery. URL: https://www.russianartandculture.com/women-at-work-subverting-the-feminine-in-post-soviet-russia/ (дата обращения: 15.06.2023).

Абольчик 1972 — Абольчик О. Валентина и Зинаида Брумберг // Мастера советской мультипликации / ред. И. Лищинский. М.: Искусство, 1972. С. 55–78.

Азарх 2010 — Азарх Л. Мультипликаторы // Искусство кино. 2010. Вып. 9. С. 136–146.

Асенин 1974 — Асенин С. Волшебники экрана. М.: Искусство, 1974.

Асенин 1983 — Асенин С. Фантазия и истина // Мудрость вымысла. Мастера мультипликации о себе и своем искусстве / ред. С. В. Асенин. М.: Искусство, 1983. С. 7–30.

Белигжанина 2011 — Белигжанина А. С кого рисовали любимых героев советских мультиков // Комсомольская правда. 8 июня 2011. URL: https://www.kp.ru/daily/25700.3/901496/ (дата обращения: 02.11.2022).

Белоногова 2016 — Белоногова А. Гори, сверхновая! URL: https://web.archive.org/web/20170119200132/ ; http://vgik.info/college/history_of_animation/ (дата обращения: 17.06.2023).

Бильшай 1956 — Бильшай В. Решение женского вопроса в СССР. М.: Госполитиздат, 1956.

Боброва 2015 — Боброва Е. Почему мы любим Ивана-дурака? URL: https://web.archive.org/web/20190422194400/ ; https://freetime.ru/lyubim-ivana-duraka (дата обращения: 17.06.2023).

Богданова 2008 — Богданова С. Очерки о жизни и творчестве Александры Гавриловны Снежко-Блоцкой // Кинограф. 2008. Вып. 19. С. 207–241.

Бородин 2001 — Бородин Г. Образ Деда Мороза в российской анимации. Праздник (октябрь 2001), URL: http://free-kino2.narod.ru/3563-ded-moroz-i-seryj-volk-multfilm-1937.html (дата обращения: 17.06.2023).

Бородин 2002 — Бородин Г. Николай Эрдман и анимация // Киноведческие записки. 2002. Вып. 61. URL: http://www.kinozapiski.ru/ru/article/sendvalues/687 (дата обращения: 17.06.2023).

Бородин 2003 — Бородин Г. Прощай, «Союзмультфильм»! Свидетельские показания. URL: https://www.animator.ru/articles/article.phtml?id=28 (дата обращения 17.06.2023).

Бородин 2005 — Бородин Г. В борьбе за маленькие мысли. Неадекватность цензуры // Киноведческие записки. 2005. № 73. С. 261–272.

Бородин 2006 — Бородин Г. Союзмультфильм: ненаписанная история // Киноведческие записки. 2006. № 80. С. 149–152.

Бородин 2013 — Бородин Г. Киностудия «Союзмультфильм». Краткий исторический обзор. URL: https://web.archive.org/web/20160305111609/http://new.souzmult.ru/about/history/full-article/ (дата обращения 17.06.2023).

Брумберг 1931 — Брумберг В. Звуковая мультипликация // Пролетарское кино. 1931. Вып. 2. С. 63.

Брумберг 1979 — Брумберг З. Любимая работа // Жизнь в кино. Вып. 2 / ред. О. Т. Нестерович. М.: Искусство, 1979. С. 4–30.

Булова 2014 — Булова Е. Как сказка приходит в дом // Московская правда. 25 ноября 2014 г. URL: https://dlib.eastview.com/browse/doc/42686639 (дата обращения 17.06.2023).

Василькова 2006 — Василькова А. Идея Гаранина // Наши мультфильмы (Лица, кадры, эскизы, герои, воспоминания, интервью, статьи, эссе). М.: Интеррос, 2006. С. 224–227.

Волков 1939 — Волков А. Волшебник Изумрудного города. М.: Детиздат, 1939.

Волков 1974 — Волков А. Мультипликационный фильм. М.: Знание, 1974.

Гайдар 1935 — Гайдар А. Военная тайна. М.: Детиздат, 1935.

Гайдар 1940 — Гайдар А. Тимур и его команда. М.: Детская литература, 1940.

Гарин 1939 — Гарин В. Новые работы мультфильма // Искусство кино. 1939. № 5. С. 34–36.

Гинзбург 1957 — Гинзбург С. Рисованный и кукольный фильм: Очерки развития советской мультипликационной кинематографии. М.: Искусство, 1957.

Дубогрей 2014 — Дубогрей В. Как создавался мультфильм «Бременские музыканты» // Позитив из Города Солнца. URL: https://dubikvit.livejournal.com/16195.html (дата обращения: 17.06.2023).

Забродин 2005 — Забродин В. Эйзенштейн о Мейерхольде: 1919–1948. М.: Новое издательство, 2005.

Иванов-Вано 1936 — Иванов-Вано И. Графическая мультипликация // Мультипликационный фильм. М.: Кинофотоиздат, 1936. С. 101–197.

Иванов-Вано 1950 — Иванов-Вано И. Рисованный фильм. М.: Госкиноиздат, 1950.

Иванов-Вано 1956 — Иванов-Вано И. Рисованный фильм. Особый вид киноискусства. М.: Госкиноиздат, 1956.

Иванов-Вано 1962 — Иванов-Вано И. Советское мультипликационное кино. М.: Знание, 1962.

Иванян 2001 — Иванян Э. Энциклопедия российско-американских отношений XVIII–XX века. М.: Международное открытие, 2001.

Капков 2006 — Капков С. Валентина и Зинаида Брумберг // Наши мультфильмы (Лица, кадры, эскизы, герои, воспоминания, интервью, статьи, эссе) / Ред. М. Марголина, Н. Лозинская. М.: Интеррос, 2006. С. 28–33.

Капков 2018 — Капков С. Дарина Шмидт: Баба-Яга — мой любимый персонаж // Газета. № 48 (17.03.2018). URL: http://www.animator.ru/articles/article.phtml?id=286 (дата обращения 17.06.2023).

Капков, Аристов 2004 — Капков С., Аристов Л. Кинематографом я заразился, как инфекцией // Газета. 16.08.2004. URL: https://www.animator.ru/articles/article.phtml?id=50 (дата обращения: 17.06.2023).

Ковалевская 2009 — Ковалевская И. Воспоминания Инессы Алексеевны Ковалевской о создании легендарного фильма «Бременские музыканты» // Кинограф. 2009. Вып. 20. С. 326–365.

Кондаков 2004 — Кондаков И. Ничего тут не поймешь! Дискурс детства в поэзии Д. Хармса // Общественные науки и современность. 2004. Вып. 2. С. 154–165.

Коновалова 2010 — Коновалова Е. Мария Муат: «Чувствую себя Карабасом-Барабасом». URL: http://newslab.ru/article/312607 (дата обращения: 17.06.2023).

Куваев — Куваев О. Бременские музыканты. URL: https://multru.com/trubadur/ (дата обращения 17.06.2023).

Лавров 2016 — Лавров С. Сборы мультфильма «Иван Царевич и Серый Волк — 3» преодолели отметку $10 млн! // Kinodata.pro. 20.01.2016. URL: http://kinodata.pro/vse-o-kino/obzor-kassovyh-sborov-v-rossii/9979-multfilm-studii-melnica-preodolel-otmetku-10-mln.html (дата обращения: 13.12.2018).

Ливанов 2007 — Ливанов В. Помни о белой вороне. Записки Шерлока Холмса. М.: Эксимо, 2007.

Лукиных 1991 — Лукиных Н. Союзмультфильм: традиции и амбиции // Искусство кино. 1991. № 2. С. 56–67.

Малюкова 2003 — Малюкова Л. Игрушечные истории Марии Муат // Искусство кино. 2003. № 6. С. 69–75.

Малюкова 2012 — Малюкова Л. Девяностые / Пейзаж с можжевельником; Нулевые / Кошелек или жизнь? // СВЕРХкино. Современная российская анимация. М.: Умная Маша, 2012.

Малянтович 2001 — Малянтович К. Как боролись с «космополитами» на «Союзмультфильме» (рассказ-воспоминание) // Киноведческие записки. 2001. № 52. С. 191–196.

Марголина, Ляховецкий 1996 — Марголина И. и Ляховецкий М., реж. Коллекция анимации А до Я. Эпизод 47: Брумберг, Валентина и Зинаида. Москва: Рен ТВ, 1996.

Маршак 1977 — Маршак С. Стихи для детей. М.: Советская Россия, 1977.

Менчикова 2010 — Менчикова Н. Вятские народные промыслы и ремесла: история и современность. Киров: О-краткое, 2010.

Меринов 2010 — Меринов С. Победоносное умерщвление // Livejournal.com. 3 июля 2010. URL: https://sergey-merinov.livejournal.com/131015.html (дата обращения: 17.06.2023).

Меркулов 1971 — Меркулов Ю. Советская мультипликация начиналась так // Жизнь в кино. Ветераны о себе и своих товарищах. Т. 2 / под ред. О. Т. Нестерович. М.: Искусство, 1971. С. 122–140.

Мурашева 2012 — Мурашева А. Мультимания Инессы Ковалевской // Московская правда. 13 августа 2012 г. URL: https://dlib.eastview.com/browse/doc/27529944 (дата обращения 13.08.2012).

Норштейн и др. 2011 — Норштейн Ю., Шварцман Л., Хржановский А. и Назаров Э. Кого поздравлять с 75-летием, если «Союзмультфильма» уже нет? // Новая газета. 8 июня 2011. № 6. URL: https://novayagazeta.ru/articles/2011/06/07/45255-kogo-pozdravlyat-s-75-letiem-esli-soyuzmultfilma-uzhe-net (дата обращения: 17.06.2023).

Образцов 1969 — Образцов С. Что такое кукольный театр? // Что и как в театре кукол / ред. Е. Денисов. М.: Искусство, 1969.

Образцов 2009 — Образцов С. Моя профессия. М.: АСТ, 2009.

Ольсен, Адоньева 2016 — Ольсен Л., Адоньева С. Миры русской деревенской женщины: традиция, трансгрессия, компромисс. М.: НЛО, 2016.

Орлов 2000 — Орлов А. Три прекрасные дамы // Искусство кино. 2000. Вып. 9. С. 117–119. URL: http://kinoart.ru/archive/2000/09/n9-article22 (дата обращения 17.06.2023).

Пушкин 1968 — Пушкин А. Избранные произведения. М.: Художественная литература, 1968.

Пушкин 1985 — Пушкин А. Стихотворения, сказки, Руслан и Людмила. М.: Художественная литература, 1985.

Разгонов 2006 — Разгонов К. Нина Шорина // Наши мультфильмы (Лица, кадры, эскизы, герои, воспоминания, интервью, статьи, эссе) / ред. И. Марголина, Н. Лозинская. М.: Интеррос, 2006. С. 252–255.

Римский-Корсаков, Островский 1967 — Римский-Корсаков Н., Островский А. Снегурочка. М.: Музыка, 1967.

Рубанова 1985 — Рубанова И. Голос человеческий // Искусство кино. 1985. № 6. С. 130–134.

Сайдашева 2016 — Сайдашева Я. Режиссер Лунтика Дарина Шмидт: Современным мультфильмам не хватает драматизма // Сергиевские куранты. URL: http://s-kuranty.ru/2016/10/28/098765434567890/ (дата обращения: 29.08.2018).

Секундов 1935 — Секундов Н., ред. Американские фильмы. Л., 1935.

Семенов 2009 — Семенов А. Геннадий Гладков. Книга о веселом композиторе. М.: Музыка, 2009.

Симонович-Ефимова 1919 — Симонович-Ефимова Н. О Петрушке // Вестник театра. 23–28 сентября, 1919. Вып. 34. С. 6–8.

Сифер 1991 — Сифер Д. Что такое женское кино? // Искусство кино. 1991. № 6. С. 42–49.

Слонимская 1916 — Слонимская Ю. Марионетка // Аполлон. 3 марта 1916. С. 1–42.

Соколов 2013 — Соколов С. Интервью с Екатериной Выскоковской // Радио Маяк. 27 июня 2013 года. URL: https://smotrim.ru/audio/830423 (дата обращения 17.06.2023).

Соколянский И., Залужный А., ред. Мы против сказки. Харьков, 1928.

Туровская 1981 — Туровская М. Женский фильм — что это такое? // Искусство кино. 1981. № 5. С. 28–35.

Туровская 1983 — Туровская М. Ментоловый мир / Экран фестиваля // Искусство кино. 1983. № 12. С. 69–166.

Туровская 1991 — Туровская М. Женщина и кино // Искусство кино. 1991. № 6. С. 131–137.

Филиппов и др. 2007 — Филиппов И., Федоринова Ю., Долгошеева Е. Чебурашка лучше Фаберже // Ведомости. 11 апреля 2007. URL: https://

www.vedomosti.ru/newspaper/articles/2007/04/11/cheburashka-luchshe-faberzhe (дата обращения: 17.06.2023).

Хармс 1936 — Хармс Д. Как Володя быстро под гору летел // Чиж. 1936. № 12. С. 11–12.

Ходатаев 1934 — Ходатаев Н. Художники и мультипликаторы // Советское кино. 1934. № 10. С. 28–34.

Ходатаев 1935 — Ходатаев Н Пути мультфильма // Советское кино. 1935. № 4. С. 46–48.

Ходатаев 1936 — Ходатаев Н. Искусство мультипликации // Мультипликационный фильм / ред. Г. Рошаль. М.: Кинофотоиздат, 1936. С. 15–100.

Шмидт 2014 — Шмидт Д. Университет дал почву для самореализации и развития. На данный момент эта ссылка находится только в архиве: http://web.archive.org/web/20220119004830/http://www.gup.ru/studlife/alumni-interview/multimedia/darina-shmidt/ — *Прим. пер.*

Эйзенштейн 1964 — Эйзенштейн С. Избранные произведения в шести томах. М.: Искусство, 1964.

Энтин, Яковлева 2015 — Энтин Ю., Яковлева Е. «А мне летать охота!» Как создавались лучшие хиты Юрия Энтина. URL: https://aif.ru/culture/person/_a_mne_letat_ohota_kak_sozdavalis_luchshie_hity_yuriya_entina (дата обращения: 17.06.2023).

Attwood, Turovskaia 1993 — Attwood L., Turovskaia M. Red Women on the Silver Screen: Soviet Women and Cinema from the Beginning to the End of the Communist Era. London: Pandora, 1993.

Balina 2005 — Balina M. Introduction to Politicizing Magic: An Anthology of Russian and Soviet Fairy-Tales / edited by M. Balina, H. Goscilo, M. Lipovetsky. Evanston, IL: Northwestern University Press, 2005. P. 105–121.

Balmforth 2016 — Balmforth T. Barred from Hundreds of Occupations in Russia, A Few Women Fight Back // RadioFreeEurope — RadioLiberty. April 21, 2016. URL: www.rferl.org/a/russia-womens-occupations-limited-soviet-law/27680005.html (дата обращения 15.06.2023).

Bartlett 2010 — Bartlett D. Fashion East: The Spectre that Haunted Socialism. Cambridge, MA: MIT Press, 2010.

Baum, Denslow 1900 — Baum L. F., Denslow W. W. The Wonderful Wizard of Oz. Chicago: G. M. Hill Co., 1900.

Beck, U., & Beck-Gernsheim, E. (2002). Individualization: Institutionalized individualism and its social and political consequences. SAGE Publications Ltd, https://doi.org/10.4135/9781446218693.

Bendazzi 2016 — Bendazzi G. Animation: A World History. Boca Raton: CRC Press, Taylor & Francis Group, 2016.

Beumers 2007 — Beumers B. Comforting Creatures in Children 's Cartoons // Russian Children's Literature and Culture / edited by Marina Balina and Larissa Rudova. New York: Routledge: 2007. P. 153–173.

Beumers 2009 — Beumers B. A History of Russian Cinema. New York: Berg, 2009.

Beumers et al. 2009 — Beumers B., Bocharov V., Robinson D., eds. A. Shiryaev: Master of Movement. Pordenone: Le Giornate del Cinema Muto, 2009.

Brooks 1985 — Brooks, J. When Russia Learned to Read: Literacy and Popular Literature, 1861–1917. Princeton: Princeton University Press, 1985.

Browning 1985 — Browning G. Soviet Politics: Where are the Women? // Soviet Sisterhood / edited by B. Holland. London: Fourth Estate, 1985. P. 202–236.

Buckley 1985 — Buckley M. Soviet Interpretation of the Woman Question // Soviet Sisterhood / edited by B. Holland. London: Fourth Estate, 1985. P. 24–53.

Buckley 1992 — Buckley M. Women and Ideology in the Soviet Union. Arbor A. MI: The University of Michigan Press, 1992.

Budgeon 2003 — Budgeon S. Choosing a Self: Young Women and the Individualization of Identity. Westport: Praegar, 2003.

Butler 2002 — Butler A. Women's Cinema: The Contested Screen. London: Wallflower Press, 2002.

Buxbaum 2005 — Buxbaum G., ed. Icons of Fashion: The 20th Century. Munich: Prestel Publishing, 2005.

Chatterjee 2002 — Chatterjee C. Celebrating Women: Gender, Festival Culture, and Bolshevik Ideology, 1910–1939. Pittsburgh: University of Pittsburgh Press, 2002.

Chekhov 1998 — Chekhov A. The Essential Tales of Chekhov. Hopewell, NJ: Ecco Press, 1998.

Colton 2016 — Colton T. Russia. New York: Oxford University Press, 2016.

Cowie 1997 — Cowie E. Representing the Woman: Cinema and Psychoanalysis. Minneapolis: University of Minnesota Press, 1997.

Davis 2018 — Davis K. Women at Work: New Exhibition Aimes to Subvert the Feminine in Post-Soviet Russia // The Calvert Journal. July 10, 2018. URL: https://www.new-east-archive.org/articles/show/10476/women-at-work-new-exhibition-subverting-the-feminine-in-post-soviet-russia (дата обращения 15.06.2023).

Deneroff 2016 — Deneroff H. Lillian Friedman Astor: Pioneer Woman Animator. URL: https://deneroff.com/blog/lillian-friedman-astor/ (дата обращения 15.06.2023).

Desai 2000 — Desai P. Why Did the Ruble Collapse in August 1998? // The American Economic Review. 2000. Vol. 90. № 2. P. 48–52.

Edele 2002 — Edele M. Strange Young Men in Stalin's Moscow: The Birth and Life of the Stiliagi, 1945–1953 // Jahrbacher far Geschichte Osteuropas. 2002. Vol. 50. № 1. P. 33–61.

Eisenstein, Leyda 1986 — Eisenstein S., Leyda J. Eisenstein on Disney. Calcutta: Seagull Books, 1986.

Engel 1987 — Engel B. A. Women in Russia and the Soviet Union // Signs. 1987. Vol. 12. № 4. P. 781–796.

Evans 1981 — Evans J. The Communist Party of the Soviet Union and the Women's Question: the Case of the 1936 Decree 'In Defense of Mother and Child' // Journal of Contemporary History. 1981. Vol. 16. № 4. P. 757–775.

Faulconbridge 2010 — Faulconbridge G. Russian Stocks Shed over $1 Trillion in Crisis // Reuters.com. 3 ноября 2010. URL: https://www.reuters.com/article/us-markets-russia-trillion-idUSTRE4AC5M020081113 (дата обращения: 15.06.2023).

Feinberg 2015 — Feinberg C. Articulating Interiors of wishing and Desire: Asparagus (1979) by Suzan Pitt // Animation Studies 2.0. November 11, 2015. P. 15–19. URL: https://blog.animationstudies.org/?p=1303 (дата обращения 15.06.2023).

Fisher 1959 — Fisher R. Pattern for Soviet Youth: A Study of the Congresses of the Komsomol, 1918–1954. New York: Columbia University Press, 1959.

Fitzpatrick 1989 — Fitzpatrick S. War and Society in Soviet Context: Soviet Labor before, during, and after World War II // International Labor and Working-Class History. 1989. Vol. 35. P. 37–52. URL: http://www.jstor.org/stable/27671803 (дата обращения: 15.06.2023).

Flores 2014 — Flores T. "Frozen"'s Jennifer Lee Melts Glass Ceilings // Variety. June 10, 2014. URL: https://variety.com/2014/film/awards/frozens-jennifer-lee-melts-ceilings-1201216961/ (дата обращения: 15.06.2023).

Forrester, Zipes 2013 — Forrester S., Zipes J. Baba Yaga: The Wild Witch of the East in Russian Fairy-Tales. Jackson, MS: University of Mississippi Press, 2013.

Frisby 1989 — Frisby T. Soviet Youth Culture // Soviet Youth Culture / edited by J. Riordan. London: MacMillan, 1989. P. 1–15.

Furniss 2009 — Furniss M., ed. Art and Industry. New Barnet: John Libbey Publishing, 2009.

Ghez 2009 — Ghez D. Walt 's People: Talking Disney with the Artists Who Knew Him. Vol. 8. Bloomington: Xlibris Corporation, 2009.

Giroux, Pollock 2010 — Giroux H. A., Pollock G. The Mouse that Roared: Disney and the End of Innocence. Lanham: Rowman & Littlefield Publishers, Inc, 2010.

Goldman 2002 — Goldman W. Z. Women at the Gates: Gender and Industry in Stalin's Russia. Cambridge: Cambridge University Press, 2002.

Goldschmitt 2011 — Goldschmitt K. Doing the Bossa Nova: The Curious Life of a Social Dance in 1960's North America // Luso-Brazilian Review. 2011. Vol. 48. № 1. P. 61–78.

Gorsuch 1996 — Gorsuch A. E. A Woman is Not a Man: The Culture of Gender and Generation in Soviet Russia, 1921–1928 // Slavic Review. 1996. Vol. 55. № 3. P. 636–660. URL: http://www.jstor.org/stable/2502004 (дата обращения 15.06.2023).

Goundortseva I. Animose and Russian Animation. URL: http://www.liaf.org.uk/2011/04/animose-and-russian-animation-%e2%80%93-irina-goundortseva/ (дата обращения: 15.06.2023).

Grimm 1985 — Grimm J., Grimm W. The Original Folk and Fairy Tales of the Brothers Grimm: the Complete First Edition. Princeton: Princeton University Press, 1985.

Grimm 1987 — Grimm J., Grimm W. The Complete Fairy Tales of the Brothers Grimm / translation and introduction by Jack Zipes. New York: Bantam Books, 1987.

Hanicsh 1969 — Hanicsh C. The Personal is Political. URL: https://www.carolhanisch.org/CHwritings/PIP.html (дата обращения 15.06.2023).

Hayes 2004 — Hayes J. Reconstruction of Reproduction? Mothers in the Great Soviet Family in Cinema after Stalin // Women in the Khrushchev Era / edited by M. Ilič, S. E. Reid, L. Attwood. Basingstoke: Palgrave Macmillan, 2004. P. 114–130.

Hebdige 1979 — Hebdige D. Subculture: The Meaning of Style. London: Methuen and Co., 1979.

Hellman 2010 — Hellman B. Fairy Tales and True Stories: The History of Russian Literature for Children and Young People (1574–2010). Leiden: Brill, 2010.

Herhuth 2018 — Herhuth E. Political Animation and Propaganda // The Animation Studies Reader / edited by N. Dobson, A. H. Roe, A. Ratelle, C. Ruddell. New York: Bloomsbury, 2018. P. 169–179.

Hillman 2013 — Hillman B. L. The Clothes I Wear Help Me to Know My Own Power: The Policics of Gender Presentation in the Era of Women's

Liberation // Frontiers: A Journal of Women Studies. 2013. Vol. 34. № 2. P. 155–185.

Holmgren 1995 — Holmgren B. Bug Inspectors and Beauty Queens: The Problems of Translating Feminism into Russian // Postcommunism and the Body Politic / edited by Ellen E. Berry. New York: New York University Press, 1995. P. 15–31.

Holmgren 2007 — Holmgren B. "The Blue Angel" and Blackface: Redeeming Entertainment in Aleksandrov's "Circus" // The Russian Review. 2007. Vol. 66. № 1. P. 5–22. URL: http://www.jstor.org/stable/20620475 (дата обращения: 15.06.2023).

Holmgren 2013 — Holmgren B. Toward an Understanding of Gendered Agency in Contemporary Russia // Signs. 2013. Vol. 38. № 3. P. 535–542.

Hutton 2001 — Hutton M. Incorporated Russian and Western European Women, 1860–1939: Dreams, Struggles and Nightmares. Lantham: Rowman & Littlefield, 2001.

Ilič et al. 2004 — Ilič M., Reid S. E., Attwood L., eds. Women in the Khrushchev Era. Basingstoke: Palgrave Macmillan, 2004.

Ince 2017 — Ince K. The Body and the Screen: Female Subjectivities in Contemporary Women's Cinema. New York: Bloomsbury, 2017.

Isakava 2017 — Isakava V. Reality of Excess Chernukha film in the End of 1980s // Ruptures and Continuities in Soviet/Russian Cinema: Styles, Characters and Genres before and after the Collapse of the USSR / edited by B. Beumers and E. Zvonkine. New York: Routledge, 2017. P. 147–165.

Jagge 1996 — Jagger G. Dancing with Derrida: Anti-essentialism and the Politics of Female Subjectivity // Journal of Gender Studies. 1996. Vol. 5. № 2. P. 191–199.

Jobling 2014 — Jobling P. Advertising Menswear: Masculinity and Fashion in the British Media since 1945. London: Bloomsbury, 2014.

Johnson 1965 — Johnson P. Khrushchev and the Arts: The Politics of Soviet Culture, 1962–1964. Cambridge, MA: MIT Press, 1965.

Johnson 2017 — Johnson M. Ink & Paint: The Women of Walt Disney's Animation. Los Angeles: Disney Corporation, 2017.

Jones 2006 — Jones P. The Dilemmas of De-Stalinization: Negotiating Cultural and Social Change in the Khrushchev Era. London: Routledge, 2006.

Jurkowski, Francis 1998 — Jurkowski H., Francis P. A History of European Puppetry. Vol. 2: The Twentieth Century. Lewiston, NY: Edwin Mellen, 1998.

Kaganovsky 2008 — Kaganovsky L. How the Soviet Man Was Unmade: Cultural Fantasy and Male Subjectivity Under Stalin. Pittsburgh: University of Pittsburgh Press, 2008.

Kaganovsky 2012 — Kaganovsky L. Ways of Seeing: On Kira Muratova's "Brief Encounters" and Larisa Shepit'ko's "Wings" // Russian Review. July 2012. Vol. 71. № 3. P. 482–499.

Kaganovsky 2018 — Kaganovsky L. Voice of Technology: Soviet Cinema's Transition to Sound, 1928–1935. Bloomington: Indiana University Press, 2018.

Karlin 1999 — Kipling R., Karlin D. Rudyard Kipling. Oxford: Oxford University Press, 1999.

Katz 2016 — Katz M. Drawing the Iron Curtain: Jews and the Golden Age of Soviet Animation. New Brunswick, NJ: Rutgers University Press, 2016.

Kay, Peary 1977 — Kay K., Peary G., eds. Women and the Cinema: A Critical Anthology. New York: E. P. Dutton Press, 1977.

Kearney 2006 — Kearney R. The Joyous Reception: Animated Worlds and the Romantic Imagination // Animated Worlds / edited by S. Buchan, D, Surman, P. Ward. Bloomington: Indiana University Press, 2006. P. 1–14.

Kelly 2006 — Kelly C. Shaping the "Future Race": Regulating the Daily Life of Children in Early Soviet Russia // Everyday Life in Early Soviet Russia: Taking the Revolution Inside / edited by C. Kiaer and E. Naiman. Bloomington: Indiana University Press, 2006. P. 256–281.

Kipling — Kipling R. The Cat That Walked by Himself // Just So Stories. URL: https://etc.usf.edu/lit2go/79/just-so-stories/1296/the-cat-that-walked-by-himself/ (дата обращения: 17.06.2023).

Kitson 2005 — Kitson C. Yuri Norstein and Tale of Tales: An Animator's Journey. Bloomington: Indiana University Press, 2005.

Kononenko 2011 — Kononenko N. The Politics of Innocence: Soviet and Post-Soviet Animation on Folklore Topics // Journal of American Folklore. 2011. Vol. 124. № 494. P. 272–294.

Kort-Butler 2013 — Kort-Butler L. A. Justice League?: Depictions of Justice in Children's Superhero Cartoons // Criminal Justice Review. 2013. Vol. 38. № 1. P. 50–69.

Kuhn 1982 — Kuhn A. Women's Pictures: Feminism and Cinema. London: Routledge & K. Paul, 1982.

LaPlace 1987 — LaPlace M. Producing and Consuming the Woman's Film: Discursive Struggle in Now Voyager // Home is where the Heart Is: Studies in Melodrama and the Woman's Film / edited by C. Gledhill. London: British Film Institute, 1987. P. 138–166.

Larsen 2003 — Larsen S. National Identity, Cultural Authority, and the Post-Soviet Blockbuster: Nikita Mikhalkov and Aleksei Balabanov // Slavic Review. 2003. Vol. 62. № 3. P. 491–511.

Larsen 2007 — Larsen S. Kira Muratova's Brief Encounters // The Cinema of Russia and the former Soviet Union (24 Frames Series) / edited by B. Beumers. London: Wallflower Press, 2007. P. 119–127.

Leigh 2007 — Leigh M. Dangerous Beauty: Representation and Reception of Women in the Films of Evgenii Bauer, 1913–1917. PhD diss., University of Southern California, 2007.

Leigh 2015 — Leigh M. Reading between the Lines: History and the Studio Owner's Wife // Doing Women's Film History: Reframing Cinemas, Past and Future / edited by J. Knight and C. Gledhill. Urbana, IL: University of Illinois Press, 2015. P. 42–52.

Leigh 2018 — Leigh M. A laughing matter: El'dar Riazanov and the Subversion of Soviet Gender in Russian Comedy // Women in Soviet Film: The Thaw and Post-Thaw Periods / edited by Marina Rojavin and Tim Harte. Abingdon: Routledge, 2018. P. 112–133.

Levinson 1989 — Levinson R. B. The Meaning of Sexual Equality: A Comparison of the Soviet and American Definitions // New York Law School Journal of International & Comparative Law. 1989. Vol. 10. P. 151–182.

Leyda 1983 — Leyda J. Kino: A History of the Russian and Soviet Film. Princeton: Princeton University Press, 1983.

Liu 2008 — Liu Y. Text as Image in Kipling's Just So Stories // Papers on Language & Literature. 2008. Vol. 44. № 3. P. 227–249.

Lutz et al. 2002 — Lutz W., Scherbov S., Volkov A. Demographic Trends and Patterns in the Soviet Union before 1991. London: Taylor and Francis, 2002.

MacFadyen 2005 — MacFadyen D. W. Yellow Crocodiles and Blue Oranges: Russian Animated Film since World War II. Montreal: McGill-Queen's University Press, 2005.

Maliukova 2009 — Maliukova L. The State of the Art: Russian Animation Today // Kinokultura. 2009. Vol. 23. URL: https://kinokultura.com/2009/23-maliukova.shtml (дата обращения 17.06.2023).

Mally 1990 — Mally L. Culture of the Future: The Proletkult Movement in Revolutionary Russia. Berkeley, CA: University of California Press, 1990.

Mayne 1981 — Mayne J. The Woman at the Keyhole: Women's Cinema and Feminist Criticism // New German Critique. 1981. Vol. 23. P. 27–43.

Mayne 1989 — Mayne J. Kino and the Woman Question: Feminism and Soviet Silent Film. Columbus: Ohio State University Press, 1989.

Mayne 1990 — Mayne J. The Woman at the Keyhole: Feminism and Women's Cinema. Bloomington: Indiana University Press, 1990.

Mazzarino 2013 — Mazzarino A. Entrepreneurial Women and the Business of Self-Development in Global Russia // Signs. Spring 2013. Vol. 38. № 3.

P. 623–645. URL: https://www.jstor.org/stable/10.1086/668550 (дата обращения 17.06.2023).

McLean 1968 — McLean M. D. O. Henry in Honduras // American Literary Realism, 1870–1910. 1968. Vol. 1. № 3. P. 39–46.

Mikolchak 2004 — Mikolchak M. Misogyny in Alexander Pushkin // Misogynism in Literature / edited by B. Zangen. Frankfurt: Peter Lang, 2004. P. 99–110.

Milne 2007 — Milne, A. A. When We Were Very Young. London: Egmont, 2007.

Mjolsness 2008 — Mjolsness L. Vertov's Soviet Toys: Commerce, Commercialization and Cartoons // Studies in Russian & Soviet Cinema. 2008. Vol. 2. № 3. P. 247–267.

Mjolsness 2019 — Mjolsness L. Under the Hypnosis of Disney: Ivan Ivanov-Vano and Soviet Animation for Children after World War II // Brill Companion to Soviet Children's Literature and Film / edited by O. Voronina. Leiden: Brill, 2019. P. 393–420.

Molyneux 1991 — Molyneux M. The Woman Question in the Age of Perestroika // Agenda: Empowering Women for Gender Equity. 1991. Vol. 10. P. 89–108.

Moore 2017 — Moore J. G. Street Style in America: An Exploration. Santa Barbara: ABC–CLO, 2017.

Morely 2017 — Morely R. Performing Femininity: Woman as Performer in Early Russian Cinema. London: I. B. Tauris & Co. Ltd., 2017.

Mulvey, Rose 2016 — Mulvey L., Rose R. Visual Pleasure and Narrative Cinema, 1975. London: Afterall Books, 2016.

Naiman 1990 — Naiman E. The Case of Chubarov Alley: Collective Rape, Utopian Desire, and the Mentality of NEP Russian History // Histoire Russe. Spring 1990. Vol. 17. P. iii–30.

Noake 1992 — Noake R. Nina Shorina: the State of Darration // Women and Animation: A Compendium / edited by J. Pilling. London: British Film Institute, 1992. P. 104–108.

Norell et al. 1967 — Norell N., Nevelson L., Sharaff I., Nikolais A., Courreges A., Tucker P. Is Fashion an Art? // The Metropolitan Museum of Art Bulletin. 1967. Vol. 26. № 3. P. 129–140.

O. Henry 2014 — O. Henry. Cabbages and Kings. New York: Start Classics, 2014.

Ofer, Vinokur 1992 — Ofer G., Vinokur A. The Soviet Household under the Old Regime: Economic Conditions and Behaviour in the 1970. Cambridge: Cambridge University Press, 1992.

Olsen, Adonyeva 2012 — Olsen L., Adonyeva S. The Worlds of Russian Village Women. Madison: University of Wisconsin Press, 2012.

Ostrovskii 2004 — Ostrovskii A. Plays, 2004. URL: http://www.gutenberg.org/ebooks/10722 (дата обращения 17.06.2023).

Parfitt 2020 — Parfitt T. Former teacher Tatyana Bakalchuk is Russia's richest woman // The Times. 21 февраля 2020 г. URL: https://www.thetimes.co.uk/article/former-teacher-tatyana-bakalchuk-is-russias-richest-woman-02cbh8nxq (дата обращения: 17.06.2023).

Perera 2011 — Perera L. M. Russia's Feminists Work to Smash the Taboo // Moscow Times. URL: https://themoscowtimes.com/articles/smashing-the-taboo-60587 (дата обращения: 17.06.2023).

Perrault 1797 — Perrault C. Little Red Riding Hood, The Fairy, and Blue Beard; with Morals. Philadelphia: John M'Culloch, 1797.

Peterson 2001 — Peterson M. The Little Big Book of Disney. New York: Disney, 2001.

Pikkov 2016 — Pikkov U. On the Topics and Style of Soviet Animated Films // Baltic Screen Media Review. 2016. Vol. 4. № 1. P. 16–37.

Pilkington 1994 — Pilkington H. Russia's Youth and Its Culture: A Nation's Constructors and Its Constructed. London: Routledge, 1994.

Pontieri 2012 — Pontieri L. Soviet Animation and the Thaw of the 1960s: Not Only for Children. Bloomington: John Libbey Pub. Ltd., 2012.

Posner 2014a — Posner D. N. Life-Death and Disobedient Obedience: Russian Modernist Redefinitions of the Puppet // The Routledge Companion to Puppetry and Material Performance / edited by D. N. Posner, Claudia Orenstein, and John Bell. London: Routledge, 2014. P. 130–143.

Prokhorov 2001 — Prokhorov A. The Unknown New Wave: Soviet Cinema of the 1960s. In Springtime for Soviet Cinema: Re/Viewing the 1960s, 7–29. Pittsburgh: University of Pittsburgh, 2001.

Prokhorov 2007 — Prokhorov A. Revisioning Aleksandrov's "Circus": Seventy Years of the Great Family // The Russian Review. 2007. Vol. 66. № 1. P. 1–4. URL: http://www.jstor.org/stable/20620474 (дата обращения: 17.06.2023).

Prokhorov 2008 — Prokhorov A. Arresting Development: A Brief History of Soviet Cinema for Children and Adolescents // Russian Children's Literature and Culture / edited by M. Balina and L. Rudova. New York: Routledge, 2008. P. 129–152.

Prokhorov 2013 — Prokhorov A. The Cinema of the Thaw, 1953–1967 // The Russian Cinema Reader. Vol. 2 / edited by Rimgaila Salys. Boston: Academic Studies Press, 2013. P. 14–31.

Pushkin 1978 — Pushkin A. The Tale of Tsar Saltan / Transated by L. Zellikoff. Moscow: Progress Publishers, 1978.

Razumovskaia 2010 — Razumovskaia O. Studio Renews Fight for Soviet Cartoons // Moscow Times. August 17, 2010. URL: https://www.themoscowtimes.com/2010/08/17/studio-renews-fight-for-soviet-cartoons-a715 (дата обращения: 17.06.2023).

Riordan 1988 — Riordan J. Soviet Youth: Pioneers of Change // Soviet Studies. 1988. Vol. 40. № 4. P. 556–572.

Risch 2005 — Risch W. J. Soviet "Flower Children". Hippies and the Youth Counter-Culture in 1970s L'viv // Journal of Contemporary History. 2005. Vol. 40. № 3. P. 565–584.

Rogan, Budgeon 2018 — Rogan F., Budgeon S. The Personal is Political: Assessing Feminist Fundamentals in the Digital Age // Social Sciences. 2018. Vol. 7. № 8. P. 1–8.

Salys 1998 — Salys R. Life into Art: Laying Bare the Theme in "Bed and Sofa" // Russian Language Journal / Русский язык. 1998. Vol. 52. № 171/173. P. 291–303. URL: www.jstor.org/stable/43669091 (дата обращения: 17.06.2023).

Salys 2001 — Salys R. Three-Rib Circus: Women and Historical Discourse in Rebro Adama // The Russian Review. 2001. Vol. 60. № 4. P. 614–630. URL: http://www.jstor.org/stable/2679370 (дата обращения: 17.06.2023).

Shogren 1993 — Shogren E. Russia's Equality Erosion // Los Angeles Times. February 11, 1993. URL: https://www.latimes.com/archives/la-xpm-1993-02-11-mn-1479-story.html (дата обращения: 17.06.2023).

Stamp 2015 — Stamp S. Lois Weber in Early Hollywood. Oakland: University of California Press, 2015.

Steel 1997 — Steel V. Anti-Fashion: The 1970s // Fashion Theory: The Journal of Dress, Body & Culture. 1997. Vol. 1. № 3. P. 279–295.

Steel 2000 — Steel V. Fifty Years of Fashion: New Look to Now. New Haven: Yale University Press, 2000.

Strazzoni 2015 — Strazzoni A. Subjectivity and individuality: Two strands in early modern philosophy: Introduction // Societate si Politica. 2015. Vol. 9. № 1. P. 5–9.

Ta 1995/1996 — Ta, Anh. Female Subjectivity in Animated Narrative Film // Animatrix. 1995/1996. Vol. 9. P. 15–19.

Taylor 1988 — Taylor R. Soviet Cinema as Popular Culture: Or the Extraordinary Adventures of Mr Nepman in the Land of the Silver Screen // Revolutionary Russia. June 1, 1988. Vol. 1. № 1. P. 36–56.

Taylor, Christie 1994 — Taylor R., Christie I. The Film Factory and Soviet Cinema in Documents, 1896–1939. New York: Routledge, 1994.

Teicher 2018 — Teicher J. Why a Russian cartoon bear is more popular than Taylor Swift on YouTube // IBM. 19 марта 2018 года. URL: https://www.ibm.com/blogs/industries/youtube-loves-russian-cartoon-bear-biggest-global-pop-stars/ (дата обращения: 17.06.2023).

Tirado 1996 — Tirado I. A. Komsomol and the Krest'ianka: The Political Mobilization of Young Women in the Russian Village, 1921–1927 // Russian History. 1996. Vol. 23. № 1. P. 345–366.

Tizard 2018 — Tizard W. Russian Animation Proves to Be an International Draw. URL: https://variety.com/2018/film/global/russia-animation-international-1202800414/ (дата обращения: 17.06.2023).

Tolstaya, Maryniak 2007 — Tolstaya T., Maryniak I. The Human Spirit is Androgynous // Index on Censorship. 2007. Vol. 19. № 9. P. 29–30.

Tolz 2002 — Tolz V. 'Cultural Bosses' as Patrons and Clients: The Functioning of the Soviet Creative Unions in the Postwar Period // Contemporary European History. 2002. Vol. 11. № 1. P. 87–105. URL: https://www.jstor.org/stable/20081818 (дата обращения: 17.06.2023).

Treml 1997 — Treml V. Soviet and Russian Statistics on Alcohol Consumption and Abuse // Premature Death in the New Independent States / edited by J. L. Bobadilla, C. A. Costello, and F. Mitchell for National Research Council (US) Committee on Population. Washington D. C.: National Academies Press, 1997. URL: https://www.ncbi.nlm.nih.gov/books/NBK233387/ (дата обращения: 17.06.2023).

Trotsky 1972 — Trotsky L. The Revolution Betrayed. New York: Pathfinder Press, 1972. URL: https://www.marxists.org/russkij/trotsky/1936/betrayed/7.html (дата обращения: 20.05.2023)

Tsivian 1995 — Tsivian Y. The Case of the Bioscope Beetle: Starewicz's Answer to Genetics // Discourse: Theoretical Studies in Media and Culture. Spring 1995. Vol. 17. № 3. P. 119–125.

Urbanora 2008 — Urbanora. Pordenone diary 2008 — day seven // The Bioscope. URL: https://thebioscope.net/2008/10/22/ (дата обращения: 17.06.2023).

Vate 2005 — Vate V. Maintaining Cohesion through Rituals: Chukchi Herders and Hunters, a People of the Siberian Arctic // Senri Ethnological Studies. 2005. Vol. 69. P. 45–68.

Vereykina 2015 — Vereykina E. Russian Animation Rises From Ashes of 1990s // The Moscow Times. 25 мая 2015 года. URL: https://www.themoscowtimes.com/2015/05/25/russian-animation-rises-from-ashes-of-1990s-a46842 (дата обращения 17.06.2023).

Voronina 1994 — Voronina O. Mythology of Women's Emancipation in the USSR as the Foundation for a Policy in Discrimination // Women in Russia: A New Era in Russian Feminism / edited by A. Posadskaya. London: Verso, 1994. P. 37–56.

Vukvukai 2007 — Vukvukai N. Chukchi Traditional Clothing as Historical Source of Cultural Transformation // Etudes/Inuit/Studies. 2007. Vol. 31. № 1/2. P. 311–315.

Walker 2001 — Walker A. World War II and Modern Russia at the Philadelphia Museum of Art: The Christian Brinton Collection, 1941–1945 // Archives of American Art Journal. 2001. Vol. 41. № 1/4. P. 34–42.

Walker 2017 — Walker S. Putin approves legal change that decriminalises some domestic violence // The Guardian. 7.02.2017. URL: www.theguardian.com/world/2017/feb/07/putin-approves-change-to-law-decriminalising-domestic-violence (дата обращения: 17.06.2023).

Wells 1998 — Wells P. Understanding Animation. London; New York: Routledge, 1998.

Wells 2002a — Wells P. Animation and America. New Brunswick, NJ: Rutgers University Press, 2002.

Wells 2002b — Wells P. Animation: Genre and Authorship. London: Wallflower Press, 2002.

Wells 2009 — Wells P. The Animated Bestiary: Animals, Cartoons and Culture. New Brunswick, NJ: Rutgers University Press, 2009.

White 2015 — White P. Women's Cinema, World Cinema: Projecting Contemporary Feminisms. Durham, NC: Duke University Press, 2015.

Zehnder, Calvert 2004 — Zehnder S. M., Calvert, S. L. Between the Hero and the Shadow: Developmental Differences in Adolescents' Perceptions and Understanding of Mythic Themes in Film // Journal of Communication Inquiry. 2004. Vol. 28. P. 122–137.

Zipes 1993 — Zipes J. The Trials and Tribulations of Little Red Riding Hood. London: Routledge, 1993.

Zipes 2011 — Zipes J. The Enchanted Screen: The Unknown History of Fairy Tales Films. London: Routledge, 2011.

Zipes 2014 — Zipes J. A Second Gaze at Little Red Riding Hood's Trials and Tribulations // Don't Bet on the Prince: Contemporary Feminist Fairy Tales in North America and England / edited by J. Zipes. New York: Taylor and Francis, 2014. P. 227–260.

Предметно-именной указатель

Оглавление

Научное издание

Мишель Ли, Лора Мёльснесс
ЖЕНСКОЕ ЛИЦО СОВЕТСКОЙ
И РОССИЙСКОЙ АНИМАЦИИ

Директор издательства *И. В. Немировский*
Ответственный редактор *И. Белецкий*
Куратор серии *К. Тверьянович*
Заведующая редакцией *О. Петрова*

Дизайн *И. Граве*
Редактор *Ю. Исакова*
Корректор *А. Филимонова*
Верстка *Е. Падалки*

Подписано в печать 28.07.2023.
Формат издания 60 × 90 $^1/_{16}$. Усл. печ. л. 17,3.
Тираж 300 экз.

Academic Studies Press
1577 Beacon Street, Brookline, MA 02446 USA
https://www.academicstudiespress.com

ООО «Библиороссика».
190005, Санкт-Петербург, 7-я Красноармейская ул., д. 25а

Эксклюзивные дистрибьюторы:
ООО «Караван»
ООО «КНИЖНЫЙ КЛУБ 36.6»
http://www.club366.ru
Тел./факс: 8(495)9264544
e-mail: club366@club366.ru

Книги издательства можно купить
в интернет-магазине: www.bibliorossicapress.com
e-mail: sales@bibliorossicapress.ru

www.ingramcontent.com/pod-product-compliance
Lightning Source LLC
Chambersburg PA
CBHW070412290526
45791CB00005B/1709